普通高等教育旅游管理类专业“十二五”规划教材

旅游统计学

张 珊 程 静 编

机 械 工 业 出 版 社

本书共分九章，主要内容包括：绪论、旅游统计资料的搜集与整理、旅游统计数据分布特征的描述、旅游时间数列分析、旅游统计指数、抽样推断、相关分析、回归分析、旅游卫星账户。本书体现了旅游统计学理论的统一性和统计方法的通用性，突出了对应用型、技能型人才的培养要求，反映了旅游统计学与现代信息技术的有机结合。

本书可作为应用型本科、高职高专旅游管理类专业教材。

图书在版编目（CIP）数据

旅游统计学/张珊，程静编. —北京：机械工业出版社，2014.11
（2026.1 重印）
普通高等教育旅游管理类专业“十二五”规划教材
ISBN 978-7-111-48466-0

Ⅰ.①旅… Ⅱ.①张…②程… Ⅲ.①旅游业—统计学—高等学校—教材
Ⅳ.①F590-32

中国版本图书馆 CIP 数据核字（2014）第 261125 号

机械工业出版社（北京市百万庄大街 22 号 邮政编码 100037）
策划编辑：裴 泱 王淑花 责任编辑：裴 泱 刘 静
版式设计：赵颖喆 责任校对：佟瑞鑫
封面设计：鞠 杨 责任印制：刘 媛
北京建宏印刷有限公司印刷
2026 年 1 月第 1 版第 7 次印刷
169mm×239mm · 20.25 印张 · 385 千字
标准书号：ISBN 978-7-111-48466-0
定价：49.00 元

电话服务 网络服务
客服电话：010-88361066 机 工 官 网：www.cmpbook.com
010-88379833 机 工 官 博：weibo.com/cmp1952
010-68326294 金 书 网：www.golden-book.com
封底无防伪标均为盗版 机工教育服务网：www.cmpedu.com

普通高等教育旅游管理类专业“十二五”规划教材

编审委员会

序

旅游业是朝阳产业，发展前景广阔，在国民经济中的地位与作用日益显著。旅游管理类专业是随着我国旅游经济的发展、旅游产业的发育而建立的一个新学科。2012 年 9 月，教育部公布了调整后的专业目录，其中旅游管理类专业从工商管理类专业中独立出来，成为与工商管理类专业平级的一级学科，其下包括旅游管理、酒店管理、会展经济与管理三个专业。旅游管理类专业就业前景较好，学生毕业后可以在旅行社、旅游景区、邮轮公司、邮轮接待港、酒店、旅游集散中心等相关旅游企业的服务和管理岗位就业，或者在城市公共交通系统、客运站场、航空地勤、高铁等交通企业的服务和管理岗位就业，就业范围很广。

近年来，为更好地培养旅游管理高层次应用型人才，旅游管理高等教育不断进行人才培养的改革探索。国内许多高等院校通过校企合作和国际交流，创新旅游管理高等教育的培养模式，在更加明确“理论与实践相结合”的同时，通过“课堂学习 + 校内实训 + 社会调查 + 专业综合实习”的培养方式，越来越突出应用型人才培养的目标。

建设一套满足高等院校旅游管理类专业应用型人才培养目标的课程体系和教材体系，是“旅游管理应用型人才培养”教学改革项目的核心内容之一，并成为旅游管理高等教育向应用型方向改革和发展的重要任务。为此，在机械工业出版社的大力支持下，海南大学、云南大学旅游文化学院、海口经济学院、三亚学院、琼州学院、海南师范大学等具有一定旅游管理高等教育基础和规模的院校联合起来，从我国旅游管理高等教育的实际情况出发，共同编写出版了本系列教材。

本系列教材以“高等院校应用型人才培养目标”为编写依据，以思想性、科学性、时代性为编写原则，以应用性、复合性、拓展性为编写要求，力求建立合理的教材结构，体现“高等教育”和“应用、实用、适用”的教学要求，培养旅游管理高层次应用型人才的创新精神和实践能力，满足社会对旅游管理人才的需要。

本系列教材的特色是特别强调实践性和可操作性，坚持做到理论与实践相结合、叙述与评价相结合、论证与个案相结合，具体体现在以下几点：

1. 教材内容“中国化”，有意识地把普遍原理与中国的旅游资源相结合，书中案例多采用国内案例。

2. 增设有特点的栏目，如“引例”“小资料”“观念应用”“阅读材料”等，以方便学生理解理论知识、扩大视野，做到知识性和趣味性相结合。

3. 加大案例的比例，做到微型案例、中型案例和大型案例三者结合，对案例进行理论分析，有益于老师进行案例教学，方便学生掌握知识并用于指导以后的实践工作。

本系列教材可作为高等院校旅游管理类专业教材，也可供高等院校相关专业师生和从事相关工作的人员进修或自学使用。

普通高等教育旅游管理类专业“十二五”规划教材编审委员会

前言

本书在借鉴国内外旅游统计学研究成果的基础上，结合自身教学、科研与实践经验，打破传统的结构体系，从实践出发，根据旅游统计工作的需要安排章节内容，并结合具体案例介绍各理论、方法的具体应用。本书为普通高等学校、应用型本科、高职高专院校旅游管理等专业师生及一线工作者，提供系统、实用、简明的旅游统计分析原理和旅游时间数列分析、旅游统计指数、抽样推断、相关分析、回归分析等旅游统计分析方法，并详细介绍了旅游卫星账户的编制。本书的特点为：

1. 突出旅游统计学理论的统一性。将旅游学与统计学有机结合起来，从统计对象、统计内容和统计方法上体现旅游统计学方法论的特点。

2. 突出应用型人才的培养。将旅游统计学理论的介绍限制在最基本的层面，将旅游统计数量分析方法介绍得尽可能全面和完整，以满足一线工作人员的需要。

3. 突出现代化技术的运用。书中以案例分析的形式介绍了 Excel 软件多种函数的使用方法，力图以此引导读者全面掌握 Excel 的统计分析功能和技术。

在教学过程中，各院校可根据专业目标要求和课时多少，对本书内容进行适当取舍。为方便教师教学，本书还配有 PPT 课件，老师们可到机械工业出版社教育服务网（www. cmpedu. com）下载。

在本书的编写过程中，我们参阅了大量文献，其中部分已列在了参考文献中，有些因限于篇幅而未被列出，在此，编写组向相关作者致以崇敬的谢意！

本书编写的分工是：第一、二、三章由程静负责；第四、五、六、七、八、九章由张珊负责。由于时间仓促、编者能力和水平有限，书中不妥之处在所难免，敬请专家、读者批评指正。

编　者

目录

序

前言

第一章　绪论 …… 1
第一节　统计和统计学的产生和发展 …… 1
第二节　旅游统计学的性质及旅游统计研究的基本环节 …… 5
第三节　旅游统计学中的基本概念 …… 8
练习题 …… 16

第二章　旅游统计资料的搜集与整理 …… 19
第一节　旅游统计调查的意义和方案 …… 19
第二节　旅游统计调查的组织形式 …… 24
第三节　旅游统计整理 …… 28
第四节　次数分布 …… 33
第五节　统计资料的显示 …… 39
第六节　实例应用及软件处理 …… 41
练习题 …… 47

第三章　旅游统计数据分布特征的描述 …… 51
第一节　平均指标 …… 51
第二节　标志变动度 …… 70
第三节　峰度和偏度 …… 77
第四节　实例应用及软件处理 …… 80
练习题 …… 82

第四章　旅游时间数列分析 …… 86
第一节　旅游时间数列的基本问题 …… 86
第二节　旅游时间数列水平分析 …… 90
第三节　旅游时间数列速度分析 …… 99
第四节　复合性旅游时间数列的分解及预测 …… 105
第五节　实例应用及软件处理 …… 122
练习题 …… 133

第五章　旅游统计指数 …… 140
第一节　旅游统计指数的基本问题 …… 140
第二节　旅游综合指数 …… 143
第三节　旅游平均指标指数 …… 150
第四节　旅游平均指标对比指数 …… 153
第五节　旅游指数体系与旅游指数因素分析 …… 158
第六节　几种常用的价格指数 …… 165
练习题 …… 169

第六章　抽样推断 …… 176
第一节　抽样推断的基本问题 …… 176
第二节　抽样平均误差 …… 183
第三节　抽样估计和推断 …… 191
第四节　抽样方案设计 …… 196
练习题 …… 208

第七章　相关分析 …… 211
第一节　相关分析的基本问题 …… 211
第二节　相关关系的判断 …… 214
第三节　两变量之间相关程度的测定 …… 217
第四节　多变量间相关程度的测定 …… 219
第五节　相关系数的显著性检验 …… 221
第六节　实例应用及软件处理 …… 223
练习题 …… 224

第八章　回归分析 …… 230
第一节　回归分析的基本问题 …… 230

第二节　一元线性回归分析……231
第三节　多元线性回归分析……235
第四节　非线性回归分析……238
第五节　实例应用及软件处理……242
练习题……243

第九章　旅游卫星账户……248
第一节　旅游卫星账户的基本问题……248
第二节　地区旅游卫星账户的编制……249
第三节　地区旅游卫星账户框架……252
第四节　地区旅游卫星账户数据采集……269
第五节　地区旅游卫星账户数据核算……273

附录……282
附录 A　t 分布临界值表……282
附录 B　相关系数显著性检验表……284
附录 C　正态分布概率表……285
附录 D　习题参考答案……287

参考文献……314

第一章

绪论

第一节　统计和统计学的产生和发展

一、统计的产生

从国际上通用的“统计”一词的语源来讲，它最早出自欧洲中世纪拉丁语“shtus”，意思是状态或状况。由这个词根组成意大利语“stato”，表示国家的概念，作为各国的国家结构和国情知识的总称。“统计”一词的含义在历史上也在不断地发展和演变。“统计”最早当作学名使用是在1749年，德国哥廷根大学政治学教授阿亨瓦尔为“国势学”这门课程定了一个新名词“statistik”（统计）。18世纪末，《英格兰统计记事》的首任主编辛克莱将德语“statistik”译成英语“statistic”传入英国，并赋予统计以新的内容，即用数字来表述事物。后来这个词逐渐被传播到各国，20世纪初由日本传入我国。

人类的统计实践活动自人类社会初期，即还没有文字的原始社会起就有了，它先于统计学的产生。在原始社会，人们以氏族、部落为单位共同劳动，分配其所获，需要知道有多少人、多少食物，才能进行分配。因此，从结绳记事开始，就有了对自然社会现象的简单的计量活动，有了统计的萌芽。所以最初的统计是社会统计，是反映社会基本情况的简单的计数工作。

在奴隶社会，国家开始了人口、土地和财产统计，目的是为了加强对内统治和对外战争。我们现在能够看到的我国最早的统计资料，就是关于公元前21世纪（夏朝）人口和土地等的统计，据《后汉书》记载，当时中国分为九州，人口有13 533 923人，土地达24 308 724顷㊀，其中已经开垦的土地达9 306 024顷，未开垦的土地达15 002 000顷。春秋战国时期，诸侯以兵员、乘骑、车辆比

㊀ 1顷=100亩，1亩=666.67m^2。

较各自的军事实力，开始有了军备统计。在国外，古代埃及、古希腊和古罗马也有许多类似的记载，公元前 3050 年，古埃及为建造“金字塔”，在全国进行人口和财产的调查。公元前 29 世纪左右的古埃及第一、第二王朝时代，法老大致每两年就派人清查一次全国人口，后来又进行了动产和不动产的统计。公元前五六世纪在古希腊、古罗马和其他奴隶制国家中，除了人口和土地的统计以外，还拓展到户籍、各类财产、军队数量等的统计；罗马帝国时代，人口出生、死亡均须到寺院登记等。不过，早期的统计活动只是为统治者管理国家搜集资料、提供数量依据。

在封建社会，由于社会生产力发展缓慢，统计也仅仅停留在对事物的原始调查登记和简单的计数汇总工作上。

在资本主义社会，统计得到广泛、迅速的发展。这是由于资本主义社会竞争日益激烈，分工日益完善，经济文化也有了长足的进步，社会对情报、信息和统计产生了更多的依赖和需求。统计由一般的政治、军事统计逐步扩展到了更为广泛的领域，产生了诸如工业、农业、商业、银行、保险、交通、邮电、外贸、劳动、就业、人口、海关等各个方面形成的各种专业统计。

二、统计学的产生和发展

统计实践历史久远，但作为研究如何进行统计工作方法的统计学，其产生距今不过 300 多年，一般认为，统计学产生于 17 世纪中叶。

社会发展带动统计的发展。在资本主义初期，为了适应社会经济发展和统计实践的需要，众多学者投身于统计研究工作，纷纷著书立说，统计学在理论和方法上得到了不断丰富，并形成了各种统计学的学术流派。17 世纪以后，随着统计实践的发展，在客观上要求总结丰富的实践经验，使之上升为理论，并进一步指导实践。1830 ~ 1849 年，欧洲出现“统计热”，各国相继成立了统计机关和统计研究机构，统计成为社会分工中的一种专门的行业。从统计学的发展历史来看，无论是古典统计学、近代统计学还是现代统计学，其发展过程始终是沿着两条主线展开的：一条是以“政治算术学派”为开端形成和发展起来的、以社会经济问题为研究对象的社会经济统计；另一条是以概率论的研究为开端，并以概率论为基础形成和发展起来的、以方法和应用研究为主的数理统计。

1. 政治算术学派

政治算术学派产生于 17 世纪的英国，代表人物为威廉·配第（1623—1687）。他在 1671 ~ 1676 年间，写就《政治算术》一书，当时正值第三次英荷战争时期，国内经济困难，国外面临荷兰、法国两国的威胁。书中运用了大量的政府统计数据，比较分析了英国、法国、荷兰三国的政治、经济、军事等国情国力和造成这种实力差异的原因，并从贸易、税制、分工、资本和利用闲散劳动力等方面提出了英国的强盛之道，阐明了英国的国际地位并不悲观，并指出了英国社会经济发展的道路和方向，让人们相信"英国的事业和各种问题，并非处于可悲的状态"。这本书改变了以往论述此类问题采用抽象定性分析方法的惯例，运用具体的数字、重量、尺度等数量对比分析的方法，并配以朴素的图表，为统计学的产生奠定了基础。威廉·配第所创立的政治算术学派成功地将经济理论和统计比较分析的方法结合在一起，形成了不同于数学也不同于政治经济学的崭新的学科。由于威廉·配第对于统计学的形成有巨大的贡献，因此马克思评价道："威廉·配第——政治经济学之父，在某种程度上也可以说是统计学的创始人。"

政治算术学派的另一个代表人物是约翰·格朗特（1620—1674），他通过对英国伦敦市人口的出生率和死亡率的分类计算，发表了《对死亡率公报的自然观察和政治观察》一文，得出了一系列人口规律，并编制了世界上第一张"死亡率"统计表，如：出生婴儿男女性别比为14:13；男性死亡率高于女性；一般疾病和事故的死亡率较稳定；传染病的死亡率波动较大等。该文指出，统计规律通过对事物进行大量观察，事物内在的、一般的、稳定的特征就能显现出来，影响事物的偶然性因素可以相互抵消。但遗憾的是，该学派的学者都没有使用"统计学"这个名称，因此他们的著作有统计学之实，却没有统计学之名，存在名不副实的缺陷。

19世纪中叶以后，社会调查和社会研究作为社会科学研究的重要方法有了较大发展，出现了"社会统计学"。例如，德国统计学家恩格尔（1821—1896）在《比利时工人家庭生活费》一文中，提出了著名的"恩格尔法则"，引申出的"恩格尔系数"至今仍被广泛应用。到20世纪，许多国家开展了全国性调查活动，取得了大量的社会经济数据，为统计学的研究提供了数据材料，使统计方法如国民收入的计算、指数的编制、时间序列分析、经济预测等都得到了长足的发展。

2. 数理统计学派

概率论的研究起源于意大利文艺复兴时期。当初的研究是为赌徒们找出掷色子取胜的一套方法，合理地算出取胜的机会。17世纪中叶，法国数学家帕斯卡尔（1623—1662）和费马特（1606—1665）将赌博中出现的具体问题归纳为一般的概率原理，为后来的概率论和统计学的发展奠定了基础。

古典统计时期，概率论基本上是独立发展的，它与统计学没有太多的联系。到19世纪，用概率论研究社会经济现象的人越来越多。数理统计学派以19世纪比利时的凯特勒（1796—1874）为代表，他著有《社会物理学》《概率论书简》等著作。

他把概率论引入统计学，从而开辟了统计学的新篇章。凯特勒最先运用数学的语言和方法阐述大数定律，他把拉普拉斯（1749—1827）的古典概率引入到统计学的研究方法中，将高斯（1777—1855）的正态分布理论充实到统计理论体系之中，建立了大样本推断、误差估计等理论和方法，由此开创了推断统计的先河，开辟了统计学的新领域，使统计学的内容得到了极大的丰富和提高。他提出，社会现象的发展并非偶然，而是具有其内在规律性的。

20世纪初期，英国统计学家戈塞特（1876—1937）建立了“小样本理论”即“t分布”，统计学进入了现代统计学阶段。英国的另一统计学家费希尔（1890—1962）在样本相关系数的分布、方差分析、实验设计（t检验）等方面的研究中都获得了重要成果。还有许多统计学家如葛尔登（1822—1911）、皮尔逊（1857—1936）、戈塞特（1876—1937）和费雪（1890—1962）提出并发展了回归分析和相关分析、假设检验和t分布等理论，为统计理论的发展和应用发挥了积极的作用，数理统计学逐渐发展成为一门完整的学科。

20世纪50年代以来，统计理论、统计方法和应用进入了一个全面发展的阶段。受计算机技术、信息论等现代科学技术的影响，新的研究领域层出不穷，如多元统计分析、现代时间序列分析、线性统计模型等。同时，统计方法的应用领域不断扩大，几乎所有的科学研究都要用到统计学，可以说，现代统计学已经发展成为一门基础性的方法科学。

三、旅游统计的产生和发展

旅游一词中的“Tour”来源于拉丁语的“Tornare”和希腊语的“tornos”，其含义是“车床或圆圈，围绕一个中心点或轴的运动”。在欧洲，早在第二次世界大战之前几年，日益发展的旅游活动及其在经济上的影响就已经引起各国的重视。第二次世界大战后，欧洲各国更是把发展旅游业作为发展经济的一个重要途径。从那时起，为了从数量方面进一步认识旅游经济现象，开始出现了经常性的旅游统计。随着社会的发展，旅游业已经成为全球经济发展中势头最强劲和规模最大的产业之一，旅游统计也逐步发展成一项颇受重视的独立工作。随着若干国际旅游组织的建立及其对旅游资料的整理、统计，旅游统计已经在国际范围内被公认为是一项不可或缺的工作。

我国的旅游统计工作也是出于认识旅游现象的需要而建立和发展起来的。改革开放后，随着我国对外交流的扩大、国际威望的提高以及人民生活水平的改善，我国旅游业快速发展。要实现我国旅游业的可持续发展，就要求管理者制定正确的旅游方针政策，编制切实可行的旅游计划，对旅游计划的实施进行监督，对旅游业进行科学的管理。而实现这些目标的基础依赖于科学、高效、翔实的旅游统计。

《中华人民共和国旅游统计管理办法》中规定：“旅游统计的基本任务是对旅游企事业单位的经营、业务情况进行统计调查、统计分析，提供统计资料和咨询，实行统计监督”；“旅游统计的基本内容，是对旅游企事业单位、旅游区（点）接待工作量、经营效益、旅游从业人数等情况进行的统计调查和对旅游者实施的抽样调查”；“各级旅游行政管理部门和旅游企事业单位必须依照统计法律、法规的规定，提供旅游统计资料，不得虚报、瞒报、拒报、迟报，不得伪造、篡改”。

第二节　旅游统计学的性质及旅游统计研究的基本环节

一、旅游统计学的性质

在当今的实际生活中，“旅游统计”一词在不同的场合有不同的含义，一般认为其有三层含义：一是旅游统计工作；二是旅游统计数据；三是旅游统计学。比如，对旅游纪念品销售量的统计、对某地入境游客接待量的调查统计、对全国5A级景区普查资料的统计分析等是指统计工作；报纸杂志、电视、网络上公布的旅游业增长速度、旅游商品价格指数、旅游收入总额等是指统计数据；现在要学习的旅游统计是指旅游统计学。

（1）旅游统计工作。旅游统计工作即旅游统计实践，是指对旅游经济现象采用科学的方法，搜集、整理、分析统计数据活动的总称。它是人们认识旅游经济现象，掌握旅游经济现象规律的重要手段。

（2）旅游统计资料。旅游统计资料即旅游统计信息，是指相关统计部门或单位所搜集、整理、编制的各种旅游统计数据资料的总称。其表现形式为各种统计表、统计图、统计报告、统计公报、统计年鉴和其他有关的统计数字信息载体等，用来说明旅游经济现象的规模、水平、结构、比例、速度及预测的数字和文字信息等。

（3）旅游统计学。旅游统计学即旅游统计理论，是研究大量旅游经济现象的总体数量方面的方法论科学。它是专门搜集、整理和分析统计数据的方法，是旅游统计工作实践的科学总结和理论概括。它以研究和阐明统计设计、调查、整理和分析统计数据的理论和方法为内容，其目的是探索旅游经济现象的内在数量、质量规律性，以达到对旅游经济现象的科学认识。

旅游统计的三种含义具有密切的联系。旅游统计工作是人们的旅游统计实践，是主观反映客观的认识过程；旅游统计工作的成果是旅游统计资料，旅游统计工作与旅游统计资料是过程与成果的关系。旅游统计学是旅游统计工作经验的科学总结和理论概括，它来源于旅游统计实践，又反过来指导旅游统计实践，因此，旅游统计学和旅游统计工作之间存在着理论和实践的辩证关系。

旅游统计学的性质可以归纳为以下四个方面：

1. 数量性

旅游统计的语言是数字，没有数字，就谈不上统计。数字的简短性和明显性突出了旅游统计学数量性的特点，这一特点把它和其他非数量性质的社会科学（如政治经济学、哲学、历史学）区别开来。旅游统计学的特点是用大量数字资料说明旅游经济现象的规模、水平、结构、比例关系、差别程度、普遍程度、发展速度、平均规模和平均发展速度等。例如，国家旅游局发表的《2013 年中国旅游业统计公报》中指出：全年国内旅游人数达 32.62 亿人次，收入达 26 276.12亿元人民币，分别比 2012 年增长 10.3% 和 15.7%；入境旅游人数达 1.29 亿人次，实现国际旅游（外汇）收入 516.64 亿美元，分别比 2012 年下降 2.5% 和增长 3.3%；中国公民出境人数达到 9818.52 万人次，比 2012 年增长 18.0%；全年实现旅游业总收入 2.95 万亿元人民币，比 2012 年增长 14.0%。根据辩证唯物主义认识论，任何事物都是由数量和质量两方面组成的有机整体，没有质量就没有数量，没有数量也就没有质量，量变引起质变，质变又能促进新的量变。旅游统计学不是单纯地研究旅游经济现象的数量方面，而是在质与量的密切联系中研究旅游经济现象的数量方面。

2. 总体性

旅游统计学的研究对象不是个别事物的数量方面，而是研究大量同类现象的数量方面，即总体的数量方面。由于旅游经济现象复杂多变，其研究过程是从个体到总体，即必须对足够大量的个体（这些个体都表现为一定的差别、差异）进行登记、整理和综合，使它过渡到总体的数量方面，从而把握旅游经济现象的总规模、总水平及其变化发展的总趋势。

3. 具体性

旅游统计学研究的数量方面是指旅游经济现象的具体的数量关系，而不是抽象的数量关系，这是它不同于数学的重要特点。数学研究抽象的数量关系和空间形式，而旅游统计反映一定时间、地点条件下具体旅游经济现象的数量特征，它是从定性认识开始，作定量研究的。比如，国家旅游局发表的《2011 年中国旅游业统计公报》中指出：全年国内游客达 2641 百万人次，城镇居民国内游客达 1687 百万人次，农村居民国内游客达 954 百万人次。

4. 归纳推断性

旅游统计对总体的认识有两条途径：一是对构成总体的全部事物逐一进行调查，取得全面资料，即全面调查；二是从总体中抽取部分单位组成样本，然后依据样本的基本情况，对总体数量特征进行推断，即非全面调查。对于第一种情况，运用算术方法和统计描述手段就可达到目的；而对于第二种情况需要运用概率论知识和统计数学方法。旅游统计方法的归纳推断性质，主要是针对推断统计而言的，同逻辑学意义上的归纳推断有着明显的区别：旅游统计推断不是从假设、命题出发，按严格的逻辑推理程序进行推断；而是基于观察到的样本资料，对总体的可能情况作出判断。

实践中，全面调查与非全面调查都会用到，但由于全面调查受到诸多因素的约束，从经济性、时效性、实用性和可行性方面考虑，进行非全面调查，利用样本资料进行推断的优势比较明显。

二、旅游统计研究的基本环节

旅游统计研究的全过程包括以下几个基本环节：

1. 旅游统计设计

旅游统计设计即根据所要研究问题的性质，在相关学科理论的指导下，制定统计指标、指标体系和统计分类，给出统一的定义、标准，同时提出收集、整理和分析数据的方案和工作进度等。旅游统计设计是整个旅游统计研究的前期工程，其完成的质量直接关系到整个旅游统计研究的质量。搞好旅游统计设计不仅要有旅游统计学的一般理论和方法为指导，而且还要求设计者对所要研究的问题本身具有深刻的认识并具备相关的学科知识。例如，要设计一套能够较好地评价旅行社经营状况的统计体系与方案，仅有一般的统计方法知识是不够的，设计者还必须具备旅行社经营管理知识和理论素养。

2. 收集数据

经过旅游统计设计形成方案之后，就可以开始收集统计数据。收集数据的办法有实验和统计调查两种。对于旅游经济现象来说，一般无法进行重复实验，要取得有关数据就必须到旅游现象总体中去选取足够多的单位进行调查观察，并加以综合研究。如何科学地进行调查是旅游统计学研究的重要内容。

3. 整理与分析

收集到的原始统计数据经过整理、加工和分析才能真正发挥作用。在这一研究阶段，所运用的方法包括两大类：描述统计和推断统计。

描述统计是指对采集的数据进行登记、审核、整理、归类，在此基础上进一步计算出各种能反映总体数量特征的综合指标，并用图表的形式表示经过归纳分析而得到的各种有用的统计信息。描述统计是统计研究的基础，它通过对分散无序的原始资料的整理归纳，运用分组法和综合指标法得到旅游经济现象总体的数量特征，揭露客观事物内在数量规律性。

推断统计是在对样本数据进行描述的基础上，利用一定的方法根据样本数据去估计或检验总体的数量特征。推断统计是现代统计学的主要内容。在很多情况下，人们需要知道总体的数量特征，但掌握的数据只是部分单位的数据或有限单位的数据。例如，2013 年我国入境旅游游客的人均收入是多少，国内游游客的性别比例如何，某种旅游商品的寿命多长等，必须利用推断统计的方法来解决这些问题。

4. 开发与应用

旅游统计的目的在于认识旅游经济现象的规律。通过统计整理和分析得到的旅游统计资料，如果不加以利用，就失去了其存在的意义。因此，对于已经公布的旅游统计资料需要加以积累、加工、分析和应用。

旅游统计研究的全过程学科理论如图 1-1 所示。

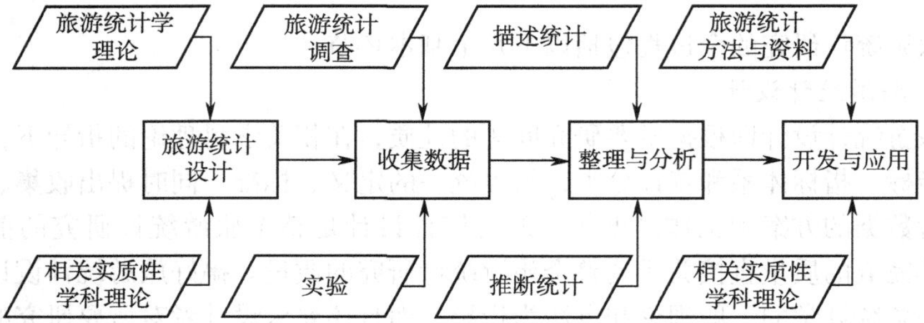

图 1-1　旅游统计研究的全过程学科理论

第三节　旅游统计学中的基本概念

一、总体和总体单位

总体，也称旅游统计总体，是由客观存在的、具有某些共同性质的许多个别单位组成的整体。例如，要研究全国的一类旅行社，所有国内的一类旅行社就构成一个总体，这是因为在性质上每个一类旅行社的经济职能是相同的，都是从事招揽或接待外国旅游者、华侨、港澳台游客的旅游业务的旅行社，因此它们是同质性的。这些一类旅行社的集合就构成了旅游统计总体。同质性是形成旅游统计总体的一个必要条件，也是它的一个重要特点。旅游统计总体还应具备大量性。旅游统计对总体数量特征的研究，其目的是探索、揭示旅游经济现象的规律，而旅游经济现象的规律只有通过大量观察才能显示出来。因此，旅游统计总体应该由足够数量的同质性单位构成。

构成总体的这些个别单位称为总体单位。对于全国一类旅行社这一总体来说，每一家一类旅行社都是一个总体单位。根据研究目的的不同，总体单位可以是人、物、机构等实物单位，也可以是一种现象或活动过程等非实物单位。

总体按其所包括的范围大小，可以分为有限总体和无限总体。总体所包含的单位数是有限的，称为有限总体，例如星级饭店数、连锁餐饮企业数、入境游客数、5A 级旅游景区数等；总体所包含的单位数是无限的，称为无限总体，如连续生产的某种产品的生产数量、大海里的鱼类资源数、森林中的林业资源数等。对有限总体，既可以进行全面调查，也可以进行非全面调查；但对无限总体，只能抽取一部分单位进行非全面调查，据此推断总体。

总体和总体单位的概念是相对而言的，随着研究目的和总体范围不同而不同。同一研究对象，在一种情况下为总体，在另一种情况下可能是总体单位。例如，要了解全国各省的 A 级景区基本情况，那么全国所有 A 级景区为总体，各省所有 A 级景区就是总体单位。如果要了解某省各县 A 级景区基本状况，则该省所有 A 级景区就是总体，各县所有 A 级景区就是总体单位。

二、标志、指标和指标体系

标志是用来说明总体单位特征的名称。例如，研究某旅行社员工构成状况，每一位旅行社员工就是总体单位，姓名、性别、民族、文化程度、政治面貌、工资水平、年龄、籍贯等都是用来说明总体单位特征的，是标志。

标志可分为数量标志和品质标志。数量标志是表示总体单位量的特征的，是可以用数值来表示的。例如，旅行社员工的工资水平、年龄就是数量标志，而其中李四的年龄 31 岁，月工资 3100 元，这是数量标志的具体表现，称为标志值。品质标志是说明总体单位质的特征的，是不能用数值来表示的，只能用文字、语言来描述。例如，旅行社员工的姓名、性别、民族、文化程度、政治面貌、籍贯等调查项目是说明总体单位质的特征的，是品质标志。而具体某个员工王小红，女，汉族，大学文化程度，中共党员，籍贯海南等则是品质标志的具体表现，称为属性。

指标也称旅游统计指标，是说明旅游总体的综合数量特征的概念。它是运用一定的统计方法，对总体各单位的标志值进行登记、整理、汇总，形成反映总体数量特征的综合指标。指标一般由指标名称和指标数值两部分构成。例如，2013 年我国国内居民因私出境为 9818.70 万人次，入境游客为 2629.03 万人次。指标名称是指标质的规定，它反映一定的旅游经济范畴；指标数值是指标量的规定，它是根据指标的内容所计算出来的具体数值。指标一般有三个特点：① 指标都能用数字表示；② 指标是说明总体综合特征的；③ 指标是反映一定旅游经济范畴的数量。

指标按其作用和表现形式的不同，有总量指标（绝对数）、相对指标（相对数）、平均指标（平均数）三种。

指标按其所反映的数量特点不同，可分为数量指标和质量指标。数量指标是指说明旅游经济现象总规模和总水平的各种总量指标。例如，国际旅游外汇收入、入境过夜游客数、国内居民出境人数、旅行社个数、旅游商品产量等，数量指标用绝对数表示。质量指标是指反映旅游经济现象相对水平和质量的统计指标。例如，饭店员工平均工资、国内旅游人均花费、旅行社员工出勤率等。质量指标是总量指标的派生指标，用相对数或平均数表示，以反映旅游经济现象之间的内在联系和对比关系。

应当注意：① 标志一般不具备时间、地点等条件，但作为一个完整的统计指标，一定要讲时间、地点、范围、计量方法等。② 由于总体和总体单位的概念会随着研究目的的不同而变化，因此指标和标志的概念也是相对而言的。两者存在着一定的变换关系。由于研究目的不同，原来的统计总体如果变成总体单位了，则相应的统计指标也就变成数量标志了（这时，指标名称变成标志，指标数值变成标志值或变量值）；反之亦然。例如，在研究某旅行社职工情况时，该旅行社的全部职工是总体，该旅行社的工资总额为统计指标。而在研究该旅行社所属的某市职工工资情况时，旅行社就是总体单位，该旅行社的工资总额为数量标志，具体的工资总额数值为标志值。于是，该旅行社的工资总额由统计指标相应地变为数量标志了。

单个统计指标只反映总体某一数量特征，说明现象某一个侧面情况。由于旅游经济现象数量之间存在一定的联系，要全面反映现象发展的全过程，需要设立统计指标体系。统计指标体系是由若干个相互联系的统计指标组成的一个有机整体。例如，为了反映某饭店生产经营的全貌，需要设立产量、产值、品种、质量、职工人数、劳动生产率、原材料成本、设备完好率、财务等指标，形成该饭店的统计指标体系。指标体系完整地反映旅游经济现象和过程，反映旅游经济现象的因果关系、依存关系、平衡关系等。

指标体系的设置不仅是对客观现象的反映，也是人们认识客观现象的结果，其内容是由旅游经济现象的特点来决定的。人们通过统计指标体系进一步深入了解统计总体的数量特征及其相互关系。例如，对旅行社职工工资水平的变化情况，需要从以下四方面进行具体分析：① 工资总额在不同时期的增减速度；② 职工的平均工资的变化；③ 物价指数的影响；④ 家庭负担人数的变化情况。又如，分析企业的亏损和盈利情况，不仅要采用亏损面和亏损额这两个指标，还必须联系企业的生产经营规模和产出规模（主要是销售收入和利税总额），要研究亏损企业亏损额相当于销售收入和利税总额的比重这两个指标的变化，这样综合地、历史地分析情况，才能得出全面、正确的认识。须注意的是，统计指标体系在一定时期内具有相对的稳定性，随着社会生产和国民经济的发展，指标体系也将不断改进更新、调整与完善。

三、变异和变量

一般意义上的变异是指标志（包括品质标志和数量标志）在总体单位之间

的不同具体表现，但严格地说，这里的变异仅指品质标志的不同具体表现，如性别表现为男、女，民族表现为汉族、满族、蒙古族、回族、苗族等。品质标志的变异最后表现为综合性的数量时，如按职工的性别，汇总计算出男、女各多少人，才构成统计研究的对象。

而数量标志的不同具体表现称为变量值（或称标志值），例如，某饭店员工的月工资分别为1600元、2100元，2500元等。根据变量值连续出现与否，变量可分为连续型变量和离散型变量。连续型变量是指变量的取值在数轴上连续不断，无法一一列举，即在一个区间内可以是任意实数值，如景区的温度、湿度，旅游设备的使用寿命等。离散型变量是指变量的数值只能用计数的方法取得，其取值常常是整数值，可以一一列举，如酒店客房数、企业数、职工人数等。根据变量的取值确定与否，变量可分为确定性变量和随机变量。确定性变量是受确定性因素影响的变量，即影响变量值变化的因素是明确的，是可解释和可控制的。例如，增加景区营销，能使景区收入增加，但造成景区收入增加的因素是不确定的，因为除了营销因素，还有目的地形象、游客消费心理等因素的影响。随机变量则是受许多不确定因素影响的变量。变量的取值无法事先确定。例如，酒店产品质量检验，在所控制的质量数据范围内，由于受偶然因素（原材料、温度、加工者等）的影响，产品的质量数据也不是绝对相同的，它们与质量标准有一定误差，这是随机性因素的影响。社会经济现象既有确定性变量也有随机变量。统计学所研究的主要是随机变量。

四、统计数据

（一）数据的计量尺度

统计数据是总体单位标志或统计指标的具体数量表现。要对客观现象进行计量，首先必须弄清数据的计量尺度问题。根据对研究对象计量的不同精确程度，美国社会学家、统计学家史蒂文斯1968年将计量尺度由低到高、由粗略到精确分为四个层次：定类尺度、定序尺度、定距尺度和定比尺度。

1. 定类尺度

定类尺度是最粗略、计量层次最低的计量尺度。它是按照客观现象的某种属性对其进行分类。这一场合所使用的数值只是作为各种分类的代码，并不反映各类的优劣、量的大小或顺序。例如，人口按性别分为男、女，用“1”表示男性，用“0”表示女性。定类尺度的主要数学特征是“=”或“≠”。在统计处理中，对于不同的类别，虽然可以计算单位数，但它不能表明第一类的一个单位可以相当于第二类的几个单位。定类尺度必须遵循两个重要的原则：一是互斥原则，即每一个单位只能划归到某一类型中，而不能既是这一类，又是那一类；二是穷尽原则，即所有被观察的单位都可被归属到某一类型中，没有一个单位无从归属。

2. 定序尺度

定序尺度是对客观现象各类之间的等级差或顺序差的一种测度。利用定序尺度不仅可以将研究对象分成不同的类别，而且还可以反映各类的优劣、量的大小或顺序。例如，旅游学院学生成绩可以分为优、良、中、及格和不及格五类。定序尺度虽然无法表明一个优等于几个良，但却能确切地表明优高于良，良又高于中……定序尺度的主要数学特征是“<”或“>”。

3. 定距尺度

定距尺度是对现象类别或次序之间间距的测度。定距尺度不但可以用数表示现象各类别的不同和顺序大小的差异，而且可以用确切的数值反映现象之间在量方面的差异。例如，海南绿茶按质论价，一等品 100 元/两，二等品 80 元/两，三等品 50 元/两，可以说一等品比三等品每两价高 50 元，而不能说一等品质量是三等品质量的 2 倍，因为没有确定、标准的“零”位。定距尺度的主要数学特征是“+”或“-”。定距尺度使用的计量单位一般为实物单位（自然或物理）或者价值单位。反映旅游经济现象规模水平的数据必须以定距尺度计量，例如，旅游产品产量、入境游客数、二类旅行社个数、国际旅游外汇收入等都以定距尺度为计量尺度。定距尺度在统计数据中占据重要的地位，统计中的总量指标就是运用定距尺度计量的。

4. 定比尺度

定比尺度是在定距尺度的基础上，确定相应的比较基数，然后将两种相关的数加以对比而形成相对数（或平均数），以反映旅游经济现象的结构、比重、速度、密度等数量关系。例如，将一个旅游企业创造的产值与该企业的职工人数对比，计算全员劳动生产率，以此反映该企业的生产效率。定比尺度同定距尺度的显著区别是它有一个绝对固定的、非任意的零点，即在数值序列中，零值是有实质意义的。定比尺度的主要数学特征是“×”或“÷”。在统计的对比分析中，广泛地运用定比尺度进行计量。

（二）数据的表现形式

统计数据的表现形式主要有以下三种：

1. 绝对数

旅游经济现象的规模、水平一般以绝对数形式表现。绝对数的计量单位是根据事物的性质和研究的任务来决定的，一般分为实物单位、货币单位和劳动单位。

实物单位包括：① 自然计量单位。它是根据被研究现象的自然属性来计算其数量的单位，如人口以“人”为单位，汽车以“辆”为单位，过夜天数以“天”为单位。②度量衡单位。它是根据度量衡制度规定的计量单位，如粮食以

"千克"或"吨"为单位，棉布以"米"为单位，木材以"立方米"为单位，电机容量以"千瓦"为单位等。③双重或多重单位。它是采用两种或两种以上计量单位来表明某一事物的数量。例如，电动机以"千瓦/台"、起重机以"吨/台"等为单位，属于双重单位；船舶以"吨/马力/艘"为计量单位等，属于多重单位。④复合单位。复合单位是由两种或两种以上的计量单位结合在一起表明某一事物的数量。例如，货运量以"吨·公里"、发电量以"千瓦时（度）"等为复合单位。

货币单位是以货币形式进行计量，如国内旅游总花费、国际旅游外汇收入、进出口总额、成本、利润、税金、固定资产、流动资金、净产值等指标就是以货币单位为计量单位的。货币单位有现行价格和不变价格之分。现行价格是各个时期的实际价格；不变价格是在综合不同产品产量并反映它们的总动态时，为了消除不同时期价格变动的影响所用的固定价格。

劳动单位是用劳动时间表示的计量单位，也是一种复合单位，如"工时"。

绝对数按其反映的时间状态不同，分为时期数据和时点数据。时期数据是反映现象在一段期间内发展过程的总量，它具有连续统计和可相加的特点，其数值大小与所属的时间长短有直接关系，例如，国际旅游外汇收入、进出口总额。时点数据是反映现象在某一特定时点所处的状态，它是采用间断登记方式取得的，不宜相加，其数值大小与时点间隔长短没有直接关系，如年末星级饭店数、期末在建工程投资额等。

2. 相对数

相对数又称相对指标，由两个互相联系的数值对比的结果。用来对比的两个数，既可以是绝对数，也可以是平均数和相对数。相对数的表现形式有两种：一种是有名数，另一种是无名数。有名数是将对比的分子指标和分母指标的计量单位结合使用，以表明事物的密度、普遍程度和强度等。例如，人口密度用"人/km^2"表示，无名数是一种抽象化的数值，一般分为系数、倍数、成数、百分数、千分数等。例如，人口出生率、人口自然增长率等多用千分数表示。

常用的相对数包括计划完成相对数、结构相对数、比例相对数、比较相对数、强度相对数、动态相对数等。

（1）计划完成相对数。计划完成相对数是将实际完成数与计划任务数对比用来说明计划完成情况，一般用百分数表示，其计算公式为

$$\text{计划完成相对数} = \frac{\text{实际完成数}}{\text{计划任务数}} \times 100\%$$

由于所下达的计划任务数可能是绝对数，也可能是相对数或平均数，在不同情况下，计划完成相对数的计算方法也各不相同。

1）当计划任务数为绝对数或平均数时，直接用计划完成相对数的基本公式

计算。

例 1-1 某旅行社某年计划接待入境游客 1000 人，实际接待入境游客 1300 人，其计划完成程度为

$$\text{计划完成相对数}=\frac{1300\text{ 人}}{1000\text{ 人}}\times 100\%=130\%$$

计算结果表明，该旅行社该年超额 30% 完成接待入境游客的任务。

2）计划任务数为相对数时：

① 按降低率规定计划任务，其计划完成相对数为

$$\text{计划完成相对数}=\frac{1-\text{实际降低率}}{1-\text{计划降低率}}\times 100\%$$

例 1-2 某星级饭店 2013 年计划经营成本下降 9%，实际下降 8%，则该星级饭店经营成本降低计划完成程度为

$$\text{计划完成相对数}=\frac{1-8\%}{1-9\%}\times 100\%=101.1\%$$

计算结果表明，该星级饭店 2013 年经营成本降低计划完成情况不够好，尚有 1.1% 的计划任务未完成。

② 按提高率规定计划任务，其计划完成相对数为

$$\text{计划完成相对数}=\frac{1+\text{实际提高率}}{1+\text{计划提高率}}\times 100\%$$

例 1-3 某旅行社 2013 年计划经营利润率比去年提高 10%，实际提高 15.5%，则经营利润提高计划完成程度为

$$\text{计划完成相对数}=\frac{1+15.5\%}{1+10\%}\times 100\%=105\%$$

计算结果表明，该旅行社 2013 年经营利润率提高计划完成程度为 105%，超额 5% 完成计划。

对计划完成情况的评价要以计划指标的性质和要求为依据。当计划指标以最低限额规定时，例如入境旅游收入、国内旅游收入等成果性指标，计划完成相对数以等于或大于 100% 为优，大于 100% 表示超额完成，小于 100% 则表示欠额完成；反之，当计划指标以最高限额规定时，例如经营成本、商品流通费用率等消耗性指标，计划完成相对数以小于或等于 100% 为好，小于 100% 表示超额完成，而大于 100% 表示欠额完成。

（2）结构相对数。结构相对数是在对资料进行分组的基础上，以总体的总量作为比较标准而求得的相对数，它可以反映总体的构成情况。其计算公式为

$$\text{结构相对数}=\frac{\text{总体中某部分数值}}{\text{总体全部数值}}\times 100\%$$

例如，2013 年城镇居民国内游客达 2186 百万人次，农村居民国内游客达

1076 百万人次，则城镇居民国内游客占全部居民国内游客的比例为 67.01%。结构相对数可以反映总体构成特征，通过不同时期结构相对数的变化，可以反映事物由量变到质变的过程及其规律性。同时，结构相对数还可以说明事物总体的质量，反映人力、物力和财力的使用情况。

（3）比例相对数。比例相对数是同一总体内不同组成部分的指标数值对比的结果，用来表明总体内部的比例关系，其计算公式为

$$比例相对数=\frac{总体中某部分数值}{总体中另一部分数值}\times 100\%$$

例如，2013 年城镇居民国内游客人次与农村居民国内游客人次的比例是 203.16%。利用比例相对数对总体的比例关系进行研究，能帮助人们认识旅游经济现象按比例发展的要求，判断比例关系正常与否。当现象总体内部的比例关系发生变化，并超过一定的数量界限时，总体的性质会发生变化。

（4）比较相对数。比较相对数是将不同单位的同类现象对比而求得的相对数，其计算公式为

$$比较相对数=\frac{甲地区(单位)某种指标值}{同时期乙地区(单位)同种指标值}\times 100\%$$

例如，2012 年北京市国际旅游外汇收入为 5149 百万美元，西藏自治区国际旅游外汇收入为 105.07 百万美元，因此北京市国际旅游外汇收入相当于西藏自治区水平的 49 倍。比较相对数主要用来说明某一种现象同一时间在不同地区（或单位）发展的差异程度，以便找差距、挖潜力，提高生产力。

（5）强度相对数。强度相对数是由两个性质不同但又有联系的绝对数对比求得，用来表明某一现象在另一现象中发展的强度、密度或普遍程度。例如，2013 年年底我国移动电话普及率为 91 部/百人，2013 年年底我国每百人占地 0.7/km^2，这里的移动电话普及相对强度为 128.17 部/km^2。强度相对数的计算公式为

$$强度相对数=\frac{某一总量指标数值}{另一性质不同但有联系的总量指标数值}\times 100\%$$

强度相对数的分子、分母有时可以互换，因而存在正指标和逆指标两种强度相对数。

（6）动态相对数。动态相对数是将不同时期的同类事物的水平加以比较求得的相对数，用来反映旅游经济现象在时间上的发展变化情况，例如入境游客增长速度等。其计算公式为

$$动态相对数=\frac{报告期水平}{基期水平}\times 100\%$$

例如，2012 年我国国际旅游外汇收入为 500.28 亿美元，2013 年我国国际旅游外汇收入为 516.64 亿美元，则动态相对数为 103.3%。表明我国 2013 年国际旅游外汇收入比上年增长了 3.3%。

计算和运用相对数应注意指标可比性、绝对数与相对数结合、多种相对数结合等原则。

3. 平均数

平均数反映旅游经济现象总体的一般水平或分布的集中趋势。关于这部分内容本书将在第三章作详细介绍。

练习题

一、单项选择题

1. 一个统计总体（　　）。

A. 只能有一个标志　　B. 只能有一个指标

C. 可以有多个标志　　D. 可以有多个指标

2. 构成统计总体的必要条件是（　　）。

A. 差异性　　B. 综合性　　C. 社会性　　D. 同质性

3. 2005 年全国电话普及率为 57 部／百人，这个指标是（　　）。

A. 平均数　　B. 相对数　　C. 绝对数　　D. 发展速度指标

4. 下列变量中，（　　）属于离散型变量。

A. 一包谷物的重量

B. 一个轴承的直径

C. 在过去一个月中平均每个销售代表接触的期望客户数

D. 一个地区接受失业补助的人数

5. 某班学生统计学考试成绩分别为 55 分、67 分、82 分和 91 分，这四个数字是（　　）。

A. 标志值　　B. 变量　　C. 标志　　D. 指标

6. 下列属于数量标志的是（　　）。

A. 所有制　　B. 工人性别　　C. 文化程度　　D. 工人工资

7. 统计数据民族所采用的计量尺度是（　　）。

A. 定类尺度　　B. 定序尺度　　C. 定距尺度　　D. 定比尺度

8. 某地“2014 年国内旅游收入”这一统计指标属于（　　）。

A. 数量指标　　B. 质量指标　　C. 相对指标　　D. 平均指标

9. 某旅行社有 100 名职工，把他们的工资加总起来除以 100，这是（　　）。

A. 对 100 个变量求平均　　B. 对 100 个指标求平均

C. 对 100 个变量值求平均　　D. 对 100 个标志求平均

10. 要了解某市星级饭店技术装备情况，则统计总体是（　　）。

A. 该市所有星级饭店　　B. 该市每一个星级饭店

C. 该市星级饭店的每一台设备　　D. 该市星级饭店的全部设备

二、多项选择题

1. 统计一词的含义是（　　）。

A. 统计工作　　B. 统计资料　　C. 统计调查　　D. 统计学

2. 下列变量属于离散型变量的有（　　）。

A. 商品销售额　　B. 商业企业职工人数

C. 商品库存额　　D. 商场经营商品品种数

3. 在我国全国人口普查中，（　　）。

A. 每个有中国国籍的常住人是总体单位

B. “男性”是品质标志

C. “文化程度”是品质标志

D. 人的“年龄”是变量

4. 下列变量属于连续型变量的有（　　）。

A. 农副产品收购额　　B. 企业职工人数

C. 某商店商品销售额　　D. 某农场拖拉机拥有量

5. 以某市旅行社职工为总体，下列属于统计指标的有（　　）。

A. 男职工所占比重为63%

B. 某职工的月工资收入为1850元

C. 职工月平均工资为1900元

D. 该市旅行社职工总人数

三、判断改错题

1. 所谓总体的同质性，是指构成总体的各个单位所有标志都是相同的。（　　）

2. 随着研究目的的不同，总体和总体单位可以相互转化。（　　）

3. 标志是说明总体数量特征的，指标是说明总体单位特征的。（　　）

4. 数量标志和质量标志既可以用文字表示，也可以用数值表示。（　　）

四、计算题

1. 某企业某旅游商品单位成本计划降低5%，实际降低10%，求该旅游商品单位成本降低的计划完成程度。

2. 某企业去年甲产品产量为50t，计划规定本年产量增长5%，实际增长8%，试计算：

（1）本年甲产品产量计划数与实际数。

（2）本年甲产品产量计划完成情况。

3. 表1-1是我国2011年和2012年外国人入境游客人次和国际旅游外汇收入资料，试计算全部可能的相对数，并指出它们属于哪一种相对数。

表1-1　我国2011年和2012年外国人入境游客人次和国际旅游外汇收入资料

项目	2011年	2012年
外国人入境游客人次/万人次	2711.20	2719.16
男性外国人入境游客人次/万人次	1745.41	1737.76
女性外国人入境游客人次/万人次	965.79	981.40
国际旅游外汇收入/亿美元	484.64	500.28

资料来源：中华人民共和国国家统计局。

五、思考题

相对数包括计划完成相对数、结构相对数、比例相对数、比较相对数、强度相对数、动态相对数六种，试举例说明。

第二章 旅游统计资料的搜集与整理

第一节 旅游统计调查的意义和方案

旅游统计调查是指根据旅游统计研究的目的和任务，运用科学的调查方法，有组织、有计划地向调查单位搜集原始资料的过程。旅游统计调查主要是对原始资料（第一手资料）的搜集，即直接对调查单位的情况进行登记或调查。这也包括对加工过的间接资料（第二手资料）的调查。

一、旅游统计调查的意义

旅游统计调查之所以在旅游统计工作中非常重要，这是由以下三个方面决定的：

1. 旅游统计调查是人们认识旅游经济现象的基本方式

旅游统计调查是人们认识旅游经济现象的有力武器，而作调查是正确认识旅游经济现象的基本方式。人的认识是由社会存在决定的，离开社会实践，离开对实际情况的调查，人的认识也就成为无源之水、无本之木，绝不会得到正确的结论。

2. 旅游统计调查是旅游统计工作的基础环节

旅游统计调查是旅游统计工作中的基础环节，因为一切的旅游统计整理和旅游统计分析都是在原始资料的基础上建立起来的。旅游统计工作的各个环节是紧密衔接、相互依存的。如果调查作得不好、搜集到的数据不准确或残缺不全，则根据这种数据进行整理和分析的结果必定不能如实反映旅游经济现象的真相，甚至还会得出相反的结论。因此，旅游统计调查在整个统计研究中有十分重要的地位。

3. 旅游统计调查的理论和方法在旅游统计学原理中占有重要地位

旅游统计调查的理论和方法包括旅游统计调查的意义、原则、要求，统计方案的制定，各类调查的特点、应用条件以及多种调查方法的结合运用等，这构成旅游统计学原理的基础部分，它是和整个统计理论观点相一致的。由于旅游统计工作过程各个环节的衔接性，以及旅游统计调查在旅游统计工作中的重要作用，旅游统计调查的理论和方法在旅游统计学原理中也占有重要的地位。

二、旅游统计调查的方法

按搜集材料的方法不同，旅游统计调查的方法可分为直接观察法、报告法、登记法、采访法和实验设计调查法。

1. 直接观察法

直接观察法是指调查人员到现场对调查对象进行直接查看、测量和计量以取得资料的调查方法。例如，对经济作物收获量的调查、对旅游商品库存的盘点、对旅游企业期末在制品数量的了解、对销售的旅游商品质量的了解，都是由调查人员当场进行观察、计数。直接观察法可以保证资料的准确性，但需要花费大量的人力、物力和时间，这在一定程度上限制了它的应用。

2. 报告法

报告法是指调查单位以各种原始记录和核算资料为基础，填写由统计机关下发的调查表，按隶属关系逐级上报，提供统计资料的方法。我国现行的统计报表制度就是采用报告法。这种方法取得的资料，一般以原始记录、统计台账或核算资料为依据，比较可靠和准确。

3. 登记法

登记法是由有关组织机构发出通告，规定当事人在某事发生后到该机构进行登记，填写所需登记的材料。例如人口的出生和死亡的统计，就是规定当事人或利害关系人到公安机关登记的方法。

4. 采访法

采访法是根据调查提纲向被调查者访问，由被调查者回答来搜集资料的方法。具体可分为询问法、通信法和网上调查法。通信法一般是由统计工作机构将调查表格或问卷邮寄给被调查者，然后被调查者将填好的调查表寄回。问卷调查就是通信法的一种，这种方法目前在国内外被广泛采用。网上调查法是通过网络向被调查单位和个人的网站发出调查提纲、表格和问卷，被调查者也通过网络向调查者发送信息。网上调查法需要的经费少，传播的速度快，调查结果客观性高，信息质量易检验和控制，适合在较大范围内进行。

5. 实验设计调查法

实验设计调查法是用于搜集测试某一新产品、新工艺或新方法使用效果的方法。一般地，对于可以通过科学实验取得资料的，采用实验设计调查法；而对于无法通过科学实验取得资料的，例如旅游经济现象，则适用直接观察法。

综上所述，旅游统计调查的方法多种多样，各有不同的特点、局限性以及不同的适用条件。实际组织调查时往往是几种调查方法的结合运用，因此，采取何种方法，必须根据调查的具体任务和调查对象本身的特点而定，并随客观情况和条件的变化而适当选用。

三、旅游统计调查的方案

旅游统计调查是一项涉及面广、参加人员众多的工作，更是一项科学、周密、细致、复杂的工作，为了保质保量地如期完成调查任务，在组织调查之前，必须设计一个周密的调查方案。旅游统计调查方案一般包括五项基本内容。

（一）确定调查目的

调查目的，就是指为什么要进行调查，调查要解决什么问题。调查目的是旅游统计调查中的一个根本性问题。有了明确的目的，才能做到有的放矢，正确地确定调查对象、内容和方法，才能搜集到与之有关的资料。若调查目的不明确，就会遗漏一些必要的资料，不但完不成旅游统计研究的任务，而且浪费人力、物力和时间。因此，在设计旅游统计调查方案时，调查目的必须明确、具体、中心突出。例如，中华人民共和国成立后，作了六次人口普查，目的都不一样，因而调查项目也不一样。例如，1953 年第一次全国人口普查，目的是配合召开全国人民代表大会，确定选民及人大代表名额，提供确实的人口数字，所以调查主要包括四个项目：姓名、年龄、性别、民族。1982 年第三次全国人口普查是为了更好地提高人民的物质和文化生活，为制定人口政策和规划，调查内容有 13 项人记录项目和 6 项户记录项目。2000 年第五次全国人口普查所设计的调查内容有 23 项户记录项目和 26 项人记录项目，是在初步建立社会主义市场经济体制下进行的首次人口普查。

（二）确定调查对象和调查单位

调查对象是指需要调查的现象总体，它是由许多性质相同的调查单位组成的集合体。调查单位是指所要调查的具体单位，它是具体调查项目和指标的承担者或载体。例如，调查目的是取得某省一类旅行社的职工人数、平均工资和受教育程度等资料，调查对象就是该省全部的一类旅行社，而具体的每一家一类旅行社就是调查单位。明确调查单位，还必须把它与报告单位区别开。报告单位也称填报单位，它是负责向上报告调查内容、提交统计资料的单位。报告单位一般是在行政上、经济上具有一定独立性的单位，而调查单位可以是个人、企事业单位，也可以是物。根据不同的调查目的，调查单位与报告单位有时是一致的，有时则不一致。例如，进行星级酒店设备普查，报告单位是星级酒店，调查单位是各种单台设备。又如，在普查某种果树的种植时，调查单位是每一株果树，而报告单位是农户或农场等农业生产单位。显然，这两种调查的调查单位与报告单位是不一致的。当调查旅行社的收入、成本、利税的情况时，调查单位与报告单位又是一致的。

（三）确定调查项目，拟定调查表

调查项目就是所要调查的具体内容，即所要登记的调查单位的特征，也就是调查单位的基本标志，它由一系列品质标志和数量标志构成。将各个调查项目按照一定的顺序排列在一定的表格上，就构成了调查表。利用调查表，可以使调查登记资料更加标准化、规范化，也便于调查后的资料整理与汇总。调查表一般有一览表和单一表两种形式。一览表是把许多调查单位填写在一张表上，在调查项目不多时较为简便，而且便于合计和核对差错。单一表是每个调查单位填写一份，可容纳较多标志，一般用于调查项目较多的场合。

问卷调查是一种特殊的调查形式，很多人在网络上或大街上都有可能接触到各种各样的调查问卷，在此，有必要阐述设计调查问卷时需注意的一些问题。

1. 问卷的结构

问卷的结构主要由卷首语、正文和结尾几部分组成。

（1）卷首语。问卷的卷首语或开场白是致被调查者的信或问候语。其内容一般包括以下几个方面：

1）称呼、问候。例如："××先生、女士：您好！"

2）调查人员自我说明调查的主办单位和个人的身份。

3）简要地说明调查的内容、目的、填写方法。

4）说明作答的意义或重要性。

5）说明所需的时间。

卷首语要保证调查对被调查者无负面作用，并替他保守秘密；表示真诚的感谢，或说明将附送小礼品；语气应该是亲切、诚恳而礼貌的，简明扼要，切忌啰唆。

（2）正文。正文实际上也包括了三部分内容。

1）向被调查者了解最一般的问题。这些问题应该是适用于所有的被调查者，并能很容易、很快地回答。在这一部分不应有任何难答的或敏感的问题，以免让被调查者产生顾虑。

2）主要内容。这包括涉及调查主题的实质和细节的大量题目。这一部分的结构组织安排要符合逻辑性并对调查者来说应是有意义的。

3）第三部分一般包括两部分的内容：一是敏感性或复杂的问题，以及测量被调查者的态度或特性的问题；二是人口基本状况、经济状况等。

（3）结尾。问卷的结尾一般首先加上1～2道开放式题目，给被调查者一个自由发表意见的机会。然后，对被调查者的合作表示感谢。在问卷的最后，一般应附上一个"调查情况记录"。这个记录包括：

1）调查人员（访问员）姓名、编号。

2）被调查者的姓名、地址、电话号码。

3）问卷编号。

4）访问时间。

5）其他，如设计分组等。

2. 问卷设计的基本要求

（1）主题明确。根据调查主题，从实际出发拟题，问题目的明确，重点突出，没有可有可无的问题。

（2）结构合理、逻辑性强。问卷中问题的排列应有一定的逻辑顺序，符合应答者的思维程序。一般是先易后难、先简后繁、先具体后抽象。先问事实性问题，后问态度和意向方面的问题，最后问理由方面的问题。

（3）用词准确、通俗易懂。问卷应使应答者一目了然，并愿意如实回答。问卷中语气要亲切，符合应答者的理解能力和认识能力，避免使用专业用语。对敏感性问题采取一定的技巧调查，使问卷具有合理性和可答性，避免主观性和暗示性，以免调查答案失真。

（4）便于资料的校验、整理和统计。根据不同的调查内容和要求，问句可以选择以下几种形式：

1）开放式问句。即提出问题，由被调查者自由回答，不受限制。这种问句的答案可能是漫无边际的，不容易汇总进行统计分析，因此，在问卷中不宜多用。

2）对选式问句。这类问句要求被调查者在两个可能的答案中选择一个，例如回答“是”或“否”，容易发问，也容易回答。但只限于搜集简单的事实或态度，对于既不肯定也不否定的答案就无法表示。

3）多项选择式问句。即列举几个可能的答案，由被调查者选出最符合自己情况的一个答案。其优点是答案有一定的范围，便于被调查者取舍。但是，备选答案不可能穷尽所有可能的情况，因而也容易使被调查者作出随意应付的选择。

4）顺位式问句。即列出对某一问题不同层次的答案，由被调查者排出次序，表示自己的态度和倾向。

5）标度式问句。这类问句又称为等级选择式问句，即调查人员列出不同等级的答案，由被调查者从中选择一项作为回答。

（四）确定调查时间和调查期限

调查时间是指调查资料所属的时间。如果调查的是时期现象，就要明确规定调查资料所反映的起止时间。例如，2014 年第一季度国内旅游人均花费的调查，调查时间是从 1 月 1 日至 3 月 31 日止。如果调查的是时点现象，就要明确规定统一标准时点。例如，我国第六次人口普查的调查时点是 2010 年 11 月 1 日零时，要求2010年11月1日至11月10日登记完毕，调查期限为11月1日至11月10日共10天。调查期限是进行调查工作的时限，包括搜集资料和报送资料的整个工作所需要的时间。为了保证资料的及时性，必须尽可能缩短调查期限。

（五）制订调查的组织实施计划

调查组织工作包括确定调查机构、调查步骤、人员的组织与培训、经费的来源和开支办法、资料报送方式、调查结果公布的时间、调查工作的检查监督方法等。严密细致的组织工作，是旅游统计调查顺利进行的保证。

此外，通过旅游统计调查得到的资料属于第一手统计资料。事实上，除了第一手统计资料，还有大量可供使用的第二手统计资料，主要来自有关统计部门和其他机构发布的统计资料，可以从相关的年鉴、期刊和各种报刊媒体上获取，还可以从有关网站搜寻。在我国，公开出版或报道的旅游经济统计数据主要来自国家和地方的统计部门、旅游局以及各种报刊媒体。例如，公开的出版物有《中国统计年鉴》《中国统计摘要》《中国社会统计年鉴》《中国旅游统计年鉴》《地方统计年鉴》等。提供世界各国旅游经济数据的出版物也有许多，如《国际统计年鉴》《世界经济年鉴》等。联合国的有关部门及世界各国也定期发布各种统计数据。

第二节　旅游统计调查的组织形式

旅游经济现象错综复杂，具有多样性。不同的调查对象和调查目的，需要采用不同的调查方法，它们各具特点和作用。旅游统计调查可以依据不同的标准，从不同的角度分类。

一、全面调查和非全面调查

按调查对象所包括范围的不同，旅游统计调查可分为全面调查和非全面调查。

全面调查是对被调查对象中的所有单位全部进行调查，其目的是要取得总体的、全面的、系统的、完整的总量资料。例如，人口普查、旅游资源普查、全面统计报表都是全面调查。全面调查能掌握比较完整的统计资料，了解所调查单位的全貌，但它需花费较多的人力、物力和财力，操作比较困难。

非全面调查是对调查对象中的一部分单位进行调查，以取得资料的调查方式。例如，对有些产品进行质量检查具有破坏性，因此只抽取产品中的一部分检验，借以了解总体。重点调查、典型调查都属于非全面调查。非全面调查的调查单位少，用较少的时间和人力调查较多的内容，其缺点是掌握的资料不够齐全。

（一）普查

普查是专门组织的一次性的全面调查。它的两个主要特点是：第一，普查是不连续的一次性调查，主要用来调查属于一定时点上的经济现象的总量；第二，普查是专门组织的全面调查，比其他任何一种调查形式更能掌握大量、详细、全面的统计资料，主要用来搜集某些不能或不宜用定期报表搜集的统计资料，以便全面、系统地掌握重要的经济现象的统计资料。

普查的具体方式有两种：一种是从上至下通过专门的普查机构和人员对调查单位直接进行登记，如我国人口普查就是采用这种形式；另一种是利用调查单位的原始记录和核算资料，结合清仓盘点，颁发一系列调查表，由调查单位自行填报，如我国物资库存就是采用这种形式。

我国现有的普查项目主要有：① 人口普查每10年进行一次，尾数逢0年份进行。② 农业普查每10年进行一次，尾数逢6年份进行。③ 第三产业普查、工业普查和基本单位普查合并，再加上建筑业，共四项工作一起进行，统称为经济普查。2004年进行了第一次全国经济普查。全国经济普查每10年进行两次，分别在尾数逢3、逢8的年份实施。

根据普查的特点，进行普查工作必须十分重视普查项目、调查时间和调查方法上的集中和统一。普查必须遵守以下三项原则：

（1）必须统一规定调查资料所属的标准时点，使所有普查资料都反映这一时点上的状况，避免因自然变动和机械变动而产生的重复和遗漏。例如，我国第六次人口普查规定2010年11月1日零时为标准时点，第三次经济普查标准时点是2013年12月31日。

（2）在普查范围内各调查单位应尽可能同时进行调查，并尽可能在最短期限内完成，以便在方法上、步调上协调一致，以保证资料的真实性。普查不可能在同一时间里同时登记完毕，必须在一段时间内完成。例如，第六次人口普查登记工作从2010年11月1日至10日，调查期限为10天。如果时间拉得过长，就会影响调查资料的准确性和时效性，还会影响到汇总分析工作。

（3）调查项目一经统一确定，不能任意改变或增减，以免影响汇总综合，降低资料质量。同类普查的内容在各次普查中要尽可能保持一致，以便将历次普查资料进行对比。

普查也不排斥时期现象的项目普查工作复杂细致，一般是采取逐级布置任务、逐级汇总资料的方法，这需要花费较长时间。

（二）统计报表制度

统计报表是我国定期搜集基本统计资料的一种重要的组织形式。统计报表制度是依照国家有关法规，自上而下地统一布置，按照统一的表式、统一的指标项目、统一的报送程序和报送时间，自下而上逐级地定期提供基本统计资料的一种调查方式。

统计报表的主要特点是：首先，统计报表的资料来源是建立在基层单位的原始记录的基础上，基层单位也可利用其资料对生产、经营活动进行监督管理；其次，由于统计报表是逐级上报和汇总的，各级领导部门能获得管辖范围内的报表资料，了解本地区、本部门的经济和社会发展情况；再次，由于统计报表属于经常性调查，调查项目相对稳定，有利于积累资料，并可进行动态对比分析。

由于划分标准不同，统计报表的种类很多。目前主要有以下分类：

（1）统计报表按实施范围分为国家统计报表、业务部门统计报表和地方统计报表。国家统计报表是国民经济基本统计报表，由国家统计局统一制发，用来反映国民经济和社会发展基本情况。业务部门统计报表是各业务部门为本部门业务管理的需要而制发的，只在本系统内执行，用来搜集有关部门的业务技术资料，作为国民经济基本统计报表的补充。地方统计报表是针对地方特点而补充规定的地区性统计报表，其实施范围为各省、市、自治区，服务于地方需要。它也是国家统计报表的补充。

（2）统计报表按报送范围分为全面统计报表和非全面统计报表。全面统计报表要求调查对象中的每个单位都必须填报，非全面统计报表只要求调查对象中的部分单位填报。

（3）统计报表按报送周期长短，可分为日报、旬报、月报、季报、半年报和年报。除年报外，其他报表称为定期报表。一般来说，统计报表报送的周期越短，报送的指标项目越粗；反之，亦然。日报、旬报由于时效性强，也称为进度报表。年报是总结性报表，具有指标多、分组细、统计范围广等特点。

（4）统计报表按填报单位不同，可分为基层报表和综合报表。基层报表是由基层企事业单位填报的报表，综合报表是由主管部门或统计部门根据基层报表逐级汇总填报的报表。

（5）统计报表按报送方式的不同，可分为电信报表和邮寄报表。电信报表包括电报、电话、电视、传真、网络等方式。

（三）抽样调查

抽样调查是一种非全面调查，它是按照随机原则在调查对象中抽取一部分单位作为样本进行分析，用以推断总体数量特征的一种调查方式。

抽样调查具有三个特点：第一，按照随机原则抽选单位，排除个人主观意图的影响；第二，根据部分单位的调查资料作深入细致的调查研究，可对总体的数量特征作出估计；第三，抽样误差可以事先计算并加以控制。抽样调查用途非常广泛。有很多旅游经济现象是无法进行全面调查的，故须采用抽样方法调查；即使某种旅游经济现象可以用全面调查方式，但用抽样调查方式更经济、更灵活、更具有时效性。关于抽样调查方法的详细内容将在本书第六章专门介绍。

（四）重点调查

重点调查是指在调查对象中选择一部分重点调查单位进行调查的一种非全面调查。所谓重点单位，是指这些单位在全部总体中虽然数目不多，但就调查的标志值来说却在总量中占绝大的比重，在总体中具有举足轻重的作用。通过对这些重点单位的调查，可以从数量上反映整个总体在该标志总量方面的基本情况。通常，当调查任务只要求掌握基本情况，而部分单位又能比较集中地反映研究的项目时，采用重点调查比较适宜。例如，要及时地了解到全国旅行社的基本情况，可以选择国旅、中青旅等几家大型旅行社进行重点调查，因为这些旅行社接待量占全部旅行社接待量的较大比重。重点调查可以是企业，也可以是一些地区、城市。重点调查的优点在于调查单位少，调查项目就多一些，情况了解得更详细，具有经济性和时效性的特点。应该注意，由于重点单位与一般单位的差别较大，通常不能由重点调查的结果来推算整个调查总体的指标。

（五）典型调查

典型调查是指在调查对象中有意识地选取若干具有典型意义或代表性的单位进行的一种非全面调查。显然，典型调查单位的确定与其他非全面调查相比较，更多地取决于调查者主观的判断与决策。其主要特点是：第一，调查单位少，能集中人力、物力、财力搜集到详细的第一手资料；第二，由于典型单位是有意识选出的，对其进行调查，就能取得代表性较高的资料。它和重点调查一样，都具有准确性、经济性和时效性的特点。当所选取的典型单位具有一般代表性时，典型调查获得的数据资料也可以成为科学推算的基础。

二、经常性调查和一次性调查

按调查登记时间是否连续，旅游统计调查可以分为经常性调查与一次性调查。

经常性调查是随着被研究现象的变化，连续不断地进行登记。其目的是了解事物在一定时期内发生、发展的全部过程及其结果的统计资料。例如，新增星级饭店数、我国年度国内旅游总花费等都是对旅游经济现象在一定时期内连续登记的结果。这些现象经常处于变动中，通常需要采用经常性调查。

一次性调查是不连续地对事物的变化进行一次调查，用以了解事物在某一时点上的状况。例如某旅行社职工人数、某企业固定资产总值等，一般在一定时期内这些现象和数值变化不大，且都是时点指标，采用一次性调查即可掌握其变动情况。

三、统计报表制度和专门调查

按调查组织方式不同，旅游统计调查可分为统计报表制度和专门调查。统计报表通常以定期报表的形式出现，是取得国民经济基本统计资料的主要形式。前文已经介绍过，这里不再赘述。

专门调查是为了某一特定的研究目的而组织的专项调查。例如，普查、重点调查和典型调查等是专门调查，专门调查多属于一次性调查。

第三节 旅游统计整理

一、旅游统计整理的意义和内容

（一）旅游统计整理的意义

旅游统计整理是旅游统计工作的第二个阶段。它是按照旅游统计研究的要求，对调查所搜集到的原始资料进行分组、汇总，使其条理化、系统化，以反映旅游经济现象总体综合特征的工作过程。

旅游统计整理绝不是一个简单的综合汇总工作，在旅游统计研究中占有重要的地位。旅游统计整理就是人们对旅游经济现象从感性认识上升到理性认识的过渡阶段，在旅游统计工作中起着承前启后的作用，它既是旅游统计调查阶段的继续和深入，又是旅游统计分析阶段的基础。

（二）旅游统计整理的内容

旅游统计整理阶段的工作内容大致包括以下几个方面：

（1）旅游统计资料的审核。在整理之前，必须对数据认真审核，检查原始数据的完整性与准确性。

（2）资料的分组和汇总。对全部调查数据资料，按其性质和特点，进行分组归类，综合汇总成各项旅游统计指标。旅游统计分组和旅游统计指标是整理的核心工作。

（3）编制统计表或绘制统计图，描述整理的结果。

（4）统计资料的积累、保管和公布。

以上几方面中，重要的问题是在于如何对总体进行科学的分组，以便更好地反映旅游经济现象的客观过程。

二、旅游统计分组

（一）旅游统计分组的概念与种类

1. 旅游统计分组的概念

旅游统计分组就是指根据旅游统计研究的目的和事物本身的特点，将旅游统计总体按某个标志（或几个标志）分为若干个不同性质的组的过程。其目的是把同质总体中的不同性质的单位分开，把性质相同的单位合在一起，保持各组内统计资料的一致性和组与组之间资料的差异性，从而揭示旅游经济现象的规律性。统计分组的标志可以是品质标志，也可以是数量标志。统计分组的关键在于分组标志的选择。选择什么样的标志就有什么样的分组和分组体系。分组标志作为旅游经济现象总体划分为各个不同性质的组的标准或根据，选择得正确与否，关系到能否正确地反映总体的性质特征、实现统计研究的目的和任务。分组标志一经选定，必然突出了现象总体在此标志下的性质差异，而掩盖了总体在其他标志下的差异。缺乏科学根据的分组不但无法显示现象的根本特征，甚至会把不同性质的事物混淆在一起，歪曲旅游经济现象的实际情况。

2. 旅游统计分组的种类

旅游统计分组可按不同标志进行分类，主要有如下几种：

（1）按分组标志的多少，可分为简单分组和复合分组。简单分组就是对研究现象按一个标志进行分组，它只能从某一方面说明和反映事物的分布状况和内部结构。许多简单分组从不同角度说明同一个总体，就构成一个平行的分组体系。复合分组就是用两个或两个以上的标志分组，即先按一个标志分组，在此基础上再按第二个标志分小组，再层叠地按第三个标志分成更小的组，以此类推。例如，对某旅行社职工按照性别分组，再按职工工龄分组，最终形成如表2-1所示的复合分组体系。

表2-1 某旅行社职工性别和工龄（2013年年底）

性别	工龄				
	1年以下	1~3年	3~5年	5~10年	10年以上
男					
女					

（2）按分组标志的性质不同，可分为品质分组和数量分组。品质分组就是按品质标志进行分组。一般地，对于以定类尺度或定序尺度计量的，采用品质分组。例如，职工按性别分组，旅行社按等级分组等。数量分组就是按数量标志分组，也称为变量分组。例如，职工按年龄分组，企业按产值、工人数分组。

（3）按分组的作用和任务不同，可分为类型分组、结构分组和分析分组。把复杂的旅游经济现象总体划分为若干个不同性质的部分，就是类型分组。例如，我国旅游总收入分为国内旅游收入和入境旅游收入。在对总体分组的基础上计算出组对总体的比重，借此研究总体各部分的结构，即结构分组。类型分组与结构分组往往紧密地联系在一起。为研究旅游经济现象之间的依存关系而进行的统计分组即分析分组。例如，为研究5A级景区个数、星级酒店个数和旅游收入之间的依存关系，就要采取分析分组法。

（二）旅游统计分组的方法

要进行科学的分组，必须选择适当的分组标志。在对现象进行分析的基础上，抓住具有本质性的区别及反映旅游经济现象内在联系的标志作为分组标志。在进行旅游统计分组时，还要遵循两个原则：穷尽原则和互斥原则。穷尽原则，就是使总体中的每一个单位都应有组可归属，也就是不能遗漏参与分组的总体中所有的单位。互斥原则，就是在特定的分组标志下，总体中的任何一个单位只能归属于某一组，而不能同时或可能归属于几个组。

分组标志确定之后，可以具体进行分组。如前所述，按分组标志的性质不同，分为品质分组和数量分组，这两种分组的具体处理方法存在不同的特点。

1. 品质分组

有些品质分组比较简单，分组标志一经确定，组的名称和组数也随之确定，例如对旅行社职工按性别分为男女两组；有些品质分组还取决于统计分析对分组层次的不同要求。

2. 数量分组

按数量标志分组，应注意如下两个问题：首先，分组时各组数量界限的确定必须能反映事物质的差异；其次，应根据被研究的现象总体的数量特征，采用适当的分组形式。根据总体各单位某一数量标志值的变动特征，数量分组又可以有如下三种分类：

（1）单项式分组与组距式分组。前面说过，变量有离散型和连续型之分。离散型变量如果变量值变动幅度比较小，变量值的项数又很少，则可依次将每一个变量值作为一组，这种分组称为单项式分组。例如，职工家庭总体按拥有儿童的个数分为以下几组：没有儿童的、有 1 个儿童的、有 2 个儿童的、有 3 个儿童的；又如城市居民家庭按家庭成员数分为 1 个、2 个、3 个、4 个、5 个和 6 个及以上各个组。

组距式分组就是把整个变量值依次划分为几个区间，各个变量值则按其大小确定所归并的区间，区间的距离称为组距，相邻两组的界限称为组限。连续型变量或者变动范围较大的离散型变量，适宜采用组距式分组。例如，连续型变量由于不能一一列举它的变量值，不能作单项式分组，只能进行组距式分组。例如，对旅行社职工按月工资分组，做成如下组距式分组：300 ~ 400 元、400 ~ 1000 元、1000 ~ 1500 元、1500 ~ 2000 元、2000 元以上。

（2）间断组距式分组和连续组距式分组。在组距式分组中，凡是组限不相连的，称为间断组距式分组。例如，企业按工人人数的组距式分组：200 ~ 499 人，500 ~ 999 人，1000 ~ 1999 人，2000 人及以上。凡是组限相连（或相重叠的），即以同一数值作为相邻两组的共同界限，称为连续组距式分组。例如，旅行社职工按工资分组的组距式分组：300 ~ 1000 元、1000 ~ 1500 元、1500 ~ 1600 元、1600 ~ 1700 元、1700 元以上。

连续型变量只能采用连续组距式分组。在连续组距式分组中，存在以同一个数值作为相邻两组共同的界限，这似乎违背了统计分组的“互斥原则”，因此，统计上规定，凡是总体某一个单位的变量值是相邻两组的界限值，这一个单位归入作为下限值的那一组内，即所谓“上限不在内”原则。依此原则，对于离散型变量的组距式分组既可以采用间断组距式分组，也可以采用连续组距式分组。例如上述按工人人数的组距式分组可以写成：200～500人、500～1000人、1000～2000人、2000人以上。

（3）等距分组与异距分组。按数量标志进行组距式分组，还可分为等距分组和不等距（或称异距）分组。等距分组就是指标志值在各组保持相等的组距，即各组的标志值变动都限于相同的范围。凡是在标志值变动比较均匀的情况下，都可采用等距分组。等距分组有很多好处，它便于计算和绘制统计图。异距分组即各组的组距不相等。一般地，异距分组适用于如下几种情况：① 标志值分布很不均匀的场合。② 标志值相等的量具有不同意义的场合。例如，生命的每一个月对于新生婴儿和成年人是大不一样的，此时，若按年为组距进行人口疾病研究则欠妥，应采用异距式分组。③ 标志值按一定比例发展变化的场合。这时，可以按等比的组距间隔来分组。例如，大城市的百货商场年营业额的差别很大，年营业额从50万元至5亿元，就可以采用公比为10的等比组距来分组：50～500元，500～5000元，5000～50 000元……

（三）组距式分组及相关指标的计算

1. 组距

组距式分组中，组距是上下限之间的距离。

连续组距式分组的组距计算公式为

$$组距 = 本组上限 - 本组下限$$

间断组距式分组的组距计算公式为

$$组距 = 本组上限 - 前组上限$$

$$组距 = 后组下限 - 本组下限$$

$$组距 = 本组上限 - 本组下限 + 1$$

2. 组数

组数的多少与数据本身的特点及数据个数有关。组数的确定应以能够显示数据的分布特征和规律为目的，不宜过多或过少。若组数太少，数据的分布过于集中；组数太多，数据的分布又过于分散：都不便于找出数据分布的特征和规律。在实际分组时，可以借助美国学者斯特杰斯（H. A. Sturges）提出的经验公式确定组数与组距

$$n = 1 + 3.322\lg N$$

$$d = \frac{R}{n} = \frac{X_{\max} - X_{\min}}{1 + 3.322\lg N}$$

式中 n——组数；

N——总体单位数；

d ——组距；

R ——全距；

X_{max} ——最大变量值；

X_{min} ——最小变量值。

根据此公式，可以得到如表2-2所示的分组组数参考表。在实际运用时要注意不能一味照搬公式，应结合数据本身的特点来确定组数。

表2-2　分组组数参考表

N	15～24	25～44	45～89	90～179	180～359
n	5	6	7	8	9

3. 组中值

上下限之间的中点数值称为组中值，由于组距数列存在开口组和闭口组两种情况，组中值的计算也各不相同。

（1）闭口组。闭口组的组中值通常可以根据各组上限、下限进行简单平均

$$连续组距式分组的组中值=\frac{上限+下限}{2}$$

$$间断组距式分组的组中值=\frac{本组下限+后一组下限}{2}$$

（2）开口组。有时在组距式分组数列的两端会使用开放式的组距，即第一组用“多少以下”，最后一组用“多少以上”来表示，这样的组称为开口组。开口组的组中值和组距参照相邻组确定

$$缺下限的开口组组中值=上限-\frac{相邻组组距}{2}$$

$$缺上限的开口组组中值=下限+\frac{相邻组组距}{2}$$

例2-1　现按员工人数对某市所有饭店进行分组，分组结果如下所示：20人以下；20～50人；50～80人；80人以上，试计算各组组中值。

解：

$$20人以下：组中值=20人-\frac{50人-20人}{2}=5人$$

$$20\sim50人：组中值=\frac{20人+50人}{2}=35人$$

$$50\sim80人：组中值=\frac{80人+50人}{2}=65人$$

$$80人以上：组中值=80人+\frac{80人-50人}{2}=95人$$

在计算平均指标或进行其他统计分析时，常以组中值来代表各组标志值的平

均水平。当各组标志值均匀分布时，组中值就能较强地代表各组标志值的水平，因此，分组时，应尽可能使组内各单位标志值分布均匀。

第四节 次数分布

一、次数分布基础知识

（一）次数分布的基本概念

在统计分组的基础上，将总体所有的单位按组进行归类整理，并按一定顺序排列，形成总体中各个单位在各组间的分布，称为次数分布、频数分布或分配数列。分布在各组的个体单位数叫次数或频数，各组次数与总次数的比值叫比率或频率。

次数分布是统计整理的一种重要形式，通过对零乱的、分散的原始资料进行有次序的整理，形成系列反映总体各组之间单位分布状况的数列，所以又称为分布数列或分配数列。

（二）分布数列的种类

根据分组标志和分组形式的不同，分布数列可以分为如图 2-1 所示的类别。

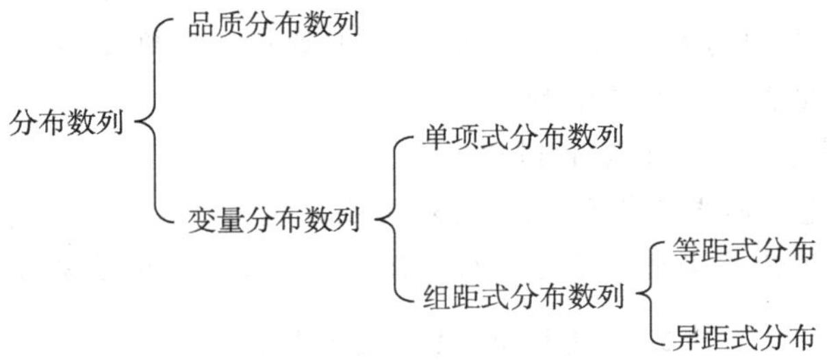

图 2-1 分布数列的种类

1. 品质分布数列

按品质标志分组所形成的数列称品质分布数列，也称品质数列，如表 2-3 所示。

表 2-3 2012 年我国外国人入境游客人次

按性别分组	外国人入境游客/万人次
男	1737.76
女	981.40
合 计	2719.16

资料来源：《2013 年中国统计年鉴》。

2. 变量分布数列

按数量标志分组所形成的数列叫变量分布数列，也称变量数列，如表2-4所示。

表2-4　2012年我国外国人入境游客人次

按年龄分组	外国人入境游客/万人次
14岁以下	111.79
15～24岁	215.87
25～44岁	1229.72
45～64岁	988.70
65岁及以上	173.07
合 计	2719.15㊀

资料来源：《2013年中国统计年鉴》。

（三）分布数列的两个要素

分布数列由两个要素构成：一个是总体按某标志所分的组；另一个是各组所出现的单位数，即频数，也称次数。就变量数列而言，总体按数量标志分组，分组标志在各组有不同的数量表现，形成标志值数列，也称变量。

（四）组距式变量数列的编制

现举例说明变量数列的编制过程。

例2-2　现随机抽选某市50名导游对其业务能力进行测试，得到如表2-5所示的统计数据，试据此数据编制适当的组距数列，以反映导游业务能力分布情况。

表2-5　某市50名导游业务能力测试成绩

（单位：分）

97	55	84	63	57	52	74	76	56	59
60	62	62	85	56	77	63	86	73	67
99	94	53	78	92	64	86	62	66	64
97	59	75	74	95	96	78	84	82	96
71	77	82	68	92	97	64	95	96	81

编制步骤如下：

㊀ 因小数点后数据四舍五入，所以此处与表2-3中的合计数少了0.01万人次。

（1）将原始数据按大小顺序排列，并确定最大值、最小值和全距。其结果如表2-6所示。

表2-6　某市50名导游业务能力测试成绩排序

（单位：分）

52	57	62	64	71	76	81	85	94	96
53	59	62	64	73	77	82	86	95	97
55	59	63	66	74	77	82	86	95	97
56	60	63	67	74	78	84	92	96	97
56	62	64	68	75	78	84	92	96	99

最大值＝99分，最小值＝52分，全距＝最大值－最小值＝99分－52分＝47分。

（2）确定组距数列的类型。由于考试成绩分布比较均匀，平均来说是以1分为幅度逐渐变动的，因此可以编制等距数列。

（3）确定组数和组距。组数和组距相互制约，组数越多，组距越小；反之，组数越小，组距越大。等距数列组距 ＝ 全距 ÷ 组数 。在确定组数和组距时，一般应遵循以下几条原则：

1）组内同质，组间差异。本例中必须将及格和不及格的界限体现出来，因此不能分成45～55分，55～65分……

2）要体现原始数据分布的集中趋势或离中趋势。

3）组距不能太大或太小。经验表明，组数一般控制在5～15之间，组距最好是5的整数倍。当数据项数较多时分组可适当多一些，数据项数较少时分布可适当少一些。本例中数据项数较少，因此组数应少一些，可以考虑分为5组。

4）在等距分组情况下，如果总体单位数不是很多、变量变动范围不是很大，则可以用斯特杰斯提出的经验公式确定组数与组距：

$$d = \frac{X_{max} - X_{min}}{1 + 3.322 \lg N}$$

将表2-6的资料代入公式，则

$$d = \frac{99\text{分} - 52\text{分}}{1 + 3.322 \lg 50} \approx 7\text{分}$$

考虑到组距一般为5的整数倍，故设定组距d为10分。

（4）确定组限及其表示方法。确定组限应遵循以下几条原则：

1）最小组下限低于或等于最小变量值，最大组上限应大于最大变量值。

2）如果有极端值，可以用开口组。

3）组限需有利于表现总体单位分布规律。

4）对于等距数列，如果组距是5的倍数，则每组下限最好也是5的倍数。

（5）从最小组起依次排列，并分别计算各组频数和其他有关指标，形成分组统计表，如表2-7所示。

表2-7　某市50名导游业务能力测试成绩分组表

按成绩分组	导游人数/人	比重（%）
60分以下	8	16.00
60～70分	12	24.00
70～80分	10	20.00
80～90分	8	16.00
90～100分	12	24.00
合 计	50	100.00

二、累计频数与累计频率

（一）累计频数（率）分布数列

在研究频数和频率分布的时候，还常常需要编制累计频数数列和累计频率数列。累计频数（或频率）可以是向上累计频数（或频率），也可以是向下累计频数（或频率）。

向上累计频数（或频率）分布，其编制方法是先列出各组的上限，然后由标志值低的组向标志值高的组依次累计。向上累计频数表明某组上限以下的各组次数之和是多少，向上累计频率表明某组上限以下的各组单位数之和占总体单位数的比重。当人们所关心的是标志值比较小的现象的次数分布情况时，通常用向上累计，以表明在这些数值以下所有单位所占的比重。

向下累计频数（或频率）分布，其编制方法是先列出各组的下限，然后由标志值高的组向标志值低的组依次累计。向下累计频数表明某组下限以上的各组次数之和是多少，向下累计频率表明某组下限以上的各组单位数之和占总体位数的比重。当人们所关心的是标志值比较大的现象的次数分布情况时，通常用向下累计，以表明在这些数值以上所有单位所占的比重。

累计频数和累计频率可以概括地反映总体各单位的分布特征。如表2-8所示。

表 2-8 某旅行社职工基本工资分组表

按月工资分组/元	职工人数/人	比重（%）	向上累计		向下累计	
			人数/人	比重（%）	人数/人	比重（%）
2000 以下	50	4.0	50	4.0	1262	100.0
2000～2100	72	5.7	122	9.7	1212	96.0
2100～2200	105	8.3	227	18.0	1140	90.3
2200～2300	487	38.6	714	56.6	1035	82.0
2300～2400	368	29.2	1082	85.8	548	43.4
2400～2500	121	9.6	1203	95.4	180	14.2
2500 以上	59	4.6	1262	100.0	59	4.6
合计	1262	100.00	—	—	—	—

（二）累计频数（率）分布曲线

累计频数和累计频率不仅可以用表格形式表示，而且可以用图形表示。累计频数（或频率）分布图分为向上累计频数（或频率）分布图和向下累计频数（或频率）分布图。不论是向上或向下累计，均以分组变量为横轴，以累计频数（或频率）为纵轴。

对于向上累计分布图，在直角坐标系上将各组组距的上限与其相应的累计频数（或频率）构成坐标点，依次用折线（或光滑曲线）相连，即是向上累计分布图。对于向下累计频数分布图，在直角坐标系上将各组组距的下限与其相应累计频数（或频率）构成坐标点，依次用折线（或光滑曲线）相连，即是向下累计分布图。

向上累计分布曲线呈上升状，向下累计分布曲线呈下降状。组的次数（或频率）较少，曲线显得平缓；组的次数（或频率）较密集，曲线显得较陡峭。以表 2-8 中的资料为例，分别绘制向上累计曲线和向下累计曲线，如图 2-2 所示。

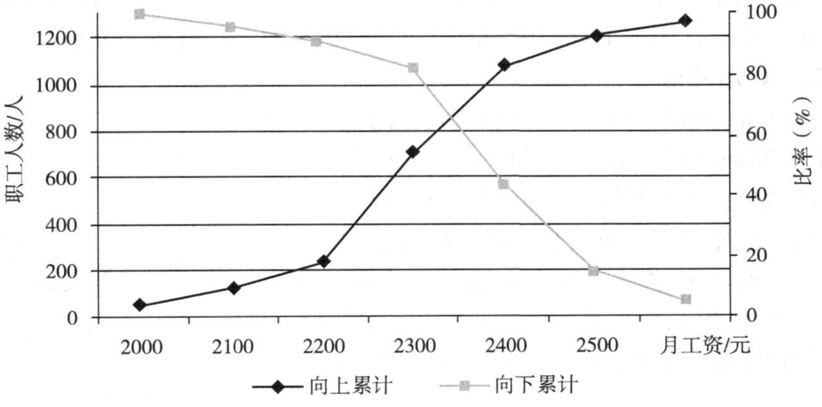

图 2-2 累计次数折线图

三、频数分布的类型

由于旅游经济现象性质不同，各种统计总体各有不同的次数分布，形成各种不同类型的分布特征。常见的主要有三种类型：钟形分布、U 形分布和 J 形分布。

（一）钟形分布

钟形分布的特征是“两头小，中间大”，即靠近中间的变量值分布的次数多，靠近两边的变量值分布的次数少，其曲线图宛如一口古钟，如图 2-3 所示。

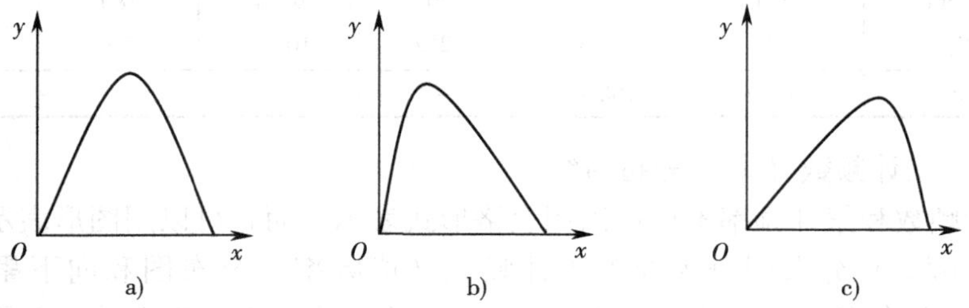

图 2-3　钟形分布示意图

a）对称分布　b）右偏分布　c）左偏分布

钟形分布可分为对称分布和偏态分布两种。对称分布是以标志变量中心为对称轴，左右两侧对称，两侧变量值分布的次数随着与中间变量值距离的增大渐次减少，如图 2-3a 所示。一般次数分布呈正态分布曲线，正态分布是最重要的对称分布。偏态分布中间变量值分布的次数最多，两侧变量值分布的次数逐渐减少，但两侧减少的速度不同，致使分布曲线向某一方向倾斜。偏态分布为非对称的钟形分布，它们各有不同向的偏态，如图 2-3b 和图 2-3c 所示。图 2-3b 的曲线是右偏分布，也叫正偏分布，图 2-3c 的曲线是左偏分布，也叫负偏分布。有许多旅游经济现象统计总体的分布都属于钟形分布。例如，经济作物的单位面积产量的分布、旅行社职工工资、旅游商品市场价格、游客年龄与出游率等。

（二）U 形分布

U 形分布的形状与钟形分布相反，“两头大，中间小”，其分布曲线像英文字母“U”，即靠近中间的变量值分布次数少，靠近两端的变量值分布次数多。例如不同年龄与人口死亡率分布便是如此。据科学分析，在人口总体中，幼儿和老年人死亡率高，而中青年死亡率低。其中 0 ~4 岁死亡率最高，10 ~14 岁达到最低，50 岁以后死亡率显著增加，60 岁达到最高。图 2-4 是 U 形分布。

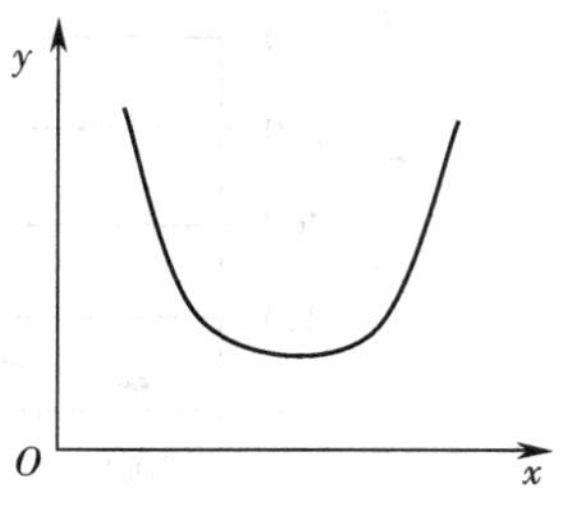

图 2-4　U 形分布

（三）J 形分布

J 形分布是“一边小，一边大”，即大部分变量值集中在某一端分布，分布曲线像英文字母“J”。它有两种类型。一种是正 J 形分布，即次数随着变量的增大而增多，例如，种植量随农产品销售价格的增加而增大。另一种是反 J 形分布，即次数随着变量增大而减少。例如，随着产品产量的增加，产品单位成本下降；人口按年龄大小分布，年龄越大，人数越少。相关情况如图 2-5 所示。

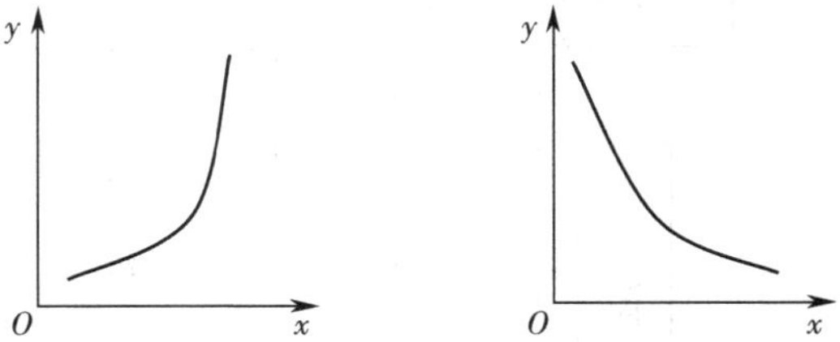

图 2-5　J 形分布示意图

研究变量数列次数分布类型的作用主要有：① 可利用各种类型的次数分布特征，检验统计整理资料的准确性。② 可利用次数分布类型特征，分析现象变化的原因。如果现象总体发生了异常变化，则会产生通过整理而得的分布类型与旅游经济现象的分布特征不相符合的情况。

第五节　统计资料的显示

一、统计表

统计表是由纵横交叉的线条所组成的用于显示统计数据的表格。统计表的优点主要有：① 统计表能更清晰地表述统计数据之间的相互联系，使资料更加条理化；② 统计表使得统计数据的表现更加简明；③ 使用统计表便于计算和比较表内的各项统计指标，检查数据的完整性和正确性。因此统计表的运用范围非常广泛。

（一）统计表的结构

统计表的结构包括四个部分：总标题、横标目、纵标目和统计数字，如表 2-9 所示。

总标题是统计表的名称，用来概括说明整个表的内容，一般位于统计表的正上方。横标目，也称横行标题、主词，是横行内容的名称，代表统计所要说明的对象（总体及其分组），一般列在表的左边。纵标目，也称纵栏标题、宾词，是纵栏内容的名称，用来说明主词情况的统计指标，一般列在表内上方。统计数字是各项指标的具体数值，内容由总标题横标目和纵标目限定，可以是绝对数、相对数或平均数。此外，为了补充统计表中未能说明的问题，一般还附有一些说明，包括资料来源、指标计算方法、填报单位、填表人、填表日期等。

表2–9　某市旅行社年末职工人数统计表 → 总标题

旅行社	职工人数/人	比上年增长（%）
甲	220	6.0
乙	80	7.0
丙	78	5.0
丁	60	4.0
戊	50	8.0
合 计	488	

纵标目

横标目

统计数字

（二）统计表的种类

按照统计研究的作用、研究对象的特点和分组情况等对统计表可以进行如下分类：

1. 调查表、汇总表和分析表

按照统计研究作用的不同，统计表可以分为调查表、汇总表和分析表三种。调查表是在统计调查中用于登记、收集原始资料的表格；汇总表是用于统计资料整理、汇总的表格；分析表是用于统计分析的表格。

2. 简单表、分组表和复合表

按照对总体分组情况的不同，统计表可以分为简单表、分组表和复合表三种。简单表是指对总体不作任何分组，仅仅按照单位名称或时间顺序排列而成的统计表。分组表又称简单分组表，是对总体的统计单位按一个标志进行分组后形成的统计表。表 2-7 就是按照导游业务能力测试成绩这一个标志进行分组的简单分组表。复合表又称复合分组表，是对总体的单位按照两个或两个以上的标志进行交叉重叠分组，或按每一个标志单独分组平行排列而形成的统计表。表 2-1 就是按照导游的性别和工龄两个标志进行分组的复合表。

3. 空间数列表和时间数列表

按照所反映统计数列时空性质的不同，统计表可以分为空间数列表和时间数列表。空间数列表又称静态表，是反映同一时间条件下不同空间范围内的统计数列的表格，说明现象在不同空间内数量分布的状态。时间数列表又称动态表，是反映同一空间条件下不同时间上的统计数列的表格，说明现象在同一空间范围内但不同时间上的变动过程。

（三）制表规则

设计和填写统计表时必须遵循以下规范要求：

（1）统计表的标题、项目、指标要简明扼要，准确反映内容，使人一目了然、便于分析。如果指标的计量单位只有一个，则通常列在表的右上角，如果计量单位较多，则列在相应的指标栏内。

（2）统计表的纵栏、横行的排列要尽量反映出内容的逻辑关系。

（3）当统计表的栏目较多时，可以进行编号以说明其相互关系。主词栏和计量单位栏常用甲、乙、丙等文字编号，宾词栏常用 1、2、3 等数字编号。

（4）表中的合计栏可以排在最后面，也可以排在最前面。但如果只列出其中部分项目，则合计栏必须排在最前面。

（5）表的上下两端用粗实线，左右两边不封口，纵栏之间用细线分开，横行之间可以不加线。如果横行过多，也可以每 5 行加一细实线。

（6）表内的统计数字要根据纵横关系对位，一般不允许留空。数字为零时写“0”；不应填写数字的空格用“—”线表示；未发生的数字空着不填；估算的数字应在表下说明；无法取得的资料用“…”表示；即使某项数字与邻项数字相同，仍需填写数字，不得用“同上”等字样或符号代替。

（7）统计表的资料来源及其他需要说明的问题可以在表下加以说明。

二、统计图

用来表示统计数据的各种几何图形、具体事物的形象、符号等都叫统计图。用统计图来显示统计数据，具有直观、生动、形象、易懂的优点。统计图没有冗长的数据和呆板的表格形式，易于被一般人理解和接受。

常用的统计图包括：直方图、条形图、折线图、曲线图、圆形图、环形图和雷达图。不同的统计图绘制方法不同，在此不再赘述，但都必须遵守如实反映、便于比较、通俗易懂、鲜明醒目、灵活机动的原则。

第六节　实例应用及软件处理

实例：已知 2013 年某省 28 家旅行社第一季度接待团队数如表 2-10 所示，试对表中资料进行统计分组整理，计算向上累计和向下累计频数和频率，并绘制统计表和统计图。

表 2-10　2013 年某省 28 家旅行社第一季度接待团队数

（单位：个）

45	70	100	120	80	60	95
105	35	90	96	59	50	63
40	45	38	86	55	66	78
45	80	90	58	40	80	72

一、基于函数的统计分组整理

分析：编制组距式数列，数列中最大值为 120 个，最小值为 35 个，全距为 85 个。从数列的排序情况看，基本均匀变化，因此应编制等距数列。由于数据项数较少且变量变化均匀，故可以用斯特杰斯经验公式确定组数与组距：

$$组距 = \frac{120个 - 35个}{1 + 3.3221\text{g}28} \approx 15个$$

$$组数 = \frac{全距}{组距} \approx 6$$

综上，以 15 个为组距进行等距分组，共分 6 组，最大值和最小值包含在分组数列内，得到以下各组组限：

30 ~ 45、45 ~ 60、60 ~ 75、75 ~ 90、90 ~ 105、105 ~ 120。

基于 FREQUENCY 函数进行统计分组的步骤如下：

第一步：数据准备。在 Excel 表格中，A 列 A2：A29 区域依次输入 28 家旅行社第一季度接待团队的个数。

第二步：启动 FREQUENCY 函数。从“公式”菜单中选择“插入函数”，在弹出的“插入函数”对话框中，在“统计”类别下找到 FREQUENCY 函数，如图 2-6 所示，单击“确定”按钮。

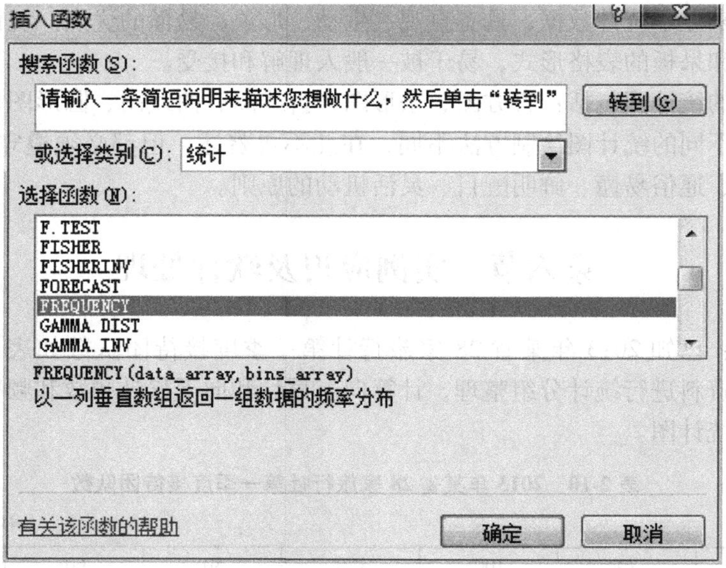

图 2-6　启动 FREQUENCY 函数

第三步：设置 FREQUENCY 函数参数。首先，FREQUENCY 函数要求按组距的上限分组，因此在单元格 B2:B7 区域依次输入每组的上限 44、59、74、89、104、121。在 Data_array 文本框中输入待分组的频数分布的原数据区域，本例为输入 A2:A29。在 Bins_array 文本框中输入分组的组限区域，本例为 B2:B7。

第四步：以数组公式方式执行 FREQUENCY 函数。注意，FREQUENCY 函数参数设置完成后，需要按〈Shift + Ctrl + Enter〉组合键执行函数，此时每组的频数分布 4，7，5，5，5，2 记入指定的 C2 至 C7 单元格内，而〈Enter〉键和“确定”按钮都无效。因为分组结果要给出一组频数而不是一个频数，因此必须以数据公式的形式输入，即在输入数据的两端加大括号。分组操作的结果如图 2-7 所示。

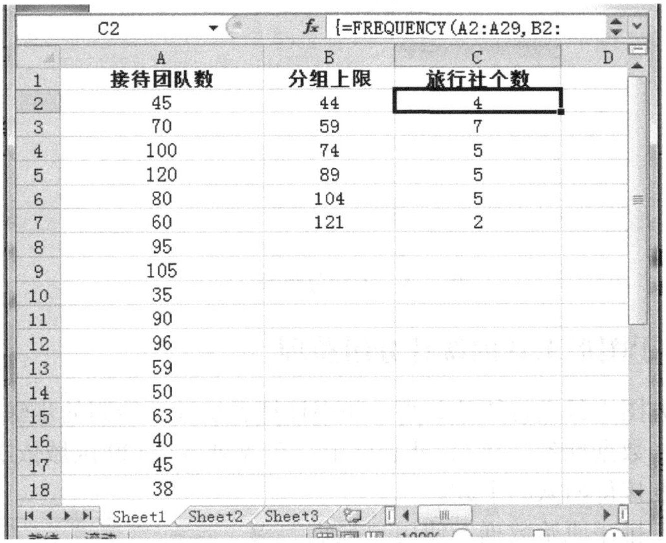

	A	B	C	D
1	接待团队数	分组上限	旅行社个数	
2	45	44	4	
3	70	59	7	
4	100	74	5	
5	120	89	5	
6	80	104	5	
7	60	121	2	
8	95			
9	105			
10	35			
11	90			
12	96			
13	59			
14	50			
15	63			
16	40			
17	45			
18	38			

图 2-7　FREQUENCY 函数分组结果

第五步：计算合计频数。单击 C8 单元格，输入“ = SUM （C2:C7）”，按〈Enter〉键确认，得出结果为 28 家（SUM 为求和函数）。或选定 C2 至 C7 单元格，单击“常用”工具栏的“∑”按钮，即得到这一栏的合计数。

第六步：计算频率。单击 D2 单元格，输入“ = C2 * 100/28”（ * 为乘法符号），按〈Enter〉键得出本组频率为 14.29%，并用鼠标拖曳将公式复制到 D3:D8 区域。

第七步：计算向上累计频数和频率。单击 E2 单元格，输入“ = C2”，按〈Enter〉键得出 4，再单击 E3 单元格，输入“ = C3 + E2”，按〈Enter〉键得出 11；然后用鼠标拖曳将公式复制到 E4:E7 区域。累计向上频率的操作方法与此相同。

第八步：计算向下累计频数和频率。单击 G7 单元格，输入“ = C7”，按

〈Enter〉键得出 2，再单击 G6 单元格，输入“ = C6 + G7”，按〈Enter〉键得出 7；然后，利用填充柄功能按住鼠标左键向上拖至 G2，松开鼠标即得各组的由高到低的累计频数。由高到低累计频率的操作方法与此相同。

最终得到的分组结果如图 2-8 所示。

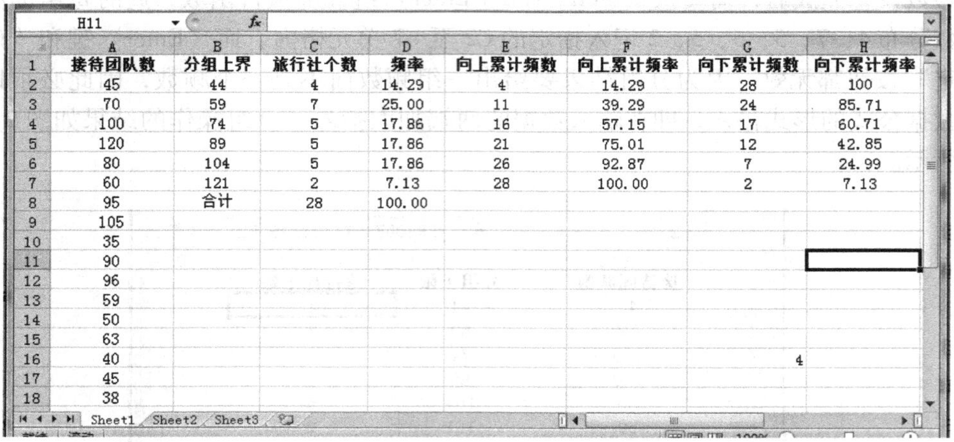

	A	B	C	D	E	F	G	H
1	接待团队数	分组上界	旅行社个数	频率	向上累计频数	向上累计频率	向下累计频数	向下累计频率
2	45	44	4	14.29	4	14.29	28	100
3	70	59	7	25.00	11	39.29	24	85.71
4	100	74	5	17.86	16	57.15	17	60.71
5	120	89	5	17.86	21	75.01	12	42.85
6	80	104	5	17.86	26	92.87	7	24.99
7	60	121	2	7.13	28	100.00	2	7.13
8	95	合计	28	100.00				
9	105							
10	35							
11	90							
12	96							
13	59							
14	50							
15	63							
16	40						4	
17	45							
18	38							

图 2-8　统计分组最终结果

二、基于图形工具的统计分组整理

使用直方图工具进行统计分组、频率计算和统计图绘制的步骤如下：

第一步：数据准备。在 Excel 表格中，在 A 列 A2:A29 区域依次输入 28 家旅行社第一季度接待团队的个数。

第二步：排序原始数据。使用“数据”菜单下的“排序”命令，对原始数据按照从小到大的顺序进行排列。

第三步：指定分组边界值。为了将调查单位按组归类，需要指定分组的边界值。因此在单元格 B2:B7 区域依次输入每组的上限 44、59、74、89、104、121。

第四步：启用“数据分析”功能。选择“文件”菜单下的“选项”子菜单，在弹出的“Excel 选项”对话框中选择“加载项”，单击下方的“转到…”按钮，在弹出的“加载宏”对话框中，勾选“分析工具库”，如图 2-9 所示。

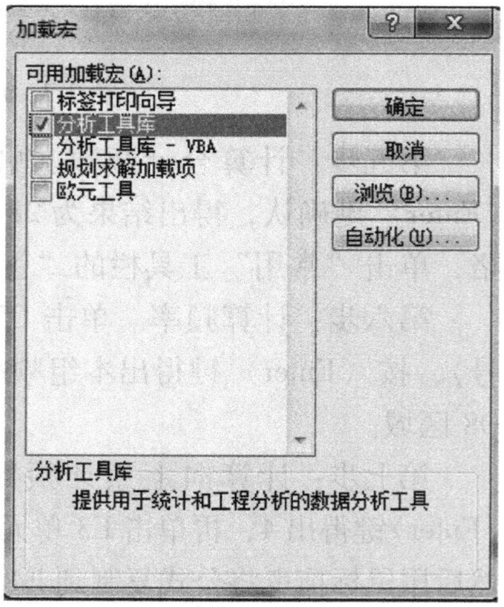

图 2-9　启用“数据分析”功能

第五步：启动“直方图”。单击“数据”菜单，在其下选择“数据分析”。在弹出的“数据分析”对话框中的“分析工具”内选择“直方图”。

第六步：设置“直方图”参数。在“直方图”对话框中的“输入区域”文本框中输入原始数据的区域，本例为“A2$A$29”；在“接受区域”文本框中输入接受调查单位按组归类的区域，本例为“B2$B$7”，若这里不输入分组界限，则系统将在最小值和最大值之间建立一个平滑分布的分组。在“输出区域”文本框中输入输出表左上角的单元格行列号，本例为“$C$2”。如果需要同时给出次数分布直方图，可单击“图表输出”复选框；如果需要输出累计频率，则单击选定“累计百分率”复选框，系统将在直方图上添加累计频率折线。“直方图”参数设置界面如图 2-10 所示，单击“确定”按钮。

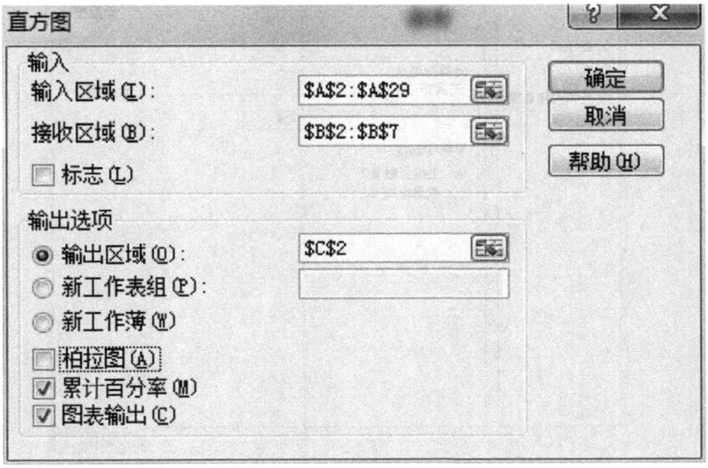

图 2-10　“直方图”参数设置界面

第七步：调整直方图。在第六步参数设置完成单击“确定”按钮后，将生成一个三列的分组表和一个直方图。分组表和直方图中的“频率”实际上是频数，“累计%”实际上是累计频率，直方图的横纵坐标、坐标名称都需要自行调整。对“直方图”的图例名称、坐标轴格式、坐标轴名称等进行调整，得到如图 2-11 所示的效果图。

应当注意，图 2-11 实际上是一个条形图，而不是直方图，如果要把它变成直方图，还需进行如下操作：用鼠标左键单击任一直条，然后右键单击，在弹出的快捷菜单中选取“数据系列格式”，弹出“设置数据系列格式”对话框，将“系列选项”中的“分类间距”设为“0%”，即无间距，如图 2-12 所示。关闭后即可得到直方图，如图 2-13 所示。

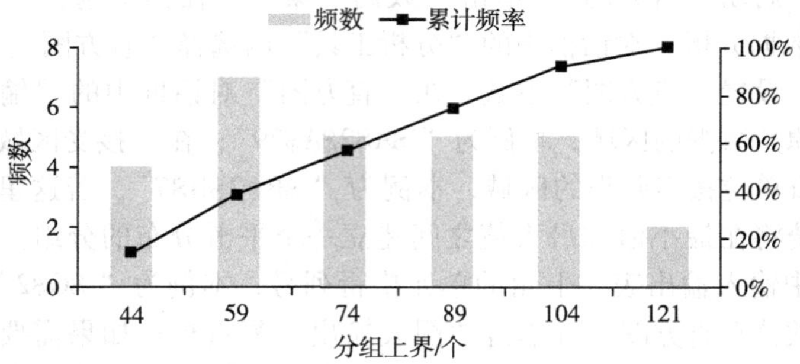

图 2-11　“直方图”分组效果图

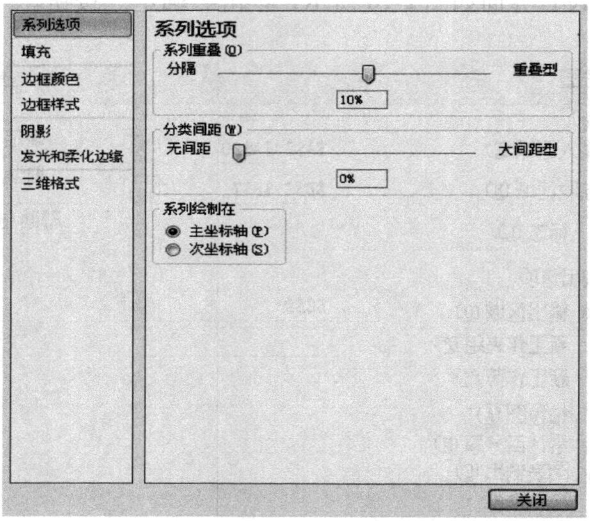

图 2-12　间距设置

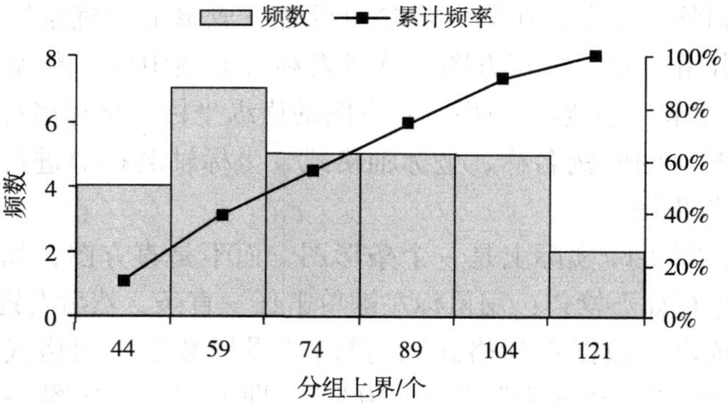

图 2-13　调整后的直方图

练习题

一、单项选择题

1. 统计分组的关键是（　　）。

A. 确定分组标志和划分各组界限　　B. 确定组距和组数

C. 确定组距和组中值　　D. 确定全距和组距

2. 某连续变量数列，其末组为开口组，下限为200，又知其邻组的组中值为170，则末组组中值为（　　）。

A. 260　　B. 215　　C. 230　　D. 185

3. 频数分布用来说明（　　）。

A. 总体单位在各组的分布状况　　B. 各组变量值构成情况

C. 各组标志值分布情况　　D. 各组变量值的变动程度

4. 统计表的主词是统计表所要说明的对象，一般排在统计表的（　　）。

A. 左方　　B. 上端中部　　C. 右方　　D. 下方

5. 对百货商店工作人员进行普查，调查对象是（　　）。

A. 各百货商店　　B. 各百货商店的全体工作人员

C. 一个百货商店　　D. 每位工作人员

6. 全国人口普查中，调查单位是（　　）。

A. 全国人口　　B. 每一个人　　C. 每一户　　D. 工人工资

7. 对某城市工业企业的设备进行普查，填报单位是（　　）。

A. 全部设备　　B. 每台设备

C. 每个工业企业　　D. 全部工业企业

8. 某城市拟对占全市储蓄额4/5的几大储蓄所进行调查，以了解全市储蓄额的一般情况，则这种调查方式是（　　）。

A. 普查　　B. 典型调查　　C. 抽样调查　　D. 重点调查

9. 某市规定2013年饭店业年报的呈报时间为2014年1月31日前，则调查时间和调查期限为（　　）。

A. 一个月、一年　　B. 一年、一个月

C. 一年、一天　　D. 一年零一个月、一天

10. 人口普查规定统一的标准时间是为了（　　）。

A. 避免登记的重复和遗漏　　B. 确定调查的范围

C. 确定调查的单位　　D. 登记的方便

11. 变量数列中各组频率的总和应该（　　）。

A. 小于1　　B. 等于1　　C. 大于1　　D. 不等于1

12. 某连续型变量分为五组：第一组为 40 ~ 50，第二组为 50 ~ 60，第三组为 60 ~ 70，第四组为 70 ~ 80，第五组为 80 以上。依习惯规定（　　）。

A. 50 在第一组，70 在第四组

B. 60 在第二组，80 在第五组

C. 70 在第四组，80 在第五组

D. 80 在第四组，50 在第二组

13. 对职工的生活水平状况进行分组研究，选择的分组标志应当是（　　）。

A. 职工月工资总额的多少

B. 职工人均月收入额的多少

C. 职工家庭成员平均月收入额的多少

D. 职工的人均月岗位津贴及奖金的多少

14. 分配数列有两个组成要素，它们是（　　）。

A. 单位数和指标数　　B. 指标数和分配次数

C. 分组标志和次数　　D. 总体总量和标志总量

15. 统计表中的任何一个具体数值都要由（　　）限定。

A. 表的总标题

B. 表的横行标题

C. 表的横行、纵栏标题

D. 表的总标题、横行标题和纵栏标题

16. 下列调查中，调查单位与填报单位一致的是（　　）。

A. 企业设备调查　　B. 人口普查

C. 农村耕地调查　　D. 工业企业现状调查

二、多项选择题

1. 统计分组的作用在于（　　）。

A. 区分现象的类型　　B. 反映现象总体的内部结构

C. 比较现象间的一般水平　　D. 分析现象的变化关系

E. 研究现象之间数量的依存关系

2. 下列分组是属性分组的是（　　）。

A. 人口按性别分组　　B. 企业按所有制分组

C. 家庭按收入水平分组　　D. 职工按文化程度分组

E. 商店按营业额分组

3. 统计数据整理的内容一般有（　　）。

A. 对原始数据进行审核　　B. 对统计数据进行分组

C. 对统计数据进行汇总　　D. 对统计数据进行分析

E. 编制统计表、绘制统计图

4. 某单位 100 名职工按工资额分为 1300 元以下、1300～1800 元、1800～2200 元、2200～3000 元、3000 元以上五个组。这一分组（　　）。

A. 是等距分组　　B. 分组标志是连续型变量

C. 末组组中值为 3200　　D. 相邻的组限是重叠的

E. 某职工工资 1800 元，应属于 1800～2200 元组

三、判断改错题

1. 普查是一种不连续调查，这是它的主要特点，但普查并不排斥对属于时期现象的项目的调查。（　　）

2. 向上累计次数表示大于该组变量值下限的次数一共有多少。（　　）

3. 统计分组掩盖了各组内部各单位之间的差异，而突出了各组之间单位的差异。（　　）

4. 直接观察法不能用于对历史资料的搜集。（　　）

5. 统计表的主词是说明总体各种统计指标的。（　　）

6. 分配数列是指按数量标志分组所形成的变量分配数列。（　　）

7. 抽样调查与重点调查的目的是一致的，即都是通过对部分单位的调查，来达到对总体数量特征的认识。（　　）

8. 任何一个分配数列都必须满足各组的频率大于 0，各组的频率总和等于 1 或 100%。（　　）

四、计算题

1. 某省 40 个 A 级旅游景区游客接待任务计划完成百分数如表 2-11 所示，试根据上述资料，编制变量分配数列，并进一步用向上累计法编制累计频数和累计频率数列。

表 2-11　某省 40 个 A 级旅游景区游客接待任务计划完成百分数　（%）

97	88	123	115	119	158	112	146	117	108
105	110	107	137	120	136	125	127	142	118
103	87	115	114	117	124	129	138	100	103
92	95	113	126	107	108	105	119	127	104

2. 某学院某毕业班学生共有 30 人，他们的情况如表 2-12 所示。

表 2-12　某学院某毕业班学生情况

学号	性别	年龄	毕业工作单位	学号	性别	年龄	毕业工作单位
1	男	24	旅行社	4	女	23	餐饮业
2	男	21	旅行社	5	男	21	餐饮业
3	女	22	旅行社	6	男	21	规划设计类

（续）

学号	性别	年龄	毕业工作单位	学号	性别	年龄	毕业工作单位
7	女	22	餐饮业	19	女	20	旅行社
8	女	20	旅行社	20	男	19	旅行社
9	女	23	旅行社	21	男	19	餐饮业
10	男	23	规划设计类	22	女	20	餐饮业
11	女	24	规划设计类	23	女	20	规划设计类
12	女	21	旅行社	24	女	21	规划设计类
13	女	23	餐饮业	25	女	23	旅行社
14	男	20	餐饮业	26	男	24	餐饮业
15	女	20	旅行社	27	女	19	餐饮业
16	女	20	规划设计类	28	男	20	旅行社
17	男	23	规划设计类	29	女	20	规划设计类
18	女	23	餐饮业	30	男	21	规划设计类

利用所给资料编制如下统计表：

（1）主词用一个品质标志分组，宾词用一个品质标志和一个数量标志分三组的宾词简单设计表。

（2）主词用一个品质标志分组，宾词用一个品质标志和一个数量标志分三组的宾词复合设计表。

第三章 旅游统计数据分布特征的描述

要反映某一变量的特征一般是从两个方面来进行描述：平均水平和差异程度（本章称为离散程度）。这也是本章要阐述的主要内容。

第一节 平均指标

一、平均指标的概念和作用

平均指标是指在同质总体内将各单位某一数量标志的差异抽象化，用以反映研究总体在具体条件下的一般水平。简而言之，平均指标是说明同质总体内某一数量标志在一定历史条件下一般水平的综合指标，例如，旅行社职工的平均工资、旅游商品的平均价格、经济作物的单位面积产量等。

从计算方法上看，测度数据集中趋势的指标有两大类：一类是数值平均数，它是根据全部数据计算得到的代表值，主要有算术平均数、调和平均数及几何平均数；另一类是位置平均数，它是根据数据所处位置直接观察或根据与特定位置有关的部分数据来确定的代表值，主要有众数和中位数。

平均指标有以下特点：

（1）将数量差异抽象化。平均指标是把各个总体单位之间的差异抽象化，从而说明总体的一般水平。例如，某旅行社职工的平均工资就是把职工之间不同工资的差异抽象化，用以说明该旅行社职工工资的一般水平。只有数量标志才能求平均数，品质标志一般不能计算平均数，但个别能以数量大小来表示其变异的品质标志，如产品质量等级用自然数表示，可求其平均等级指标，来反映其质量的一般情况。

（2）只能就同类现象计算。计算平均指标的各单位必须具有同类性质，这是计算平均指标的前提。只有本质相同的现象计算平均数才能正确反映客观实际情况，如果把不同性质的个体混杂在一起，由此计算的平均数只会掩盖事物的本质区别，得出错误的结论。

（3）能反映总体变量值的集中趋势。从总体变量分布的情况看，多数现象的分布服从钟形分布，即不管用什么技术方法求得的平均数，都靠近分布的中间，而不会在两头。这就说明多数标志值集中在平均数附近，所以平均指标是标志值集中趋势的测度数，是反映总体变量集中倾向的代表值。

测定平均指标的作用主要体现在以下几个方面：

（1）反映旅游经济现象总体各单位某一数量标志在一定时间、一定地点条件下所达到的一般水平。在统计总体中，各个单位都有标明其属性和特征的标志，但这些标志在各单位的表现往往是不同的。平均指标的特点在于将总体各单位的数量差异抽象化，消除个别条件和偶然因素的影响，显示现象的基本条件和共同因素在具体时间、地点所能达到的一般水平。例如以饭店员工平均工资代表饭店员工工资的一般水平，以平均价格反映市场价格的一般水平等。

（2）用来比较同类现象在不同单位间的发展水平以评价经济效益或工作质量的好坏。例如在评价不同旅行社或饭店的生产经营情况时，一般不宜应用销售总额等总量指标进行对比，因为这些总量指标受经营规模大小不同的影响。如果用平均指标如劳动生产率进行对比，就可以比较恰当地评价不同单位的经营效率或成绩。

（3）能够比较同类现象在不同时期的发展变化趋势或规律。旅游经济现象的变化易受偶然因素和现象规模的影响。用平均指标来分析，既可以消除偶然因素的作用，又能够避免受现象规模的影响，比较确切地反映总体现象变化的基本趋势。例如研究国内游客旅游消费支出水平变动情况，个别游客的消费支出变动有其特殊性，不足以反映一般水平的变化，而消费支出总额的变动又受国内游客规模的影响，如果将各期的平均消费支出加以对比，就可以明显地反映出消费支出水平的变动趋势。

（4）分析现象之间的依存关系。例如，将入境游游客按照国别进行分组，并计算各不同国别入境游游客的入境人次、入境过夜人次、旅游消费支出等指标，可以较深入地分析入境游游客的国别与入境人次、旅游外汇收入等之间的关系。

在旅游经济统计中常用的平均指标有算术平均数、调和平均数、几何平均数、众数和中位数等。算术平均数、调和平均数、几何平均数等是根据分布数列中各单位的标志值计算而来的，称为数值平均数；众数和中位数等是根据分布数列中某些标志值所处的位置来确定的，称为位置平均数。各种平均指标的计算方法不同，指标的含义、应用场合也有所不同，但它们都是总体各单位数量标志值一般水平的代表值。

二、算术平均数 $\bar{X}$

（一）算术平均数的基本公式

算术平均数是分析旅游经济现象一般水平和典型特征的最基本指标，是统计中计算平均数最常用的方法。其基本公式为

$$算术平均数=\frac{总体标志总量}{总体单位总数}$$

算术平均数的分子和分母要求在经济内容上有从属关系，分子数值是分母各单位特征的总和，两者的总体范围一致。而强度相对数虽然也是两个有联系的总量指标的对比，但分子和分母没有从属关系。这也是算术平均数与强度相对数的区别所在。例如，饭店的工资总额除以职工人数求得平均工资，反映饭店工资的一般水平；以某县粮食总产量除以播种面积求得平均亩产量，反映某县粮食单产一般水平；以全国粮食消费量除以全国人口数求得人均粮食消费量等。这里，标志值与单位一一对应，同属于一个总体，也即总体标志总量是总体各单位标志值的总和，因此属于平均指标。然而，例如人均粮食产量指标，是全国粮食总产量与全国人口数之比，但是粮食产量并不是每个人都具有的标志，所以人均粮食产量就不是平均指标，在统计上称之为强度相对指标。

（二）算术平均数的计算

在实际应用中，根据所掌握资料的不同情况，算术平均数的计算有简单和加权两种形式。

1. 简单算术平均数

简单算术平均数适用于未分组的资料，用总体各单位标志值简单加总得到的标志总量除以总体单位总量而得。其计算公式为

$$\bar{X}=\frac{X_1+X_2+\cdots+X_n}{n}=\frac{\sum X}{n}$$

式中 $\bar{X}$——算术平均数；

$X_1,X_2,\cdots,X_n$——各个标志值；

n——变量个数。

2. 加权算术平均数

加权算术平均数适用于原始资料已经经过分组，得出了频数分布数列，并且每组次数不同的情况。计算各组的标志总量时，必须先将各组标志值乘以相应的次数，再求各组的标志总量。对于组距式分组数列，要先计算出各组的组中值用来代表各组的标志值。加权算术平均数的计算公式为

$$\bar{X}=\frac{X_1f_1+X_2f_2+\cdots+X_nf_n}{\sum f}=\frac{\sum Xf}{\sum f}$$

式中 $\overline{X}$——算术平均数；

$X_1,X_2,\cdots,X_n$——各组标志值；

$f_1,f_2,\cdots,f_n$——各组次数；

$\sum f$——总体单位数，即总次数；

$\sum Xf$——总体标志总量。

还可以写成频率公式

$$\overline{X} = \sum X \frac{f}{\sum f}$$

式中 $\overline{X}$——算术平均数；

f——各组标志值的频数；

$f/\sum f$——各组标志值的频率。

从上述公式可以看出，算术平均数的大小不仅取决于各组变量的大小，同时也取决于各组次数的大小。某组出现次数多，平均数受该组的影响就较大；反之，某组出现次数少，平均数受该组的影响就较小。因此在统计上又把次数称为权数。

例 3-1 某车间有 50 名工人，生产某种商品的日产量如表 3-1 所示，试计算工人的平均日产商品件数。

表 3-1 日产商品加权算术平均数计算表

按件数分组 X/件	各组人数		生产商品数 Xf/件	$X\frac{f}{\sum f}$
	绝对数 f/人	比重 $f/\sum f$(%)		
115	5	10	575	11.50
116	15	30	1740	34.80
117	18	36	2106	42.12
118	10	20	1180	23.60
119	2	4	238	4.76
合 计	50	100	5839	116.78

表中前两列为已知数据，后三列为计算列。

解：工人平均日产商品件数：

$$\overline{X} = \frac{\sum Xf}{\sum f} = \frac{115\text{ 件} \times 5\text{ 人} + 116\text{ 件} \times 15\text{ 人} + 117\text{ 件} \times 18\text{ 人} + 118\text{ 件} \times 10\text{ 人} + 119\text{ 件} \times 2\text{ 人}}{5\text{ 人} + 15\text{ 人} + 18\text{ 人} + 10\text{ 人} + 2\text{ 人}} = 116.78\text{ 件}$$

或：

$\overline{X}=\sum X\frac{f}{\sum f}=115$ 件 $\times 10\% + 116$ 件 $\times 30\% + 117$ 件 $\times 36\% + 118$ 件 $\times 20\% + 119$ 件 $\times 4\% = 116.78$ 件

用两种公式计算的加权算术平均数完全相同。

计算结果表明，加权算术平均数的大小受到两个因素的影响：各组标志值大小和各组频率大小。哪一组的频率（单位数所占比重）大，哪一组标志值对平均数的影响就大。例 3-1 中平均日产量为 116.78 件，它最接近于频率最大组（18 人）的标志值（117 件）。可见，各组标志值出现的次数多少对平均数起着权衡轻重的作用，所以统计学上又把次数称为权数，把这种平均数称为加权算术平均数。显然，只有当各个标志值的次数不相等时，次数作为权数才起作用，如果各组次数完全相等，次数就失去了权衡轻重的作用，这时加权算术平均数就变成了用各组标志值之和除以组数的简单算术平均数。

如果掌握的资料不是单项式变量数列，而是组距式数列时，则需要先计算出各组的组中值，以组中值代表各组标志值，然后再计算加权算术平均数。

例 3-2 某企业有 164 名工人，生产某种商品的日产量如表 3-2 所示，试计算工人的平均日产量。

表 3-2 日产量加权算术平均数计算表

按日产量分组/kg	各组人数		组中值 X/kg	生产商品数 Xf	$X\frac{f}{\sum f}$
	绝对数 f/人	比重 $f/\sum f$(%)			
60 以下	10	6	55	550	3.35
60～70	19	12	65	1235	7.53
70～80	50	30	75	3750	22.87
80～90	36	22	85	3060	18.66
90～100	27	16	95	2565	15.64
100～110	14	9	105	1470	8.96
110 以上	8	5	115	920	5.61
合计	164	100	—	13 550	82.62

表中前两列为已知数据，后四列为计算列。

解： 工人平均日产量：

$$\overline{X}=\frac{\sum Xf}{\sum f}=\frac{55\text{kg}\times 10\text{人}+65\text{kg}\times 19\text{人}+75\text{kg}\times 50\text{人}+85\text{kg}\times 36\text{人}+95\text{kg}\times 27\text{人}+105\text{kg}\times 14\text{人}+115\text{kg}\times 8\text{人}}{10\text{人}+19\text{人}+50\text{人}+36\text{人}+27\text{人}+14\text{人}+8\text{人}}$$

$= 82.62\text{kg}$

或：

$$\overline{X} = \sum X \frac{f}{\sum f} = 55 \times 6\% + 65 \times 12\% + 75 \times 30\% + 85 \times 22\%$$

$$+ 95 \times 16\% + 105 \times 9\% + 115 \times 5\% = 82.62\text{kg}$$

注意，依据组距式数列计算算术平均数具有一定的假设性，即假定各组内部的标志值分布是均匀的，即各组组中值能够较高地代表各组的一般水平，但实际上要分配完全均匀是不可能的。因此，用组中值计算出来的算术平均数也就带有近似值的性质。此外，根据组距式数列计算算术平均数时，有时往往会遇到开口组，这时一般假定开口组与邻组组距相仿来计算组中值。因此有开口组算术平均数就更具有假设性。尽管如此，就整个组距式数列来看，由于分组引起的影响变量数值高低的各种因素会起到相互抵消的作用，因此其算术平均数仍然具有足够的代表性。

综上所述，加权算术平均数与简单算术平均数的不同之处在于：加权算术平均数受到两个因素的影响，变量值大小和权数；而简单算术平均数只反映变量值大小这一个因素的影响。

（三）算术平均数的性质

1. 算术平均数与总体单位数的乘积等于总体各单位标志值的总和

（1）简单算术平均数：$\overline{X}n = \sum X$

（2）加权算术平均数：$\overline{X}\sum f = \sum Xf$

2. 各单位标志值与算术平均数的离差之和等于0

（1）简单算术平均数：$\sum (X - \overline{X}) = 0$

证明：$\sum (X - \overline{X}) = \sum X - n\overline{X}$

$$= \sum X - n \cdot \frac{\sum X}{n} = \sum X - \sum X = 0$$

（2）加权算术平均数：$\sum (X - \overline{X})f = 0$

证明：$\sum (X - \overline{X})f = \sum Xf - \overline{X}\sum f$

$$= \sum Xf - \frac{\sum Xf}{\sum f}\sum f = \sum Xf - \sum Xf = 0$$

3. 各单位标志值与算术平均数的离差的平方和最小

（1）简单算术平均数：$\sum (X - \overline{X})^2 = \min$

证明：设 X_0 为任意数，$C = \overline{X} - X_0$，则$X_0 = \overline{X} - C$，以 X_0 为中心的离差平方之和为

$$\sum (X - X_0)^2 = \sum [X - (\overline{X} - C)]^2 = \sum [(X - \overline{X}) + C]^2$$

$$= \sum (X - \overline{X})^2 + 2C\sum (X - \overline{X}) + nC^2$$
$$= \sum (X - \overline{X})^2 + nC^2$$

因为 $nC^2 \geqslant 0$

所以 $\sum (X - X_0)^2 \geqslant \sum (X - \overline{X})^2$

所以 $\sum (X - \overline{X})^2 = \min$

（2）加权算术平均数：$\sum (X - \overline{X})^2 f = \min$

证明同理。

算术平均数适用于代数方法运算，因此在实践中应用很广，但有两点不足：

1）算术平均数易受极端变量值的影响，使得 $\overline{X}$ 的代表性变小。

2）当组距数列为开口组时，由于组中值不易确定，将降低 $\overline{X}$ 的代表性。

三、调和平均数 $\overline{X}_h$

调和平均数是总体各单位标志值倒数的算术平均数的倒数，又称倒数平均数。根据资料是否分组，调和平均数也分为简单调和平均数和加权调和平均数两种。

（一）简单调和平均数

简单调和平均数的具体计算步骤如下：

（1）先计算各个标志值的倒数，即 $1/X$。

（2）计算上述各个标志值倒数的算术平均数，即 $\sum \frac{1}{X}/n$。

（3）再计算此算术平均数的倒数，即 $n/\sum \frac{1}{X}$，即得调和平均数。

调和平均数计算公式为

$$\overline{X}_h = \frac{n}{\sum \frac{1}{X}}$$

式中 $\overline{X}_h$——调和平均数；

X——各个标志值；

n——变量个数。

例 3-3 有三种苹果，价格分别为 4 元/kg、6 元/kg、8 元/kg，三种苹果销售额相同，问平均价格是多少？

解：用简单调和平均数求解：

$$\overline{X}_h = \frac{n}{\sum \frac{1}{X}} = \frac{3}{\frac{1}{4\text{元}/\text{kg}} + \frac{1}{6\text{元}/\text{kg}} + \frac{1}{8\text{元}/\text{kg}}} \approx 5.54\text{元}/\text{kg}$$

(二) 加权调和平均数

当所掌握的资料是分组数列时，应当计算加权调和平均数。其计算公式为

$$\overline{X}_{\mathrm{h}} = \frac{\sum f}{\sum \frac{1}{X}f}$$

式中 $\overline{X}_{\mathrm{h}}$——调和平均数；

X——各个标志值；

$\sum f$——总体单位数，即总次数。

在现实生活中，直接用到调和平均数的地方很少，一般是把它作为算术平均数的变形来使用的，两者计算的结果相同，仅计算的过程不同。

假设 m 是一种特定的权数，$m = Xf$，$f = \frac{m}{X}$。代入加权算术平均数公式可得

$$\overline{X} = \frac{\sum Xf}{\sum f} = \frac{\sum Xf}{\sum \frac{1}{X}Xf} = \frac{\sum m}{\sum \frac{m}{X}}$$

由此可见，m 不是各组标志值出现的次数，而是各组标志值总量。但是 m 具有加权算术平均数权数的数学性质，即各组权数 m 同时扩大或缩小若干倍数，平均数数值不变。一般根据分组数列各组标志值和各组标志值总和求总体平均数，或根据各组计划完成程度和各组实际完成数求总体计划完成程度时，常用加权调和平均数的形式。不过，应当注意的是，其形态虽然像调和平均数，但实质仍然是算术平均数。

例 3-4 某旅行社员工工资如表 3-3 所示，试计算该旅行社员工的月平均工资。

表 3-3 某旅行社员工工资资料

岗位级别	月工资 X/元	工资总额 m/元	工人数 $\frac{m}{X}$/人
1	1120	5600	5
2	1200	18 000	15
3	1320	23 760	18
4	1480	14 800	10
5	1600	3200	2
合计	—	65 360	50

表中前三列为已知数据，第四列为计算列。

解：该旅行社员工的月平均工资为

$$\overline{X}=\frac{\sum m}{\sum \frac{m}{X}}=\frac{65\ 360\ 元}{50}=1307.2\ 元$$

例 3-5　已知某连锁酒店各分店 2013 年营业额计划完成程度及实际完成数如表 3-4 所示，试计算该连锁酒店计划完成程度（即各分店平均计划完成程度）。

表 3-4　某连锁酒店各分店 2013 年营业额计划完成情况及平均数计算表

计划完成程度（%）	实际完成数 m /万元	组中值 X（%）	计划任务数 $\frac{m}{X}$ /万元
90 ~ 100	95	95	100
100 ~ 110	840	105	800
110 ~ 120	115	115	100
合　计	1050	—	1000

表中前两列为已知数据，后两列为计算列。

解： 平均计划完成程度：

$$\overline{X}=\frac{\sum m}{\sum \frac{m}{X}}=\frac{1050\ 万元}{1000\ 万元}=105\%$$

即该连锁酒店 2013 年超额 5% 完成计划营业额，且超额 50 万元。

调和平均数有如下特点：

（1）如果数列中有一个标志值等于零，则无法计算调和平均数。

（2）作为一种数值平均数，调和平均数受所有标志值的影响，并且受极小值的影响要大于受极大值的影响，但相比于算术平均数，调和平均数受极端值的影响要小。

四、几何平均数 $\overline{X}_G$

几何平均数又称“对数平均数”，它是 n 个总体单位标志值连乘积的 n 次方根。当各项变量值的连乘积等于总比率或总速度时，适宜用几何平均数计算平均比率或平均速度。

根据所掌握资料的情况，几何平均数可分为简单几何平均数和加权几何平均数两种。前者适用于未分组资料，后者适用于分组后的变量数列。

（一）简单几何平均数

当所掌握的资料是总体各单位的标志值时，直接将 n 个总体单位标志值连乘积起来开 n 次方，就得到了简单几何平均数。其计算公式为

$$\overline{X}_G=\sqrt[n]{X_1 X_2\cdots X_n}=\sqrt[n]{\prod X}$$

式中 $\overline{X}_G$ ——几何平均数；

$X_1, X_2, \cdots, X_n$ ——各个标志值；

$\prod X$ ——各个标志值的连乘积；

n ——标志值个数。

在实际计算工作中，由于标志值个数较多，通常要运用对数来进行计算。即

$$\lg \overline{X}_G = \frac{1}{n}(\lg X_1 + \lg X_2 + \cdots + \lg X_n) = \frac{1}{n}\sum \lg X$$

再取反对数得

$$\overline{X}_G = \operatorname{arclg} \overline{X}_G$$

由此可见，几何平均数是各个标志值对数的算术平均数的反对数。

例 3-6 某旅游景区 2009～2013 年五年内接待游客人次环比发展速度分别为 108.0%、107.5%、108.3%、109.3%、109.5%，试计算其平均发展速度。

解：平均发展速度：

$$\overline{X}_G = \sqrt[5]{108.0\% \times 107.5\% \times 108.3\% \times 109.3\% \times 109.5\%} = 108.52\%$$

运用对数进行计算，先将各标志值取对数：

$$\lg 108.0\% = 0.0334；\lg 107.5\% = 0.0314；\lg 108.3\% = 0.0346$$

$$\lg 109.3\% = 0.0386；\lg 109.5\% = 0.0394$$

$$\lg \overline{X}_G = \frac{1}{n}\sum \lg X = \frac{0.1775}{5} = 0.0355$$

所以 $\overline{X}_G = \operatorname{arclg} \overline{X}_G = \operatorname{arclg} 0.0355 = 108.52\%$

计算结果表明，该旅游景区在 2009－2013 年间，接待游客人次每年平均发展速度为 108.52%，即每年平均递增 8.52%。

（二）加权几何平均数

当用于计算几何平均数的各变量值次数不同时，将这些带着不同次方的变量值连乘起来，再开次数之和次方，就得到了加权几何平均数。其计算公式为

$$\overline{X}_G = \sqrt[f_1+f_2+\cdots+f_n]{X_1^{f_1} X_2^{f_2} \cdots X_n^{f_n}} = \sqrt[\sum f]{\prod X^f}$$

式中 $\overline{X}_G$ ——几何平均数；

$X_1, X_2, \cdots, X_n$ ——各个标志值；

$f_1, f_2, \cdots, f_n$ ——各个标志值对应的权数。

将公式两边同时取对数，则为

$$\lg \overline{X}_G = \frac{f_1 \lg X_1 + f_2 \lg X_2 + \cdots + f_n \lg X_n}{f_1 + f_2 + \cdots + f_n} = \frac{\sum f \lg X}{\sum f}$$

例 3-7 某银行对企业的一笔十年期的投资年利率是：第 1～3 年是 7%，第 4～6 年是 8%，第 7～9 年是 9%，第 10 年是 10%，试计算其平均年利率。

$$
\begin{aligned}
\overline{X}_G &= \sqrt[f_1+f_2+\cdots+f_n]{X_1^{f_1} X_2^{f_2} \cdots X_n^{f_n}} \\
&= \sqrt[3+3+3+1]{1.07^3 \times 1.08^3 \times 1.09^3 \times 1.1^1} \\
&= 1.082
\end{aligned}
$$

则其平均年利率为 $(1.082 - 1) \times 100\% = 8.2\%$ 。

几何平均数适用于反映特定现象的平均水平，即现象的总标志值不是各单位标志值的总和，而是各单位标志值的连乘积，例如平均发展速度、平均年利率、平均合格率等。

几何平均数的应用范围相对较窄。几何平均数具有如下特点：

（1）如果数列中有一个标志值等于零或负值，就无法计算几何平均数。

（2）几何平均数受极端值影响比算术平均数和调和平均数要小，因而相对较稳健。

五、众数M_o

（一）众数的概念

众数是总体中出现次数最多或最普遍的标志值，它能直观地说明客观现象分配中的集中趋势。在实际工作中，有时要利用众数代替算术平均数来说明旅游经济现象的一般水平。例如，旅游纪念品市场上某种商品一天的价格可能有几次变化，其中成交量最多的那一个价格就是众数价格；又如，在大批量生产的男式皮鞋中，有多种尺码，其中41码是销售量最多的尺码，则这个尺码是众数，可代表男式皮鞋尺码的一般水平，宜大量生产，而其余尺码生产量就要相应少一些，这样才能满足市场上大部分消费者的需要。如果总体中出现次数最多的标志值不是一个，而是两个，那么合起来就是复众数。

由众数的定义可看出众数存在的条件：第一，总体的单位数较多；第二，标志值的次数分配有明显的集中趋势。如果总体单位数很少，尽管次数分配较集中，那么计算出来的众数意义也不大；如果总体单位数较多，但次数分配不集中，即各单位的标志值在总体中出现的比重较均匀，那么也无所谓众数。

（二）众数的计算方法

由于确定和计算众数的资料有单项式数列和组距式数列两种，因此其计算方法也有两种：

1. 单项式数列确定众数

单项式数列确定众数的方法就是观察次数，出现次数最多的标志值就是众数。

例3-8 设某旅游纪念品商店2013年一季度女式真丝连衣裙销售量如表3-5所示，试确定真丝连衣裙的一般销售量水平。

表 3-5　2013 年一季度女式真丝连衣裙销售量

尺码/cm	销售量/件	比重（%）
80	6	5.45
85	8	7.27
90	48	43.64
95	30	27.27
100	12	10.91
105	6	5.45
合　计	110	100

因为 90cm 的销售量有 48 件，占 43.64%，为最多，所以尺码的众数 $M_o = 90\text{cm}$。

2. 组距式数列确定众数

在组距式数列条件下确定众数比较复杂，首先要确定众数所在组，即出现次数最多的那组；然后通过比例插值公式计算众数的近似值。其计算公式为

$$\text{下限公式}: M_o = X_L + \frac{\Delta_1}{\Delta_1 + \Delta_2} d$$

$$\text{上限公式}: M_o = X_U - \frac{\Delta_2}{\Delta_1 + \Delta_2} d$$

式中　M_o——众数；

X_L——众数所在组的下限；

X_U——众数所在组的上限；

d——众数所在组的组距；

Δ_1——众数所在组次数与前一组次数之差；

Δ_2——众数所在组次数与后一组次数之差。

众数的两个计算公式是等价的，它们可以从图 3-1 得到证明。

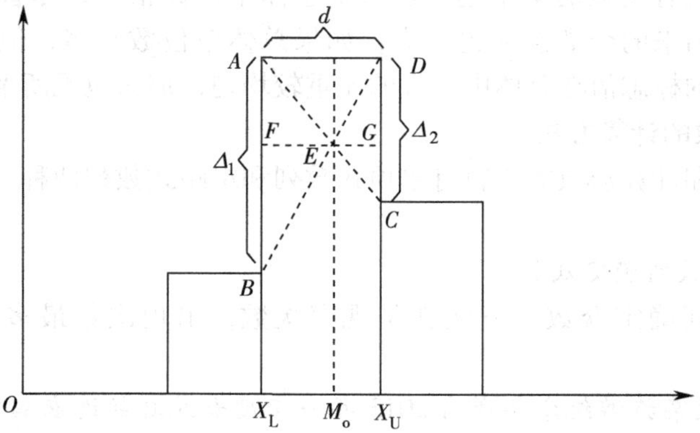

图 3-1　众数计算公式几何图

证明：连接 A、C、B、D，相交于 E 点，过 E 点向 AB、CD 作垂线，分别交于 F、G 点。

因为 $\triangle AEB \backsim \triangle CED$

所以 $\frac{EF}{AB}=\frac{EG}{CD}$，即 $\frac{X_L M_o}{AB}=\frac{d-X_L M_o}{CD}$

即 $X_L M_o = \frac{ABd}{CD+AB}$

因为 $AB = \Delta_1, CD = \Delta_2$

所以 $X_L M_o = \frac{\Delta_1 d}{\Delta_1 + \Delta_2}$

即 $M_o = X_L + \frac{\Delta_1}{\Delta_1 + \Delta_2} d$

上限公式的证明同理可得。

例 3-9　某旅行社员工月工资如表 3-6 所示，试计算其众数。

表 3-6　某旅行社员工月工资

按月工资分组/元	员工人数/人
1000 以下	44
1000～2000	79
2000～3000	236
3000～4000	260
4000～5000	223
5000 以上	158
合　计	1000

解： 根据表中资料可知，月工资 3000～4000 元的员工最多，因此众数在 3000～4000 元这一组。

因此：$X_L = 3000$ 元，$X_U = 4000$ 元，$d = 1000$ 元，$\Delta_1 = 260$ 人 $-$ 236 人 $=$ 24 人，$\Delta_2 = 260$ 人 $-$ 223 人 $=$ 37 人。分别代入下限公式和上限公式可得

下限公式：$M_o = X_L + \frac{\Delta_1}{\Delta_1+\Delta_2} d = 3000\text{ 元} + \frac{24\text{ 人}}{24\text{ 人}+37\text{ 人}} \times 1000\text{ 元}$

≈ 3393.44 元

上限公式：$M_o = X_U - \frac{\Delta_2}{\Delta_1+\Delta_2} d = 4000\text{ 元} - \frac{37\text{ 人}}{24\text{ 人}+37\text{ 人}} \times 1000\text{ 元}$

≈ 3393.44 元

即，该旅行社员工月工资的众数为 3393.44 元。上限公式和下限公式的计算结果是一致的。

众数具有以下特点：

（1）众数是一个位置平均数，它只考虑总体分布中最频繁出现的变量值，而不受极端值和开口组数列的影响，从而增强了对变量数列一般水平的代表性。

（2）众数是一个不容易确定的平均指标，当分布数列没有明显的集中趋势而趋于均匀分布时，则无众数可言；当变量数列是不等距分组时，众数的位置也不好确定。

六、中位数M_e

（一）中位数的概念

将总体中各单位标志值按大小顺序排列，居于中间位置的那个标志值就是中位数。可见，中位数把全部标志值分成两个部分，一半标志值比它大，一半标志值比它小，而且比它大的标志值个数等于比它小的标志值个数。中位数和众数一样，有时可代替算术平均数来反映现象的一般水平。

在许多场合可以用中位数表示现象的一般水平。例如，在进行产品质量控制中，对生产的产品随机抽几个进行观察，如果计算其平均数比较麻烦，则只要看中位数的大小就可以了。又如，人口年龄中位数可以表示人口总体年龄的一般水平，根据我国1982和1990年两次人口普查资料，当时我国人口年龄中位数分别为22.91岁和25.25岁，这反映了这期间人口年龄结构水平的变化趋势。

（二）中位数的计算方法

根据使用资料的不同，确定中位数的方法主要有三种。

1. 由未分组资料确定中位数

根据未分组资料确定中位数，首先把各单位的标志值按照大小顺序进行排列，然后用以下公式确定中位数位置，最后确定中位数。

$$中位数位置 = \frac{n+1}{2}$$

式中　n——总体单位数。

当总体单位数为奇数时，中位数位置对应的标志值就是中位数；当总体单位数为偶数时，中位数位置的前后两个标志值的简单算术平均数就是中位数。

例3-10　某酒店清洁部有5名客房服务员，每天打扫房间数（单位：间）排序如下：

$$30，35，39，42，48$$

则

$$中位数位置 = \frac{5+1}{2} = 3$$

这表明第3位客房服务员每天打扫的39间客房为中位数，即

$$M_e = 39\ 间$$

式中　M_e——中位数。

如果有6名客房服务员，每天打扫房间数（单位：间）排序如下：

30，35，39，42，48，52

则

$$中位数位置 = \frac{6+1}{2} = 3.5$$

这表明第3位服务员和第4位服务员打算客房的算术平均数为中位数，即

$$M_e = \frac{39\ 间 + 42\ 间}{2} = 40.5\ 间$$

2. 由单项式数列确定中位数

单项式数列确定中位数的步骤如下：

（1）计算各组的累计次数（向上累计次数或向下累计次数）。

（2）确定中位数位置，累计次数达到（$\sum f$）/2（$\sum f$ 为总体单位数之和）的那一组即为中位数所在组。

（3）根据中位数位置确定中位数，该组的标志值即为所求中位数。

例3-11　已知某酒店服务员日打扫客房数资料如表3-7所示，试计算中位数。

表3-7　某酒店服务员日打扫客房数及中位数计算表

按日打扫客房数分组/间	人数/人	向上累计次数/人	向下累计次数/人
26	3	3	80
31	10	13	77
32	14	27	67
34	27	54	53
36	18	72	26
41	8	80	8
合　计	80	—	—

表中前两列为已知数据，后两列为计算列。

解：

$$中位数位置 = \frac{\sum f}{2} = 40$$

这说明中位数在累计次数40的那一组内（从向上累计和向下累计均可看出），因此 $M_e = 34$ 间。

3. 由组距式数列确定中位数

组距式数列确定中位数的步骤如下：

（1）计算各组的累计次数（向上累计次数或向下累计次数）。

（2）确定中位数位置，累计次数达到（$\sum f$)/2（$\sum f$ 为总体单位数之和）的那一组即为中位数所在组。

（3）利用比例插值公式确定中位数的值，其计算公式为

下限公式（向上累计时用）：$M_e = X_L + \dfrac{\dfrac{\sum f}{2} - S_{m-1}}{f_m}d$

上限公式（向下累计时用）：$M_e = X_U - \dfrac{\dfrac{\sum f}{2} - S_{m+1}}{f_m}d$

式中　M_e——中位数；

X_L——中位数所在组的下限；

X_U——中位数所在组的上限；

d——中位数所在组的组距；

$\sum f$——总次数；

f_m——中位数所在组的次数；

S_{m-1}——中位数所在组以前一组的累计次数；

S_{m+1}——中位数所在组以后一组的累计次数。

例3-12　仍以表3-6中的资料为例，试计算其中位数，其计算如表3-8所示。

表3-8　某旅行社员工月工资中位数计算表

按月工资分组/元	员工数/人	向上累计/人	向下累计/人
1000以下	44	44	1000
1000～2000	79	123	956
2000～3000	236	359	877
3000～4000	260	619	641
4000～5000	223	842	381
5000以上	158	1000	158
合　计	1000	—	—

解：

根据表中资料计算：中位数位置 $= \dfrac{\sum f}{2} = 500$，这说明中位数在累计次数500的那一组内（从向上累计和向下累计均可看出），即3000～4000组内。

因此：$X_L = 3000$ 元，$X_U = 4000$ 元，$d = 1000$ 元，$f_m = 260$ 人，$S_{m-1} = 359$ 人，

$S_{m+1}=381$ 人。分别代入下限公式和上限公式得

下限公式：

$$M_e=X_L+\frac{\frac{\sum f}{2}-S_{m-1}}{f_m}d$$

$$=3000\text{元}+\frac{500\text{人}-359\text{人}}{260\text{人}}\times 1000\text{元}=3542.31\text{元}$$

上限公式：

$$M_e=X_U-\frac{\frac{\sum f}{2}-S_{m+1}}{f_m}d$$

$$=4000\text{元}-\frac{500\text{人}-381\text{人}}{260\text{人}}\times 1000\text{元}=3542.31\text{元}$$

计算结果说明该旅行社员工月工资的中位数为3542.31元，用下限公式和上限公式的计算结果一致。

中位数具有以下特点：

（1）中位数和众数一样也是一种位置平均数，一般不受极端值及开口组的影响，具有一定的稳健性。

（2）各单位标志值与中位数离差的绝对值之和为最小值。利用中位数的这一性质，可以解决一些实际问题。例如，要在一条长街上设置一个居民生活燃料供应站，使该站到各用户的距离总和为最短等。

（3）对某些不具有属性特点或不能用数字测定的现象，可以用中位数求一般水平。例如，印染厂对某种颜色按深浅排序后，可以求出中位数色泽。

七、各种平均数之间的关系

（一）算术平均数、几何平均数和调和平均数

算术平均数、几何平均数和调和平均数三者的关系用不等式表示为

$$\overline{X}_h\leqslant\overline{X}_G\leqslant\overline{X}$$

例如，已知标志值4、8、10、12，其算术平均数$\overline{X}=8.5$，$\overline{X}_G=7.87$，$\overline{X}_h=7.16$。

证明：设有两个不等的数值X_1和X_2，则：

$$(\sqrt{X_1}-\sqrt{X_2})^2=X_1+X_2-2\sqrt{X_1X_2}\geqslant 0$$

所以 $\dfrac{X_1+X_2}{2}\geqslant\sqrt{X_1X_2}$，即 $\overline{X}_G\leqslant\overline{X}$

又因为 $\dfrac{X_1+X_2}{2}\geqslant\sqrt{X_1X_2}=\dfrac{X_1X_2}{\sqrt{X_1X_2}}$

所以 $\sqrt{X_1X_2} \geqslant \dfrac{2X_1X_2}{X_1+X_2} = \dfrac{2}{\dfrac{1}{X_1}+\dfrac{1}{X_2}}$

即 $\overline{X}_h \leqslant \overline{X}_G$

因此，$\overline{X}_h \leqslant \overline{X}_G \leqslant \overline{X}$ 成立。

值得注意的是，上述三种平均数由于计算公式的表现形式不同，因而适用场合也不同。算术平均数和调和平均数适用于计算静态的总量指标、相对指标和平均指标的平均数，几何平均数则适用于计算时间上相互衔接的比率或速度的平均数。

（二）算术平均数、众数和中位数

（1）当总体分布呈对称状态时，$\overline{X} = M_e = M_o$。

（2）当总体分布呈右偏时，$M_o < M_e < \overline{X}$。

（3）当总体分布呈左偏时，$\overline{X} < M_e < M_o$。

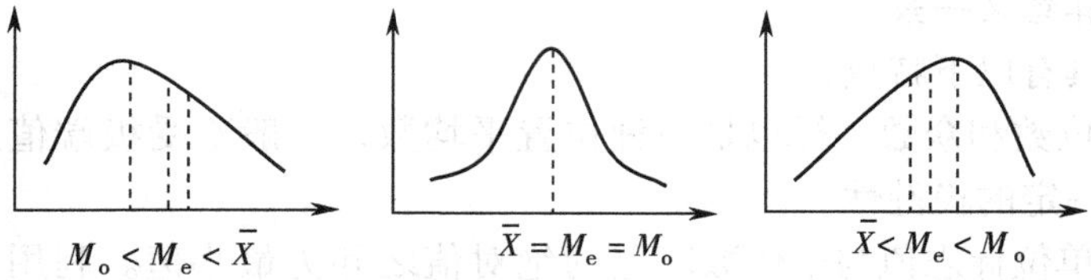

图 3-2　总体分布状态图

英国统计学家卡尔·皮尔逊认为，当分布只是适当偏态时，三者之间的数量关系是：中位数与算术平均数的距离是众数与算术平均数距离的 1/3，即关系式为 $|\overline{X} - M_o| = 3|\overline{X} - M_e|$。所以，如果 $\overline{X} - M_o > 0$，说明分布右偏；如果 $\overline{X} - M_o < 0$，说明分布左偏；如果 $\overline{X} - M_o = 0$，说明分布对称。

根据皮尔逊的经验公式还可以推算出，在轻微偏态的次数分布中，一旦三者之中两者已知，就可以近似地估计出第三者，其计算公式为

$$M_o = 3M_e - 2\overline{X}$$

$$M_e = \frac{M_o + 2\overline{X}}{3}$$

$$\overline{X} = \frac{3M_e - M_o}{2}$$

例 3-13　某旅行社员工的月收入众数为 2800 元，月收入的算术平均数为 3100 元，则月收入的中位数近似值是

$$M_e = \frac{M_o + 2\overline{X}}{3} = 3000 \text{ 元}$$

因为 $M_o < M_e < \overline{X}$，所以分布为右偏。

八、计算和运用平均指标应注意的问题

计算和运用平均指标应注意以下问题：

1. 必须注意所研究现象的同质性

同质性就是现象总体的各个单位在被平均的标志值上具有相同性质。各单位之间的差别仅仅表现在数量上，被平均的只是量的差别。如果各单位在类型上是异质的，则这样的平均数不仅不能说明事物的本质和规律性，反而会歪曲事实，抹杀现象之间的本质差异。

2. 必须注意用组平均数补充说明总平均数

平均数是在抽去局部特征和差异以后计算出来的，它给人以总体、综合的数量概念。如果要进一步分析问题，仅仅到此是不够的，还必须计算总体内部各种类型或各部分的平均数，以配合总平均数作进一步的说明。

例如，甲、乙两家旅行社游客接待量如表 3-9 所示。

表 3-9　甲、乙两家旅行社游客接待量

（单位：人）

按性别分组	甲旅行社			乙旅行社		
	导游人数	总接待量	人均接待量	导游人数	总接待量	人均接待量
男	19	722	38	20	640	32
女	7	448	64	30	1860	62
合　计	26	1170	45	50	2500	50

表 3-9 中，甲旅行社的人均接待量为 45 人，低于乙旅行社的 50 人。但甲旅行社无论男性导游还是女性导游的人均接待量都比乙旅行社要高。这种总平均数与组平均数不一致的现象，原因在于男导游和女导游的人均接待量水平不一致。男导游的人均接待量水平低于女导游很多，两家旅行社各自的男导游、女导游的比例相差很大，这一结构性的差异导致总的人均接待量甲旅行社低于乙旅行社。因此为了客观地分析某一旅游经济现象一般水平变动的情况，必须用组平均数补充说明总平均数。

3. 必须注意应用分配数列补充说明总平均数

由于平均数把总体各单位的差异给掩盖了，无法反映总体各单位的分布状况，因此可根据分析研究的需要编制分布数列，来补充说明平均数，更全面地观

察问题。

例如，已知2013年某连锁酒店总营业额平均计划完成程度为102.5%。如果只看该数列的平均计划完成程度，似乎该连锁酒店都超额完成了营业额任务，且超额2.5%。但结合分布数列来看，如表3-10所示，仍然有6家分店没有完成计划，并且有1家分店计划完成程度低于80%。

表3-10　2013年某连锁酒店下各分店营业额计划完成程度情况

按营业额计划完成程度分组（%）	分店数/家
80以下	1
80～90	2
90～100	3
100～110	9
110以上	5
合　计	20

第二节　标志变动度

一、标志变动度概述

（一）标志变动度的概念

平均指标反映了总体各单位标志值向中心值聚集的程度，但是总体各单位之间的差异是客观存在的，反映现象一般水平的平均指标不能反映总体标志值的差异情况，反而把差异掩盖了。因此仅用平均指标尚不能全面、正确地认识和反映总体特征，还需要考察数据的分散程度，即标志变动度。

标志变动度，即标志变异指标或变异指标，是指总体中各单位标志值差别大小的程度，也称为离散程度或离中程度，是从标志值分布的离散程度来描述总体标志值分布状况的另一个重要特征值。

统计分析中，标志变动度和平均指标是相互补充的，常常需要综合运用。对许多旅游经济现象，研究其差异情况，有着突出的重要意义。例如，研究国际旅游外汇收入时，计算各种类型国际旅游外汇收入的差距比计算国际旅游外汇收入的平均水平更有实际意义。又如，研究入境游客时，计算入境总游客在各个国别分布的变化比研究入境总游客的平均水平更能说明问题等。

（二）标志变动度的作用

在统计分析中，标志变动度主要有以下作用：

1. 用以说明平均指标的代表性大小

平均指标作为总体标志值一般水平的代表，其代表性的高低随着标志值变异程度有很大差别。如果标志值分布很分散，则标志变动度的值就大，平均数的代表性就差。一般地说，标志变异越小，平均数的代表性就越高；标志变异越大，平均数的代表性就越低。把平均指标和标志变动度结合起来，可以更加全面地描述标志值分布的数量特征，更深刻地认识所研究的对象。

2. 用来研究现象的稳定性和均衡性

标志变动度可以表明旅游经济现象的均衡性或协调性，以及产品质量的稳定性程度。

例如，甲、乙旅行社2014年第一季度旅游团接待任务计划完成情况如表3-11所示。

表3-11 甲、乙旅行社2014年第一季度旅游团接待任务计划完成情况

		旅游团接待任务计划完成百分比（%）			
		季度总接团量计划完成程度	1月	2月	3月
旅行社	甲	100	32	34	34
	乙	100	20	30	50

从表3-11可以看出，两家旅行社旅游团接待任务虽然都全额完成，但计划执行的均衡性不同，甲旅行社按月较为均衡地完成了规定的季度接团计划，而乙旅行社前松后紧，1、2月份总共完成计划的50%，3月份完成计划的50%，相比甲旅行社，乙旅行社的旅游团接待任务完成得缺乏均衡性。

3. 标志变动度是确定抽样数目和计算抽样误差的必要依据

在抽样推断中，只有先求出方差或标准差，才能计算抽样平均误差和极限误差，进而才能求出必要的抽样数目。

常用的标志变动度指标主要有全距、平均差、四分位差、标准差、离散系数等，下面分别进行介绍。

二、全距 *R*

全距又称极差，是总体各单位标志值中最大值与最小值之差，用来说明标志值变动范围的大小。全距越大，说明总体中标志值变动的范围越大，从而说明总体各单位标志值差异越大；反之则越小。其计算公式为

$$R = X_{\max} - X_{\min}$$

式中 R——全距；

$X_{\max}$——总体各单位标志值的最大值；

$X_{\min}$——总体各单位标志值的最小值。

例 3-14 A、B 两个旅游景区 2014 年上半年各月接待游客资料（单位：人次）如下：

A 景区：680，720，780，840，880，900

B 景区：600，760，800，830，850，960

计算可知，A 景区 2014 年上半年月均接待游客为$\overline{X}_A = 800$ 人次；B 景区 2014 年上半年月均接待游客为$\overline{X}_B = 800$ 人次；两景区平均水平一致。

A 景区全距：R_A = 900 人次 - 680 人次 = 220 人次

B 景区全距：R_B = 960 人次 - 600 人次 = 360 人次

B 景区全距大于 A 景区全距，说明 B 景区游客接待差异比 A 景区大。所以 A 景区平均月均接待人次更具有代表性。

如果根据组距式数列计算全距，可以用数列中最高一组的上限减去最低一组的下限求得全距的近似值。但当有开口组时，不知道两端的数值，就无法求全距。

全距的优点在于计算方便，意义明确。但是全距说明的只是极端标志值之间的差异，它不受中间标志值的影响，当极端值数值相差较大，而中间数值分布比较均匀时，总体标志值离散程度就不能得到确切反映，所以这种方法是很粗略的。

三、平均差 AD

平均差是各标志值与其算术平均数离差绝对值的算术平均数，常用 AD 表示。平均差越大，说明各标志值的差异越大，标志值分布越分散；平均差越小，说明各标志值的差异越小，标志值分布越集中。根据资料的不同，平均差的计算又分为两种：简单平均法和加权平均法。

简单平均法（适用于未分组资料）：

$$AD = \frac{\sum |X - \overline{X}|}{n}$$

加权平均法（适用于分组资料）：

$$AD = \frac{\sum |X - \overline{X}| f}{\sum f}$$

例 3-15 已知某省 2013 年接待国内游客人次资料如表 3-12 所示，请计算其接待游客年龄的平均差。

表 3-12 某省 2013 年接待国内游客人次及平均差计算表

按年龄分组/岁	国内游客 f/万人次	组中值 X/岁	总年龄 Xf/岁	$X-\bar{X}$/岁	$\lvert X-\bar{X}\rvert f$
10～20	30	15	450	-17.69	530.7
20～30	70	25	1750	-7.69	538.3
30～40	100	35	3500	2.31	231
40～50	50	45	2250	12.31	615.5
50～60	10	55	550	22.31	223.1
合 计	260	—	8500	—	2138.6

$$\bar{X}=\frac{\sum Xf}{\sum f}=\frac{8500}{260}=32.69\ \text{岁}$$

$$\text{AD}=\frac{\sum \lvert X-\bar{X}\rvert f}{\sum f}=\frac{2138.6}{260}=8.23\ \text{岁}$$

四、四分位差 QD

把一个标志值数列分为四等分，形成三个分割点（Q_1，Q_2，Q_3），这三个分割点的数值就称为四分位数。四分位差就是第三个四分位数Q_3减去第一个四分位数Q_1，通常用 QD 表示四分位差，其计算公式为

$$\text{QD}=Q_3-Q_1$$

根据资料的不同，四分位差的计算又分为两种：未分组资料的 QD 和分组资料的 QD。

（一）未分组资料的 QD

$$Q_1\text{ 的位置}=\frac{n+1}{4}$$

$$Q_3\text{ 的位置}=\frac{3(n+1)}{4}$$

式中 n——标志值的项数。

例 3-16 某旅行社有 11 名导游，他们的年龄（单位：岁）分别为：19，20，22，24，25，28，34，35，36，37，38。

因为 Q_1的位置$=\dfrac{n+1}{4}=3$，则$Q_1=22$ 岁

Q_3的位置$=\dfrac{3(n+1)}{4}=9$，则$Q_3=36$ 岁

所以　　　$QD=Q_3-Q_1=36\text{岁}-22\text{岁}=14\text{岁}$

结果表明，该旅行社导游有一半人的年龄集中在22～36岁之间，而且他们之间的最大差异为14岁。

（二）分组资料的 QD

分组资料四分位差计算步骤如下：

1. 确定Q_1和Q_3的位置

$$Q_1\text{ 的位置}=\frac{\sum f}{4}$$

$$Q_3\text{ 的位置}=\frac{3\sum f}{4}$$

2. 求向上累计次数，在累计次数中找Q_1和Q_3所在组

如果是单项式数列，则Q_1和Q_3所在组的标志值就是Q_1和Q_3的数值；如果是组距式数列，确定Q_1和Q_3所在组后，还需要用比例插值公式求Q_1和Q_3的近似值

$$Q_1=X_{L_1}+\frac{\frac{\sum f}{4}-S_{Q_1-1}}{f_1}d_1$$

$$Q_3=X_{L_3}+\frac{\frac{3\sum f}{4}-S_{Q_3-1}}{f_3}d_3$$

式中　X_{L_1},X_{L_3}——Q_1和Q_3所在组的下限；

f_1,f_3——Q_1和Q_3所在组的次数；

d_1,d_3——Q_1和Q_3所在组的组距；

S_{Q_1-1},S_{Q_3-1}——Q_1和Q_3所在组以前一组的累计次数；

$\sum f$——总次数。

例 3-17　现仍然以表3-8的资料来说明四分位差的计算方法：

$$Q_1\text{ 的位置}=\frac{\sum f}{4}=\frac{1000}{4}=250$$

则Q_1在第三组，即2000～3000组。

$$Q_3\text{ 的位置}=\frac{3\sum f}{4}=3\times\frac{1000}{4}=750$$

则Q_3在第五组，即4000～5000组。

将相关数据代入公式

$$Q_1 = X_{L_1} + \frac{\dfrac{\sum f}{4} - S_{Q_1-1}}{f_1} d_1$$

$$= 2000\text{元} + \frac{\dfrac{1000}{4} - 123}{236} \times 1000\text{元} = 2538.14\text{元}$$

$$Q_3 = X_{L_3} + \frac{\dfrac{3\sum f}{4} - S_{Q_3-1}}{f_3} d_3$$

$$= 4000\text{元} + \frac{\dfrac{3 \times 1000}{4} - 619}{223} \times 1000\text{元} = 4587.44\text{元}$$

$$\text{QD} = Q_3 - Q_1 = 4587.44\text{元} - 2538.14\text{元} = 2049.30\text{元}$$

计算结果表明，有一半员工的月工资在 2538.14 ~4587.44 元之间，且它们之间的最大差异为 2049.30 元。

四分位差实际就是舍去数列中最低的四分之一和最高的四分之一的数值，只用中间那部分标志值的全距来反映集中于数列中间 50% 数值的差异程度。因此，四分位差不受两端各 25% 数值的影响，可以对开口组数列的离散程度进行测定。但四分位差不反映所有标志值的离散程度，也是一个比较粗略的指标。

五、标准差 σ

（一）标准差的计算

标准差又称为均方差，它是总体各单位标志值与算术平均数的离差平方的算术平均数的平方根，通常记为 σ，标准差的平方 σ^2 称为方差。根据资料的不同，标准差的计算又分为两种：未分组资料的标准差和分组资料的标准差。

（1）未分组资料的标准差，其计算公式为

$$\sigma = \sqrt{\frac{\sum (X - \overline{X})^2}{n}}$$

（2）分组资料的标准差，其计算公式为

$$\sigma = \sqrt{\frac{\sum (X - \overline{X})^2 f}{\sum f}}$$

例 3-18　仍以表 3-12 的资料为例，标准差的计算见表 3-13，已知平均年龄 $\overline{X} = 32.69$ 岁。

表 3-13　某省 2013 年接待国内游客人次及标准差计算表

按年龄分组/岁	国内游客 f/万人次	组中值 X/岁	$X-\bar{X}$/岁	$(X-\bar{X})^2f$
10~20	30	15	-17.69	9388.08
20~30	70	25	-7.69	4139.53
30~40	100	35	2.31	533.61
40~50	50	45	12.31	7576.81
50~60	10	55	22.31	4977.36
合　计	260	—	—	26 615.39

$$\sigma=\sqrt{\frac{\sum(X-\bar{X})^2f}{\sum f}}=\sqrt{\frac{26\ 615.39}{260}}\text{岁}=10.12\text{岁}$$

（二）标准差的应用

1. 测定分布偏度

在前一节曾介绍过，可以利用算术平均数与众数的差距来测定偏态的绝对偏斜程度，即绝对偏度，但绝对偏度具有客观现象的计量单位，不便进行不同水平的现象之间的比较，需要对其进行抽象化，即将算术平均数与众数的差距除以标准差，得到偏度系数 SK。其计算公式为

$$SK=\frac{\bar{X}-M_o}{\sigma}$$

一般情况下，SK > 0 为右偏，SK < 0 为左偏，SK = 0 为对称分布。一般情况下，$-3\leqslant SK\leqslant 3$。SK 的绝对值越大，表明总体单位标志值分布的偏度越大。

2. 计算标准分

对来自不同均值和标准差的总体的个体数据，往往不能直接对比，需要将其转化为同一规格、尺度的数据后再比较。这种转换的方法称为标准化。标准化是通过计算标准分 t 完成的，其计算公式为

$$t=\frac{X_i-\bar{X}}{\sigma}$$

式中　X_i——标志值数列中的原始标志值。

标准分实际上是将不同均值和标准差的总体都转换为均值为 0、标准差为 1 的总体，将各个体的数据转换为其在总体中的相对位置。标准分实际上反映了各单位标志值以平均数为中心的相对位置。

例 3-19　某旅行社导游先后进行了两次难度不同的业务能力测试，第一次测试成绩的均值和标准差分别为 80 分和 10 分，第二次测试成绩的均值和标准差分别为 70 分和 7 分。李某第一、第二次测试的成绩分别为 92 分和 80 分，那么就李某与全班相比较而言，她哪一次测试的成绩更好呢？

解：由于两次测试成绩的均值和标准差不同，则两次测试的成绩不宜直接比较，需要先将两次测试成绩标准化，通过计算标准分进行对比，即李某两次测试的标准分分别为

$$\frac{92\text{分}-80\text{分}}{10\text{分}}=1.20$$

$$\frac{80\text{分}-70\text{分}}{7\text{分}}=1.43$$

所以，可以认为与全班相比而言，李某第二次测试的成绩更好一些。

由此可见，标准分的比较只有相对意义，没有绝对意义。

六、离散系数

全距、平均差、四分位差和标准差都是反映总体各单位标志值离散程度的绝对指标，其数值的大小不仅取决于标志值的变异程度，还受到总体单位标志值本身水平高低的影响。为了对比分析不同水平的变量数列之间的标志差异程度，必须先消除平均水平高低的影响。离散系数就是现象总体的变异指标与其算术平均数之比，它反映总体各单位标志值之间平均离差的相对程度。统计分析中常用的离散系数是标准差系数，其计算公式为

$$V_{\sigma}=\frac{\sigma}{\overline{X}}\times 100\%$$

标准差系数值越小，说明平均数的代表性越好；反之，平均数的代表性越差。

例如，已知某酒店2012、2013年营业额如表3-14所示。

表3-14 某酒店2012、2013年营业额

年份	月均营业额 $\overline{X}$/元	标准差 σ/元	标准差系数 V_{σ}（%）
2012	32 000	1200	3.75
2013	16 000	800	5.00

资料表明，该酒店2012年的标准差虽然大于2013年，但不能就此断言2012年的月均营业额代表性小于2013年，因为两年的平均水平相差悬殊。在这种情况下，只有通过标准差系数消除平均水平所产生的影响后才能比较。通过标准差系数可知，并不是2012年的标志变异程度比2013年大，相反的是2013年的标志变异程度大于2012年，其月均营业额代表性小于2012年。

第三节 峰度和偏度

平均指标和标志变动度是数据分布的两个重要特征，但要全面了解数据分布

的特点，还需要指定数据是否对称、偏斜的程度以及分布的扁平程度等，也就是数据的分布形状。一般用偏度和峰度来描述数据的分布形状。

一、偏度

偏度是对分布偏斜方向和程度的测度。测度偏斜的程度需要计算偏度系数SK。根据资料的不同，SK 的计算分为以下两种：

（1）未分组资料：

$$SK = \frac{n\sum(X-\overline{X})^3}{(n-1)(n-2)\sigma^3}$$

（2）已分组资料：

$$SK = \frac{\sum(X-\overline{X})^3 f}{n\sigma^3}$$

偏度系数测度了数据分布的非对称性程度。如果一组数据的分布是对称的，则偏度系数等于零；否则，数据分布是非对称的。

例 3-20 已知某星级酒店举行面包师技能大赛，其资料如表 3-15 所示，试分析两组面包师技能大赛得分的偏度系数。

表 3-15 某星级酒店面包师技能比赛成绩偏度系数计算

A 组			B 组		
分数/分	$X-\overline{X}$	$(X-\overline{X})^3$	分数/分	$X-\overline{X}$	$(X-\overline{X})^3$
68	-12	-1728	60	-20	-8000
72	-8	-512	76	-4	-64
78	-2	-8	80	0	0
84	4	64	83	3	27
88	8	512	85	5	125
90	10	1000	96	16	4096
合计	—	-672	合计	—	-3816

解： A 组、B 组的偏度系数分别为

$$SK_A = \frac{6\times(-672)}{5\times4\times8.08^3} = -0.38,\quad SK_B = \frac{6\times(-3816)}{5\times4\times10.85^3} = -0.90$$

结果表明，偏度系数均小于零，说明两组面包师成绩的分布均为左偏分布。且 B 组的偏度系数绝对值大于 A 组，说明 B 组偏斜程度大于 A 组。

例 3-21 已知某酒店面包师的日产量资料如表 3-16 所示，试计算其偏度系数。

表 3-16　某酒店面包师的日产量资料及偏度系数计算

日产量/kg	面包师数 f/人	组中值 X/kg	$X-\overline{X}$	$(X-\overline{X})^3$	$(X-\overline{X})^3 f$
20 ~ 30	10	25	-17	-4913	-49 130
30 ~ 40	70	35	-7	-343	-24 010
40 ~ 50	90	45	3	27	2430
50 ~ 60	30	55	13	2197	65 910
合 计	200	—	—	—	-4800

解： 偏度系数为

$$SK = \frac{\sum (X-\overline{X})^3 f}{n\sigma^3} = \frac{-4800}{200 \times 7.8^3} = -0.05$$

计算结果表明，偏度系数小于零，说明面包师日产量的分布为左偏，但偏度系数的绝对值很小，说明偏斜程度很小。

二、峰度

峰度是用来描述频数分布曲线顶端尖峭或扁平程度的指标。有时两组数据的算术平均数、标准差和偏度系数都相同，但是它们分布曲线顶端的高耸程度却不同。一般用峰度系数 K 来度量数据分布的峰度。根据资料的不同，K 的计算分为以下两种：

（1）未分组资料：

$$K = \frac{n(n+1)\sum (X-\overline{X})^4 - 3\left[\sum (X-\overline{X})^2\right]^2 (n-1)}{(n-1)(n-2)(n-3)\sigma^4}$$

（2）已分组资料：

$$K = \frac{\sum (X-\overline{X})^4 f}{n\sigma^4} - 3$$

峰度通常是与标准正态分布相比较而言的。如果 $K>0$，分布的形状比标准正态分布更瘦更高，则称为尖峰分布；反之，如果 $K<0$，分布的形状比标准正态分布更矮更平，则称为平峰分布。

例 3-22　以表 3-15 中的资料为例，计算峰度系数，计算过程如表 3-17 所示。

表 3-17　某星级酒店面包师技能比赛成绩峰度系数计算

A 组				B 组			
分数	$X-\overline{X}$	$(X-\overline{X})^2$	$(X-\overline{X})^4$	分数	$X-\overline{X}$	$(X-\overline{X})^2$	$(X-\overline{X})^4$
68	-12	144	20 736	60	-20	400	160 000
72	-8	64	4096	76	-4	16	256

（续）

A组				B组			
分数	$X-\overline{X}$	$(X-\overline{X})^2$	$(X-\overline{X})^4$	分数	$X-\overline{X}$	$(X-\overline{X})^2$	$(X-\overline{X})^4$
78	-2	4	16	80	0	0	0
84	4	16	256	83	3	9	81
88	8	64	4096	85	5	25	625
90	10	100	10 000	96	16	256	65 536
合计	—	392	39 200	合计	—	706	226 498

解：A 组、B 组的峰度系数分别为

$$K_A = \frac{6\times7\times39\ 200-3\times392^2\times5}{5\times4\times3\times(8.08)^4}=-2.58$$

$$K_B = \frac{6\times7\times226\ 498-3\times706^2\times5}{5\times4\times3\times(10.85)^4}=2.45$$

结果表明，与标准正态分布相比，A 组面包师日产量的分布属于平峰，B 组面包师日产量的分布属于尖峰。

例 3-23 以表 3-16 中的资料为例，计算峰度系数，计算过程如表 3-18 所示。

表 3-18 某酒店面包师的日产量资料及峰度系数计算

日产量/kg	面包师数 f/人	组中值 X/kg	$X-\overline{X}$	$(X-\overline{X})^4$	$(X-\overline{X})^4f$
20 ~ 30	10	25	-17	83 521	835 210
30 ~ 40	70	35	-7	2401	168 070
40 ~ 50	90	45	3	81	7290
50 ~ 60	30	55	13	28 561	856 830
合 计	200	—	—	—	1 867 400

解：峰度系数为

$$K=\frac{\sum(X-\overline{X})^4f}{n\sigma^4}-3=\frac{1\ 867\ 400}{200\times7.8^4}-3=-0.48$$

峰度系数为负，且绝对数较小，说明相比标准正态分布，面包师日产量的分布略有一些扁平。

第四节 实例应用及软件处理

实例：已知某旅行社 50 名员工的年龄资料如表 3-19 所示，试计算其算术平均数、众数、中位数、极差、标准差和标准差系数。

表 3-19　某旅行社 50 名员工的年龄资料　　　　（单位：岁）

18	18	21	20	21	21	19	18	19	19
19	20	21	18	17	19	19	19	17	19
19	19	21	20	20	18	18	19	19	19
20	19	19	18	20	20	19	19	20	19
19	18	19	19	18	18	21	19	19	18

第一步：数据准备。在 Excel 表格中，将这些数据输入到 A1：A50 区域内。

第二步：计算算术平均数。在任意单元格内输入“= AVERAGE（A1：A50）”，按〈Enter〉键确认即可。

第三步：计算众数。在任意单元格内输入“= MODE（A1：A50）”，按〈Enter〉键确认即可。

第四步：计算中位数。在任意单元格内输入“= MEDIAN（A1：A50）”，按〈Enter〉键确认即可。

第五步：计算极差。在任意单元格内输入“= MAX（A1：A50） − MIN（A1：A50）”，按〈Enter〉键确认即可。

第六步：计算标准差。在任意单元格内输入“= STDEVP（A1：A50）”，按〈Enter〉键确认即可。

计算结果如图 3-3 所示。

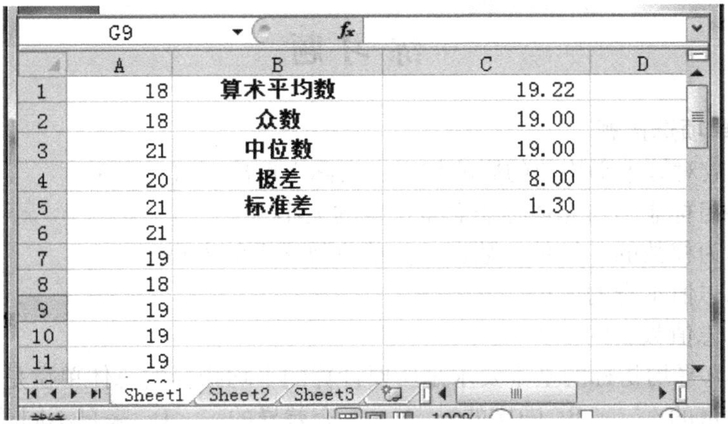

图 3-3　指标计算结果

除了用函数逐步计算，还可以使用 Excel 的数据分析工具进行计算。

第一步：启动“描述统计”。选择“数据”菜单下“数据分析”中的“描述统计”项，单击“确定”按钮。

第二步：参数设置。在“输入区域”文本框内输入“ $A$1:$A$50”，在“输出区域”中选择“ $D$1”。其他复选框根据需要选择，单击“确定”按钮。可得结果如图 3-4 所示。

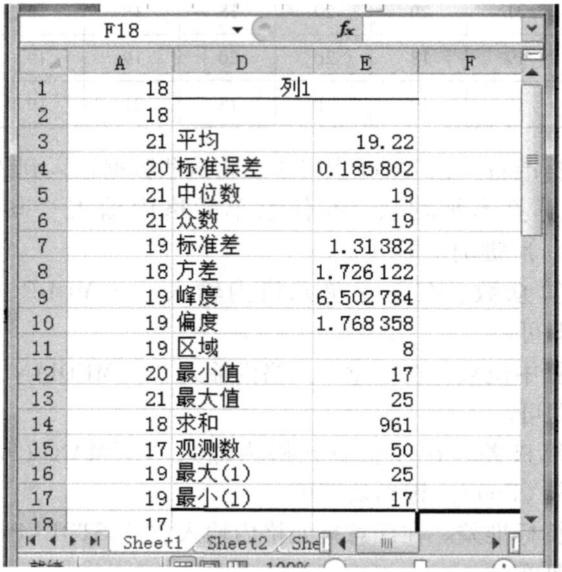
F18

	A	D	E	F
1	18	列1		
2	18			
3	21	平均	19.22	
4	20	标准误差	0.185802	
5	21	中位数	19	
6	21	众数	19	
7	19	标准差	1.31382	
8	18	方差	1.726122	
9	19	峰度	6.502784	
10	19	偏度	1.768358	
11	19	区域	8	
12	20	最小值	17	
13	21	最大值	25	
14	18	求和	961	
15	17	观测数	50	
16	19	最大(1)	25	
17	19	最小(1)	17	
18	17			

图 3-4　“描述统计”结果

练 习 题

一、单项选择题

1. 权数对算术平均数的影响作用，实际上取决于（　　）。

A. 各组标志值占总体标志总量比重的大小

B. 作为权数的各组单位数占总体单位数比重的大小

C. 标志值本身的大小

D. 标志值数量的多少

2. 计算平均指标的基本要求是所要计算的平均指标的总体单位是（　　）。

A. 大量的　　B. 同质的　　C. 有差异的　　D. 来自不同总体的

3. 已知某旅行社各部门职工的平均工资和职工人数资料，要计算该旅行社职工的平均工资，应选择的权数是（　　）。

A. 职工人数　　B. 平均工资　　C. 工资总额　　D. 职工人数或工资总额

4. 中位数的标志值是总体中（　　）。

A. 出现次数最多的　　B. 处于数列中点位置的

C. 调和平均数　　D. 任一位置的

5. 为了用标准差比较分析两个同类总体平均指标的代表性，其基本的前提条件是（　　）。

A. 两个总体的标准差应相等　　B. 两个总体的单位数应相等

C. 两个总体的平均数应相等　　D. 两个总体的离差之和应相等

6. 已知两家酒店员工平均工资的标准差分别为：$\sigma = 5$ 元，$\sigma = 6$ 元，则两家酒店员工平均工资的代表性是（　　）。

A. 甲大于乙　B. 甲小于乙　C. 甲等于乙　D. 无法判断

7. 计算平均指标最常用的方法和最基本的形式是（　　）。

A. 中位数　B. 众数　C. 调和平均数　D. 算术平均数

8. 加权调和平均数有时可以作为加权算术平均数的（　　）。

A. 变形　B. 倒数　C. 平均数　D. 开平方

9. 标准差系数抽象为（　　）。

A. 总体指标数值大小的影响

B. 总体单位数多少的影响

C. 各组单位数占总体单位总数比重的影响

D. 平均水平高低的影响

10. 某旅游景区员工 2012 年平均工资为 5200 元，标准差为 110 元，2013 年平均工资增长 40%，标准差增大到 150 元。则员工平均工资的相对变异(　　)。

A. 增大　B. 减小　C. 不变　D. 不能比较

11. 偏度系数测度了数据分布的非对称程度，如果一组数据的分布是对称的，则偏度系数（　　）。

A. 等于 0　B. 等于 1　C. 大于 0　D. 大于 1

12. 某旅行社对新进员工进行业务能力水平测试，平均分是 80 分，标准差是 5 分，中位数是 86 分，则新员工得分的分布形状是（　　）。

A. 对称的　B. 右偏的　C. 左偏的　D. 无法确定

二、多项选择题

1. 在各种平均指标中，不受极端值影响的平均指标是（　　）。

A. 算术平均数　　B. 调和平均数

C. 中位数　　D. 众数

E. 几何平均数

2. 在（　　）的条件下加权算术平均数等于简单算术平均数。

A. 各组次数相等　　B. 各组次数都为 1

C. 变量数列为组距式数列　　D. 各组变量值不等

E. 各组次数占总次数的比重相等

3. 比较不同水平的同类现象平均数的代表大小，可采用（　　）。

A. 全距　　B. 平均差　　C. 标准差

D. 平均差系数　　E. 标准差系数

4. 影响加权算术平均数的因素是（　　）。

A. 权数　　B. 总体标志总量

C. 分配数列中的各组标志值　　D. 各组标志值出现的次数

E. 各组单位数占总体单位数的比重

5. 平均指标的作用是（　　）。

A. 反映总体的一般水平

B. 对不同时间、不同地点、不同部门的同质总体平均指标进行对比

C. 测定总体各单位分布的离散程度

D. 测定总体各单位分布的集中程度

E. 反映总体的规模

三、判断改错题

1. 权数对算术平均数的影响作用仅取决于权数本身绝对值的大小。（　　）

2. 算术平均数的大小，只受总体各单位标志值大小的影响。（　　）

3. 标志变异指标数值越大，说明总体中各单位标志值的变异程度越大，则平均指标的代表性越小。（　　）

4. 对任何两个性质相同的变量数列，比较其平均数的代表性都可以采用标准差指标。（　　）

5. 中位数和众数都属于平均数，因此它们数值的大小受到总体内各单位标志值大小的影响。（　　）

6. 平均指标说明分配数列中各变量值分布的集中趋势，变异指标说明各变量值的离中趋势。（　　）

7. 当偏度系数等于 0 时，表明数据分布属于对称分布。（　　）

8. 当峰度系数等于 0 时，表明数据分布属于正态分布。（　　）

四、计算题

1. 某酒店有 10 名一级面包师、10 名二级面包师，他们的体重资料如下所示（单位：kg），试求各级面包师的平均体重。

一级面包师：50　38　67　54　55　60　61　65　85　70

二级面包师：38　51　52　55　55　60　60　61　63　68

2. 利用第 1 题的资料求：

（1）面包师体重的全距、平均差和标准差。

（2）能否用两组的标准差比较两组面包师平均体重代表性大小？为什么？

3. 某饭店员工工资资料如表3-20所示，试求该饭店员工工资的算术平均数、众数和中位数。

表3-20 某饭店员工工资资料

月工资/元	员工人数/人
1000以下	20
1000～1300	35
1300～1600	65
1600～1900	200
1900～2200	15
2200以上	3
合计	338

4. 甲、乙两旅游景区某旅游商品成交情况如表3-21所示。试问该旅游商品在哪个景区的平均价格比较高？

表3-21 甲、乙两旅游景区某旅游商品成交情况

品种	价格/（元/kg）	甲景区成交额/万元	乙景区成交量/万kg
甲	2.4	2.4	2
乙	2.8	5.6	1
丙	3.0	3.0	1
合计	—	11.0	4

5. 已知甲、乙两家旅行社，甲旅行社平均每个导游的季度接团数为36个，标准差为9.6个；乙旅行社接团数和导游数如表3-22所示。试计算乙旅行社平均每个导游的季度接团数和标准差，甲、乙两家旅行社哪家的季度平均接团数更具有代表性？

表3-22 乙旅行社接团数和导游数

每季度接团数/个	导游数/人
15	15
25	38
35	34
45	13

第四章 旅游时间数列分析

第一节　旅游时间数列的基本问题

一、旅游时间数列的概念和作用

（一）旅游时间数列的概念

社会经济现象总是会随着时间的推移而发生变化，因此，在进行统计分析时不仅要从静态角度分析现象的数量、质量等特征，而且还要从动态的角度，对社会经济现象在不同时间上表现出来的各个特征值作对比分析，从而探索社会经济现象发展、变化的过程及其规律性，并进一步预测它的未来。旅游经济现象同样如此，在统计学中，对旅游经济现象进行动态研究的基本方法就是编制旅游时间数列。

所谓旅游时间数列，就是将与旅游经济现象相关的一系列同类统计指标，按照时间的先后顺序进行排列，就形成了旅游时间数列，或称旅游动态数列。旅游时间数列由两个基本要素构成：一是旅游统计指标所属的时间；二是各时间上的旅游统计指标数值。习惯上将后者称为旅游时间数列的发展水平。

例如，就某旅游景区从某年 1 月 1 号 ~ 1 月 31 号每天接待的游客数量按照时间顺序进行排列就构成了一个旅游时间数列。又如，将某城市从 2000 年到 2010 年每年的旅游收入按照时间顺序排列也构成了一个时间数列。

（二）旅游时间数列的作用

旅游时间数列对动态分析旅游经济现象的发展、变化具有十分重要的意义，概括起来包括以下几个方面：

（1）旅游时间数列可以反映旅游经济现象发展、变化的过程和历史情况。

（2）利用旅游时间数列计算动态分析指标，可以反映旅游经济现象发展变化的方向、速度、趋势和规律。

（3）利用旅游时间数列对现象发展变化趋势与规律进行分析，可以实现对旅游经济现象的动态预测。

（4）建立多个旅游时间数列之间的数学模型关系，可以揭示多种旅游经济现象之间相互影响的程度和方式。

二、旅游时间数列的种类

按照旅游时间数列中统计指标表现形式的不同，可以把旅游时间数列分为三种：绝对数旅游时间数列、相对数旅游时间数列和平均数旅游时间数列。其中，绝对数旅游时间数列是最基本的时间数列，相对数旅游时间数列和平均数旅游时间数列都属于其派生数列。

表4-1中列举了若干旅游时间数列，它们分别反映了旅游经济现象各统计指标在不同时期的水平。其中，饭店接待人数、入境旅游人数、旅游饭店总数、旅游收入等绝对数统计指标所编制的旅游时间数列都是绝对数旅游时间数列；而客房开房率属于相对数旅游时间数列。

表4-1 某省2010～2013年旅游业发展情况

年份 数列	2010	2011	2012	2013
饭店接待人数/万人	1641	1751	1915	2200
入境旅游人数/人	812 061	454 046	599 954	801 044
旅游饭店总数/个	440	459	464	540
旅游收入/亿元	192.33	211.72	257.63	324.04
客房开房率（%）	59.18	58.86	60.37	62.37

（一）绝对数旅游时间数列

把反映旅游经济现象的一系列同类的绝对统计指标按时间先后顺序排列起来所形成的时间数列称为绝对数旅游时间数列。它反映旅游经济现象在各期达到的绝对水平及其变化、发展的状况。如果按照统计指标所反映的旅游经济现象所属时间的不同，绝对数旅游时间数列又可以进一步分为两种：时期数列和时点数列。下面分别进行介绍。

1. 时期数列

在绝对数旅游时间数列中，如果各项指标都是反映某种现象在一段时期内发展过程的总量，则这种绝对数旅游时间数列就称为时期数列。如表4-1中所列的某省2010～2013年旅游收入就是一个时期数列。时期数列的特点是：

（1）时期数列中各统计指标的数值是可以相加的，并且相加后具有一定的实际经济意义。这是因为时期数列中每个统计指标的数值表示的是在一段时期内发展过程的总量，所以相加后的数值就表示旅游经济现象在更长一段时期内发展过程的总量。如表4-1中将2010~2013年某省各年旅游收入相加，其结果反映的是某省在这四年内的旅游总收入共985.72亿元。

（2）在时期数列中，每个指标所包括的时间长度，称为“时期”。数列中每一个统计指标数值的大小与所属时期的长短有直接的关系。一般来说，时期越长，统计指标的数值就越大；反之，时期越短，统计指标的数值就越小。而时期的长短，主要根据研究目的来确定，可以是一天、一月、一季、一年或者更长的时间。

（3）时期数列中每个统计指标的数值，通常需要通过连续不断的登记来获取。

2. 时点数列

在绝对数旅游时间数列中，如果各项统计指标都是反映旅游经济现象在某一时点上（瞬间）的数量水平，则这种绝对数旅游时间数列就称为时点数列。如表4-1中所列的某省2010~2013年旅游饭店总数就是一个时点数列。时点数列具有如下特点：

（1）时点数列中各个统计指标的数值是不能直接相加的，直接相加后不具有实际经济意义。这是由于时点数列中每个统计指标都表示了旅游经济现象在某一个时点上瞬间表现的数量，相加的结果无法说明描述的是旅游经济现象在哪一个时点的数量。

（2）时点数列中每一个统计指标数值的大小与其时点间隔的长短没有直接联系。在时点数列中两个相邻统计指标在时间上的距离叫作“时点间隔”。由于时点数列中每个统计指标数值只表明旅游经济现象在某一个时点上的数量，年末的数值可能大于月末的数值，也可能小于月末的数值，因此，时点数列统计指标的数值大小与时点间隔长短没有直接联系。

（3）时点数列中每个统计指标的数值，通常都是在一定时点一次登记取得的。

（二）相对数旅游时间数列

把反映旅游经济现象的一系列同类的相对统计指标按时间先后顺序排列起来而形成的时间数列称为相对数旅游时间数列。它反映不同旅游经济现象相互之间的对比关系、旅游经济现象的结构变化过程等内容。在表4-1中所列的某省2010~2013年客房开房率就是一个相对数旅游时间数列。在通常情况下，在相对数旅游时间数列中，各个相对数统计指标数值是不能直接相加的。

（三）平均数旅游时间数列

同理，把反映旅游经济现象的一系列同类的平均统计指标按时间先后顺序排列起来而形成的时间数列称为平均数旅游时间数列，用以反映旅游经济现象一般水平的变化过程和趋势。在通常情况下，在平均数旅游时间数列中，各个平均数统计指标数值是不能直接相加的。

三、旅游时间数列的编制原则

编制旅游时间数列的目的是要对旅游经济现象进行客观的动态对比分析，从而认识旅游经济现象的发展变化过程和规律，进一步对旅游经济现象的发展趋势进行预测。这就要求旅游时间数列中各项统计指标具有可比性，而要做到可比，编制旅游时间数列时就必须遵循一定的原则，这些原则概括起来分为以下四个方面：

（一）时间长度应当一致

对于时期数列而言，时间长度一致就是要求数列中各项统计指标所属的时期长短应当一致。对于时点数列而言，就是要求数列中各项统计指标间的间隔时间长短应尽可能一致。在一般情况下，旅游时间数列都应遵循时间长度一致的原则，但在特殊情况下也可根据需要编制时期或间隔不等的旅游时间数列。

（二）总体范围应当一致

旅游时间数列中各项统计指标所描述的总体范围必须一致。这里所说的总体范围主要是指地区的行政区划范围或部门的隶属关系范围。如果总体范围前后发生了变化，那么，旅游时间数列中的相关统计指标值就不能直接进行比较，必须经过一定处理，将总体范围调整一致后才能进行比较分析。

（三）指标内容应当一致

旅游时间数列中的每项统计指标都反映了某一旅游经济现象的某个特征状况，因此在一个旅游时间数列中每项统计指标的含义和内容必须严格一致，否则它就无法反映该旅游经济现象的发展趋势和规律。如果对一个统计指标内容前后不一致的旅游时间数列进行动态对比分析，就必然只能得到错误的结论。例如，编制某省入境旅游人次时间数列，那么对入境旅游者的界定就应当前后一致，以确保整个统计过程口径一致，统计数据可比。

（四）计算方法和计量单位应当一致

由于同一种统计指标存在多种计算方法和计量单位，为了使旅游时间数列中各项统计指标具有可比性，在同一个旅游时间数列中的所有统计指标应当采用统一计算方法和计量单位。

旅游时间数列的编制为分析旅游经济现象的发展变化提供了基础资料。要进一步分析旅游经济现象的变化、趋势等特征，就需要计算一些分析指标。一般将旅游时间数列分析指标分为两类：一类是旅游时间数列水平分析指标，包括发展水平、平均发展水平、增长量、平均增长量等；另一类是旅游时间数列速度分析指标，包括发展速度、平均发展速度、增长速度、平均增长速度等。下面分别在本章第二节和第三节中介绍如何对旅游时间数列进行水平分析和速度分析。

第二节　旅游时间数列水平分析

旅游经济现象的水平可以用旅游时间数列的水平来进行描述。用来说明旅游时间数列水平的统计指标主要有：发展水平和平均发展水平、增长量和平均增长量。

一、发展水平

在旅游时间数列中，各项具体的统计指标数值就叫作发展水平或时间数列水平。它反映旅游经济现象在一定时期内或时点上所达到的水平，是计算其他动态分析指标的基础，常用符号 a 表示。

发展水平一般是指总量指标，例如星级饭店数、入境旅游人次等；也可以用相对指标来表示，例如旅游收入占第三产业产值的比重；或者用平均指标来表示，例如某市导游 2013 年的平均工资等。

根据发展水平在时间数列中位置的不同，可以将发展水平分为最初水平、中间水平和最末水平三种。在一个旅游时间数列中，最早出现的统计指标数值称为最初水平，用符号 a_0 表示；最晚出现的统计指标数值称为最末水平，用符号 a_n 表示；其余各项统计指标数值称为中间水平，用符号a_1，a_2，…，a_{n-1}表示。

在对旅游时间数列中的发展水平进行比较分析时，通常将要分析研究的那个时期的统计指标数值称为报告期水平，将作为比较基础时期的统计指标数值称为基期水平。当然，基期水平和报告期水平并非固定不变，而是随着研究时间和研究目的的改变而变化。

二、平均发展水平

将旅游时间数列中各个发展水平加以平均而得到的平均数称为平均发展水平，反映了旅游经济现象在一段时间内发展的平均水平。平均发展水平又称为序时平均数或动态平均数。

序时平均数可以根据绝对数旅游时间数列计算，也可以根据相对数旅游时间数列或平均数旅游时间数列来计算。其中绝对数旅游时间数列序时平均数的计算是最基本的。下面将分别介绍上述三种旅游时间数列序时平均数的计算方法。

（一）绝对数旅游时间数列序时平均数的计算

按照统计指标所反映的旅游经济现象所属时间的不同，绝对数旅游时间数列又可以进一步分为两种：时期数列和时点数列。由于它们具有不同的性质，因而计算序时平均数的方法也各不相同。

1. 时期数列序时平均数计算

由于时期数列中各项统计指标的数值可以相加，并且加总的结果表示一段更长时期的总量，因此，可以直接用简单算术平均法来计算其序时平均数。也就是用时期数列中各时期指标数值之和除以时期数列的项数。用公式表示为

$$\bar{a} = \frac{a_1 + a_2 + \cdots + a_n}{n} = \frac{\sum a}{n}$$

式中 $\bar{a}$——序时平均数；

$a_1, a_2, \cdots, a_n$——各期发展水平；

n——时期数列的项数。

例 4-1 某旅游景区 2014 年上半年旅游人次月增加值如表 4-2 所示，请计算该景区 2014 年上半年接待旅游人次的月平均增加值。

表 4-2 某旅游景区 2014 年上半年旅游人次月增加值

月份	1月	2月	3月	4月	5月	6月
增加值/人次	214	186	235	392	357	282

解：月平均增加值：

$$\frac{214\text{人次} + 186\text{人次} + 235\text{人次} + 392\text{人次} + 357\text{人次} + 282\text{人次}}{6}$$

$$= \frac{1666\text{人次}}{6} = 278\text{人次}$$

2. 时点数列序时平均数计算

在实际情况中，有的时候不可能掌握发展过程中旅游经济现象在每一个时点上的数据，只能间隔一段时间再统计并记录其数值大小。所以时点数列的序时平均数实际上是个推算出来的近似值，并且其计算必须建立在这样的一个假定基础之上：假定在某一时间间隔内旅游经济现象的增减变动比较均匀或起伏不大。

根据时点数列的时间间隔情况和统计资料的登记情况，时点数列又进一步分为四种不同的类型，下面分别进行介绍：

（1）时点数列的分类。

1）连续时点数列。时点数列一般都不连续，但如果时点数列的时间单位按“日”算，则称这样的时点数列为连续时点数列。

① 连续变动的连续时点数列：如果连续时点数列的数值资料是逐日登记、逐日提供的，则称其为连续变动的连续时点数列。

② 非连续变动的连续时点数列：如果连续时点数列的数值资料是逐日登记，但不是逐日提供，而只是提供发生变动时的数值资料，则称其为非连续变动的连续时点数列。

2）间断时点数列。在实际工作中，要统计每一时点上的数值，其工作显然是相当繁杂的，有时也不具备获取每个时点数据的条件，多数情况下只能每隔一定的时间获取某些时点上的资料，这样就形成了间断时点数列。也就是说，如果时点数列的时间单位不是按“日”算，则称这样的时点数列为间断时点数列。

① 间隔相等的间断时点数列：如果间断时点数列中相邻时点的间隔相等，则称其为间隔相等的间断时点数列。

② 间隔不等的间断时点数列：如果间断时点数列中相邻时点的间隔不等，则称其为间隔不等的间断时点数列。

下面分别介绍上述四种时点数列序时平均数的计算方法。

（2）连续变动的连续时点数列序时平均数计算。由于连续变动的连续时点数列的数值资料是逐日登记、逐日提供的，因此其序时平均数就是将各个时点的数据相加再除以时点数列的项数，也就是简单算术平均法。其公式为

$$\bar{a}=\frac{a_1+a_2+\cdots+a_n}{n}=\frac{\sum a}{n}$$

式中 $\bar{a}$——序时平均数；

$a_1,a_2,\cdots,a_n$——各时点发展水平；

n——时点数列的项数。

例 4-2 某旅行社 4 月上旬职工人数如表 4-3 所示，要求计算该旅行社 4 月上旬的日平均职工人数。

表 4-3 某旅行社 4 月上旬职工人数

日 期	1	2	3	4	5	6	7	8	9	10
职工人数/人	250	250	250	262	262	258	258	266	272	272

解： 该旅行社 4 月上旬日平均职工人数为

$$\bar{a}=\frac{\sum a}{n}=\frac{250\text{ 人}+250\text{ 人}+250\text{ 人}+262\text{ 人}+262\text{ 人}+258\text{ 人}+258\text{ 人}+266\text{ 人}+272\text{ 人}+272\text{ 人}}{10}=260\text{ 人}$$

（3）非连续变动的连续时点数列序时平均数计算。非连续变动的连续时点数列，其序时平均数就是以相邻时点的间隔时间为权重，对各个时点的数据加权求和再除以时点数，也就是加权算术平均法。其公式为

$$\bar{a}=\frac{a_1f_1+a_2f_2+\cdots+a_nf_n}{\sum f}=\frac{\sum af}{\sum f}$$

式中 $\bar{a}$——序时平均数；

$a_1,a_2,\cdots,a_n$——各时点发展水平；

$f_1,f_2,\cdots,f_n$——各时点间隔的距离。

例 4-3　对表 4-3 中的资料进行整理，可知某旅行社 4 月上旬的职工人数情况如表 4-4 所示，计算该旅行社 4 月上旬的日平均职工人数。

表 4-4　某旅行社 4 月上旬职工人数整理

日　期	1	4	6	8	9
职工人数/人	250	262	258	266	272

解： 该旅行社 4 月上旬日平均职工人数为

$$\bar{a}=\frac{a_1f_1+a_2f_2+\cdots+a_nf_n}{\sum f}$$

$$=\frac{250\text{人}\times3+262\text{人}\times2+258\text{人}\times2+266\text{人}\times1+272\text{人}\times2}{3+2+2+1+2}$$

$$=260\text{人}$$

（4）间隔相等的间断时点数列序时平均数计算。在实际统计工作中，对时点性质的指标，为了简化登记手续，往往每隔一段时间登记一次，例如企业某旅游商品的储存额、流动资金占用额等，往往只统计月末数字，并且相邻时点的间隔相等，这就组成间隔相等的间断时点数列。

间隔相等的间断时点数列，其序时平均数的计算分两个步骤：首先计算各个间隔期内的平均数，然后再将各间隔期平均数进行平均，从而求得整个时点数列的序时平均数。其计算公式为

$$\bar{a}=\frac{\frac{a_1+a_2}{2}+\frac{a_2+a_3}{2}+\cdots+\frac{a_{n-1}+a_n}{2}}{n-1}$$

$$=\frac{\frac{a_1}{2}+a_2+a_3+\cdots+a_{n-1}+\frac{a_n}{2}}{n-1}$$

式中　$\bar{a}$——序时平均数；

$a_1,a_2,\cdots,a_n$——各时点发展水平；

n——时点数列的项数。

上述公式表明，间隔相等的间断时点数列的序时平均数是“数列指标之和，首尾两项各半，除以项数减 1”，因此又称为“首末折半法”。

例 4-4　某旅行社第二季度职工人数如表 4-5 所示，试计算该旅行社各月和第二季度的平均职工人数。

表 4-5　某旅行社第二季度职工人数

日　期	3 月	4 月	5 月	6 月
月末职工人数/人	100	86	104	114

解：

$$4\text{月份平均职工人数}=\frac{100\text{人}+86\text{人}}{2}=93\text{人}$$

$$5\text{月份平均职工人数}=\frac{86\text{人}+104\text{人}}{2}=95\text{人}$$

$$6\text{月份平均职工人数}=\frac{104\text{人}+114\text{人}}{2}=109\text{人}$$

$$\text{第二季度平均职工人数}=\frac{93\text{人}+95\text{人}+109\text{人}}{3}=99\text{人}$$

上述计算第二季度职工人数的两个步骤，可以合并简化为：

第二季度平均职工人数：

$$\frac{\frac{100\text{人}+86\text{人}}{2}+\frac{86\text{人}+104\text{人}}{2}+\frac{104\text{人}+114\text{人}}{2}}{3}$$

$$=\frac{\frac{100\text{人}}{2}+86\text{人}+104\text{人}+\frac{114\text{人}}{2}}{3}$$

$$=99\text{人}$$

（5）间隔不等的间断时点数列序时平均数计算。在间断时点数列中，如果相邻时点间隔不等，则要先求出各间隔期内的平均水平，然后用各间隔期的时间长度为权数，对各间隔期的平均水平进行加权平均求得全数列的平均发展水平。其计算公式为

$$\bar{a}=\frac{\frac{a_1+a_2}{2}f_1+\frac{a_2+a_3}{2}f_2+\cdots+\frac{a_{n-1}+a_n}{2}f_{n-1}}{\sum f_i}$$

式中　$\bar{a}$——序时平均数；

$a_1,a_2,\cdots,a_n$——各时点发展水平；

$f_1,f_2,\cdots,f_{n-1}$——各时点间隔的距离。

例 4-5　某饭店 2013 年红酒库存量如表 4-6 所示，试计算 2013 年该饭店红酒的年平均库存量。

表 4-6　某饭店 2013 年红酒库存量

时　间	1 月初	3 月初	7 月初	10 月初	12 月末
库存量/瓶	1500	600	900	1600	1000

解：

$$\bar{a}=\frac{\frac{1500\text{瓶}+600\text{瓶}}{2}\times 2+\frac{600\text{瓶}+900\text{瓶}}{2}\times 4+\frac{900\text{瓶}+1600\text{瓶}}{2}\times 3+\frac{1600\text{瓶}+1000\text{瓶}}{2}\times 3}{2+4+3+3}$$

$$=1062.5\text{瓶}$$

即该饭店2013年红酒年均库存量为1062.5瓶。

（二）相对数或平均数旅游时间数列序时平均数的计算

由于相对数旅游时间数列是绝对数旅游时间数列的派生数列，即其中各项指标都是由两个总量指标对比计算出来的，因此，根据相对数旅游时间数列计算序时平均数时，应该先分别计算出构成相对数旅游时间数列的分子和分母的两个绝对数旅游时间数列的序时平均数，然后将这两个序时平均数相除就得到了相对数旅游时间数列的序时平均数。

平均数旅游时间数列是由总体标志总量时间数列和总体单位总量时间数列的对应项相对比而形成的时间数列。其平均发展水平的计算方法与相对数旅游时间数列平均发展水平的计算方法一样，先分别对分子数列和分母数列计算平均数，再将两个动态平均数对比就得到了平均数旅游时间数列的序时平均数。

相对数或平均数旅游时间数列序时平均数的计算公式为

$$\bar{c}=\frac{\bar{a}}{\bar{b}}$$

式中 $\bar{c}$——相对数或平均数旅游时间数列的序时平均数；

$\bar{a}$——分子数列的序时平均数；

$\bar{b}$——分母数列的序时平均数。

计算时，应先分析分子和分母是时期数列还是时点数列，然后再分别按照前面介绍的公式进行计算。一般又分为三种情形：第一种情况是分子和分母均为时期数列；第二种情况是分子和分母均为时点数列；第三种情况是分子和分母一个是时期数列，另一个是时点数列。下面分别介绍这三种情形下相对数或平均数旅游时间数列序时平均数的计算方法。

1. 分子和分母均为时期数列

其计算公式为

$$\bar{c}=\frac{\bar{a}}{\bar{b}}=\frac{\sum a/n}{\sum b/n}=\frac{\sum a}{\sum b}$$

例4-6 某旅行社7~9月份游客接待计划完成情况如表4-7所示，试计算其第三季度的月平均计划完成程度。

表 4-7　某旅行社 7～9 月份游客接待计划完成情况

时　间	7 月	8 月	9 月
实际接待 a/人	500	618	872
计划接待 b/人	500	600	800
产量计划完成数 c（%）	100	103	109

解：

第三季度月平均计划完成程度 $\bar{c}$ 为

$$\bar{c}=\frac{\bar{a}}{\bar{b}}=\frac{\sum a}{\sum b}=\frac{500\text{人}+618\text{人}+872\text{人}}{500\text{人}+600\text{人}+800\text{人}}=\frac{1990\text{人}}{1900\text{人}}=104.74\%$$

上式中的 $\bar{a}$ 和 $\bar{b}$ 需要根据所掌握资料的不同采取不同的计算方法。当所掌握的资料不全时，即原始资料中，如果 a、b、c 有缺项，同样可以计算 $\bar{c}$。

因为 $c=a/b$，所以 $a=bc$，代入上式得

$$\bar{c}=\frac{\sum bc}{\sum b}$$

这个公式实际就是加权算术平均数公式。

代入加权算术平均数公式

$$\bar{c}=\frac{\sum bc}{\sum b}=\frac{100\%\times500\text{人}+103\%\times600\text{人}+109\%\times800\text{人}}{500\text{人}+600\text{人}+800\text{人}}$$

$$=104.74\%$$

同理，因为 $c=a/b$，所以 $b=a/c$，代入上式得

$$\bar{c}=\frac{\sum a}{\sum \frac{1}{c}a}$$

这个公式实际就是加权调和平均数公式。

代入加权调和平均数公式

$$\bar{c}=\frac{\sum a}{\sum \frac{1}{c}a}=\frac{500\text{人}+618\text{人}+872\text{人}}{\frac{500\text{人}}{100\%}+\frac{618\text{人}}{103\%}+\frac{872\text{人}}{109\%}}=104.74\%$$

可见，用三种不同的公式来计算，其计算结果也是完全相同的。

2. 分子和分母均为时点数列

（1）时间间隔相等。若分子和分母均为时间间隔相等的时点数列，其计算公式为

$$\bar{c}=\frac{\bar{a}}{\bar{b}}=\frac{\dfrac{\dfrac{a_1}{2}+a_2+a_3+\cdots+a_{n-1}+\dfrac{a_n}{2}}{n-1}}{\dfrac{\dfrac{b_1}{2}+b_2+b_3+\cdots+b_{n-1}+\dfrac{b_n}{2}}{n-1}}=\frac{\dfrac{a_1}{2}+a_2+a_3+\cdots+a_{n-1}+\dfrac{a_n}{2}}{\dfrac{b_1}{2}+b_2+b_3+\cdots+b_{n-1}+\dfrac{b_n}{2}}$$

当所掌握的资料不全时，可将 $a=bc$ 及 $b=a/c$ 代入上式，即可得出两个变形公式为

$$\bar{c}=\frac{\bar{a}}{\bar{b}}=\frac{\dfrac{b_1c_1}{2}+b_2c_2+\cdots+\dfrac{b_nc_n}{2}}{\dfrac{b_1}{2}+b_2+\cdots+b_{n-1}+\dfrac{b_n}{2}}$$

$$\bar{c}=\frac{\bar{a}}{\bar{b}}=\frac{\dfrac{a_1}{2}+a_2+\cdots+\dfrac{a_n}{2}}{\dfrac{a_1}{2c_1}+\dfrac{a_2}{c_2}+\cdots+\dfrac{a_n}{2c_n}}$$

例 4-7 某旅行社第三季度所接待的入境游游客在全部游客中所占的比重如表 4-8 所示，试计算其第三季度入境游游客人数占全部游客的平均比重。

表 4-8 某旅行社 7～9 月份游客接待情况

时 间	6月30日	7月31日	8月31日	9月30日
入境游游客人数 a/人	435	452	462	576
全部游客人数 b/人	580	580	600	720
入境游游客占全部游客的比重 c(%)	75	78	77	80

解： 第三季度入境游游客人数占全部游客人数的平均比重为

$$\bar{c}=\frac{\dfrac{435\text{人}}{2}+452\text{人}+462\text{人}+\dfrac{576\text{人}}{2}}{\dfrac{580\text{人}}{2}+580\text{人}+600\text{人}+\dfrac{720\text{人}}{2}}=\frac{1419.5\text{人}}{1830\text{人}}=77.6\%$$

若用两个变形公式计算，则

$$\bar{c}=\frac{\dfrac{580\text{人}\times0.75}{2}+580\text{人}\times0.78+600\text{人}\times0.77+\dfrac{720\text{人}\times0.80}{2}}{\dfrac{580\text{人}}{2}+580\text{人}+600\text{人}+\dfrac{720\text{人}}{2}}=77.6\%$$

或

$$\bar{c}=\frac{\dfrac{435\text{人}}{2}+452\text{人}+462\text{人}+\dfrac{576\text{人}}{2}}{\dfrac{435\text{人}}{2\times0.75}+\dfrac{452\text{人}}{0.78}+\dfrac{462\text{人}}{0.77}+\dfrac{576\text{人}}{2\times0.80}}=77.6\%$$

（2）时间间隔不等。如果分子和分母均为时间间隔不等的时点数列，则要用各个时间间隔的长度作权数，用加权算术平均法分别计算分子和分母的序时平均数，然后再对比。其计算公式为

$$\bar{c}=\frac{\bar{a}}{\bar{b}}=\frac{\dfrac{\dfrac{a_1+a_2}{2}f_1+\dfrac{a_2+a_3}{2}f_2+\cdots+\dfrac{a_{n-1}+a_n}{2}f_{n-1}}{\sum_{i=1}^{n-1}f_i}}{\dfrac{\dfrac{b_1+b_2}{2}f_1+\dfrac{b_2+b_3}{2}f_2+\cdots+\dfrac{b_{n-1}+b_n}{2}f_{n-1}}{\sum_{i=1}^{n-1}f_i}}$$

$$=\frac{\dfrac{a_1+a_2}{2}f_1+\dfrac{a_2+a_3}{2}f_2+\cdots+\dfrac{a_{n-1}+a_n}{2}f_{n-1}}{\dfrac{b_1+b_2}{2}f_1+\dfrac{b_2+b_3}{2}f_2+\cdots+\dfrac{b_{n-1}+b_n}{2}f_{n-1}}$$

3. 分子和分母为不同性质的数列

如果是由一个时期数列和一个时点数列对比而成的相对数或平均数旅游时间数列求序时平均数，则分别按前面介绍的方法计算时期数列的序时平均数和时点数列的序时平均数，然后再进行对比。

三、增长量

增长量是说明旅游经济现象在一定时期内增长的绝对数量，它是报告期水平与基期水平的差值，反映旅游经济现象在报告期相比于基期增长的水平。其计算公式为

$$增长量=报告期水平-基期水平$$

根据基期的不同，增长量又可以细分为逐期增长量和累计增长量。逐期增长量是指报告期水平与前一期水平之差，它表明本期比上一期增长的绝对数量；累计增长量是指报告期水平与某一固定时期（基期）水平之差，它表明本期比某一固定时期增长的绝对数量，也即说明在某一段较长时期内总的增长量。这两个指标表示如下：

逐期增长量：$a_1-a_0, a_2-a_1, \cdots, a_n-a_{n-1}$

累计增长量：$a_1-a_0, a_2-a_0, \cdots, a_n-a_0$

逐期增长量与累计增长量的关系是：逐期增长量之和等于累计增长量，即

$$(a_1-a_0)+(a_2-a_1)+\cdots+(a_n-a_{n-1})=a_n-a_0$$

在实际工作中，常计算年距增长量指标，它是报告期发展水平与上年同期发展水平之差。用公式表示为

$$年距增长量 = 报告期发展水平 - 上年同期发展水平$$

例如，某省份2014年第一季度旅游收入为3000万元，2013年第一季度旅游收入为2500万元，则

$$年距增长量 = 3000万元 - 2500万元 = 500万元$$

这说明该省2014年第一季度旅游收入比上年同期增加500万元。

计算年距增长量可以消除季节变动的影响，表明报告期水平较上年同期水平增加（或减少）的绝对数量。

四、平均增长量

平均增长量是说明旅游经济现象在一定时期内平均每期增长的数量。从广义上来说，它也是一种序时平均数，即是逐期增长量时间数列的序时平均数，反映旅游经济现象的平均增长水平。其计算公式为

$$平均增长量 = \frac{逐期增长量之和}{逐期增长量个数} = \frac{累计增长量}{时间数列项数 - 1}$$

例4-8 某省2010～2013年度假型酒店资料如表4-9所示，试计算增长量和年平均增长量指标。

表4-9 某省2010～2013年度假型酒店资料 （单位：个）

年份		2010	2011	2012	2013
度假型酒店总数		440	459	464	540
增长量	逐期	—	19	5	76
	累计	—	19	24	100

解：

$$增长量 = 540个 - 440个 = 100个$$

$$度假型酒店年平均增长量 = \frac{19个 + 5个 + 76个}{3} = 33.3个$$

或

$$度假型酒店年平均增长量 = \frac{100}{4 - 1} = 33.3个$$

第三节 旅游时间数列速度分析

旅游经济现象的速度可以用旅游时间数列的速度来进行描述。用来说明旅游时间数列速度的统计指标主要有：发展速度、增长速度、平均发展速度和平均增长速度。

一、发展速度

发展速度是旅游经济现象在两个不同时期发展水平的比值，用来表明旅游经济现象发展变化的相对程度。其基本计算公式为

$$发展速度=\frac{报告期水平}{基期水平}\times100\%$$

发展速度是动态相对数，它通常用百分数表示。发展速度的取值可以大于100%、等于100%或小于100%，但不会是负值。

由于基期的确定方法不同，发展速度又可以细分为两种：环比发展速度、定基发展速度。

环比发展速度：报告期水平与前一期水平之比，用来反映旅游经济现象逐期发展的速度。用公式表示为

$$环比发展速度=\frac{a_i}{a_{i-1}}\times100\%$$

式中 a_i——报告期水平；

a_{i-1}——报告期前一期水平。

定基发展速度：报告期水平与某一固定时期水平（通常是最初水平）之比，用来反映旅游经济现象在较长一段时期内总的发展速度，又称“总速度”，用符号 R 表示。其计算公式为

$$R=\frac{a_i}{a_0}\times100\%$$

式中 a_i——报告期水平；

a_0——某一固定时期水平，这里以最初水平为固定基期水平。

定基发展速度与环比发展速度之间存在如下关系：

（1）环比发展速度的连乘积等于相应的定基发展速度（总速度）。

（2）相邻两期定基发展速度之商（后一定基速度除以前一定基速度），等于后一期的环比发展速度。

此外，在实际工作中为了消除季节变动的影响，还常常会计算年距发展速度，用以说明本期发展水平与上年同期发展水平相比所达到的相对程度。其计算公式为

$$年距发展速度=\frac{本年本期发展水平}{上年同期发展水平}\times100\%$$

二、增长速度

增长速度是增长量与基期水平的比值，用以反映旅游经济现象在报告期的发

展水平比基期的发展水平的增长程度。其基本计算公式为

$$增长速度=\frac{增长量}{基期水平}=\frac{报告期水平-基期水平}{基期水平}=发展速度-1$$

增长速度一般用百分数表示，增长速度大于0，表明现象的发展是上升（正增长）的，增长速度小于0，表明现象的发展是下降（负增长）的。增长速度的具体指标有环比增长速度和定基增长速度。环比增长速度是报告期逐期增长量与前一期发展水平之比，用以反映旅游经济现象逐期增长的速度；定基增长速度是报告期累计增长量与固定基期水平之比，用以反映旅游经济现象在较长时期内总的增长速度。

例4-9 根据表4-10计算该省国际旅游收入各年的逐期增长量、累计增长量、环比增长速度和定基增长速度。

表4-10 某省国际旅游收入增长情况统计

年份		2008	2009	2010	2011	2012	2013
国际旅游收入/万元		159 878	184 937	216 314	265 810	314 045	340 507
增长量	逐期/万元	—	25 059	31 377	49 496	48 235	26 462
	累计/万元	—	25 059	56 436	105 932	154 167	180 629
增长速度	环比（%）	—	15.67	16.97	22.88	18.15	8.43
	定基（%）	—	15.67	35.30	66.26	96.43	112.98

解：

已知逐期增长量为报告期水平与前一期水平之差，可以得到逐期增长量的第一项为空，第二项为：184 937万元－159 878万元＝25 059万元，第三项为：216 314万元－184 937万元＝31 377万元，以此类推可得后面各项。

已知累计增长量是报告期水平与历史上某一固定基期（本例为2008年）的水平之差，可以得到累计增长量的第一项为空，第二项为：184 937万元－159 878万元＝25 059万元，第三项为：216 314万元－159 878万元＝56 436万元，以此类推可得出后面各项。

已知环比增长速度是报告期逐期增长量与前一期发展水平之比，可以计算出2009年环比增长速度为：25 059万元÷159 878万元×100%＝15.67%，2010年环比增长速度为：31 377万元÷184 937万元×100%＝16.97%，以此类推可得后面各项。

同理可得各项定基增长速度，如2009年定基增长速度为：25 059万元÷159 878万元×100%＝15.67%，2010年定基增长速度为：56 436万元÷159 878万元×100%＝35.30%，以此类推可得后面各项。

计算和应用增长速度时要注意两个问题：

（1）环比增长速度和定基增长速度之间没有直接的换算关系，如果两者之间要换算，需要通过发展速度进行换算。把各期环比增长速度加上1（或100%），变成环比发展速度，将所有环比发展速度连乘，得到定基发展速度，再将定基发展速度减去1（或100%），就得到了定基增长速度。

（2）当报告期水平和基期水平表明的是不同方向的数据时，不宜计算增长速度。例如，某旅行社基期利润为 -2 万元（亏损），报告期利润为6万元（盈利），若套用上述公式计算增长速度，则计算结果为

$$增长速度 = \frac{6万元 - (-2)万元}{-2万元} = -4$$

这显然与实际情况不相符，对这种情况一般只用文字表述，而不计算增长速度。

三、平均发展速度

平均发展速度指的是旅游经济现象在一段较长时间内各期环比发展速度的序时平均数，用以反映旅游经济现象在较长时间内逐期平均发展变化的程度。

由于考察事物发展变化的侧重点不同，计算平均发展速度的方法也不同。在实际工作中常用的方法有两种：几何平均法和累计法（方程法）。

（一）几何平均法

计算平均发展速度时，因为总速度不等于各期环比发展速度的算术总和，而等于各期环比发展速度的连乘积，所以不能用算术平均法，而要用几何平均法来计算。在实践中，如果用几何平均法制订长期计划，则要用几何平均法计算其平均发展速度，按计算所得平均发展速度发展，可以保证在最后一年达到规定的 a_n 水平，所以几何平均法也称“水平法”。即从最初水平 a_0 出发，以平均发展速度 $\overline{X}$ 代替各环比发展速度 X_1，X_2，X_3，…，X_n，经过 n 期的发展，正好达到最末水平 a_n，用公式表示为

$$a_0 X_1 X_2 X_3 \cdots X_n = a_n$$

$$a_0 \overline{X}\,\overline{X}\,\overline{X} \cdots \overline{X} = a_n$$

$$\overline{X}^n = \frac{a_n}{a_0}$$

因此，平均发展速度 $\overline{X}$ 的计算公式为

$$\overline{X} = \sqrt[n]{\frac{a_n}{a_0}}$$

因为 a_n/a_0 为 n 期的定基发展速度，根据定基发展速度等于相应时期各环比发展速度的连乘积的关系，所以计算平均发展速度也可以用下列公式

$$\overline{X} = \sqrt[n]{X_1 X_2 X_3 \cdots X_n} = \sqrt[n]{\prod X}$$

又因为 a_n / a_0 也是整个时期的总速度，所以平均发展速度还可以根据总速度计算，公式如下

$$\overline{X} = \sqrt[n]{\frac{a_n}{a_0}} = \sqrt[n]{R}$$

计算平均发展速度时，根据所掌握的资料可以选用上述任何一个公式来进行。三个公式的计算结果是一致的。

例 4-10 某县 2008 年入境旅游收入为 200 万元，2013 年为 320.64 万元，试计算平均发展速度。

解：

$$\overline{X} = \sqrt[n]{\frac{a_n}{a_0}} = \sqrt[5]{\frac{320.64}{200}} \approx 109.9\%$$

即平均发展速度为 109.9%。

这里有必要指出，用几何平均法计算的平均发展速度只取决于 a_0 和 a_n 的大小，其余中间水平的变化、波动对结果没有影响。因此，为提高平均发展速度的代表性，在计算时应注意 a_0 和 a_n 是否受特殊因素的影响，以及中间各期发展水平是否存在增减变化或阶段性波动。在必要时，应以分阶段平均发展速度来补充说明总平均发展速度。

（二）累计法

在实践中，如果长期计划按累计法制订，则要用累计法（方程法）计算平均发展速度，按计算所得平均速度发展，可以保证计划内各期发展水平的累计值达到计划规定的总数。即从最初水平 a_0 出发，各期按平均发展速度 $\overline{X}$ 计算发展水平，则计算的各期发展水平累计总和，应与实际已知的各期发展水平的累计总和相等。根据这一条件列出方程式，再求解，便得到了平均发展速度。

设 $\overline{X}$ 为平均发展速度，按平均发展速度计算的各期发展水平的假定值为

第一期：$a_1 = a_0 \overline{X}$

第二期：$a_2 = a_0 \overline{X}\,\overline{X} = a_0 \overline{X}^2$

第三期：$a_3 = a_0 \overline{X}^2 \overline{X} = a_0 \overline{X}^3$

$\vdots \qquad \vdots$

第 n 期：$a_n = a_0 \overline{X}^{n-1} \overline{X} = a_0 \overline{X}^n$

故各期假定发展水平之和为

$$a_0 \overline{X} + a_0 \overline{X}^2 + a_0 \overline{X}^3 + \cdots + a_0 \overline{X}^n = a_0(\overline{X}^n + \overline{X}^{n-1} + \overline{X}^{n-2} \cdots + \overline{X})$$

因各期实际发展水平之和为

$$a_1 + a_2 + a_3 + \cdots + a_n = \sum_{i=1}^{n} a_i$$

两者相等，则可列出如下方程式

$$a_0(\overline{X}^n+\overline{X}^{n-1}+\overline{X}^{n-2}\cdots+\overline{X})=\sum_{i=1}^{n}a_i$$

即

$$\overline{X}^n+\overline{X}^{n-1}+\overline{X}^{n-2}\cdots+\overline{X}=\frac{\sum_{i=1}^{n}a_i}{a_0}$$

这个方程的正根就是要求的平均发展速度。由于其计算十分复杂，在实际工作中通常运用《平均增长速度查对表》来计算。使用该表的步骤是：首先计算出 $\sum_{i=1}^{n}a_i/a_0$ 的值；其次判断现象发展类型并在表中查得平均增长速度：即当 $\sum_{i=1}^{n}a_i/a_0>n$ 时，现象的发展为递增型，在表中递增部分“n”所在栏找出 $\sum_{i=1}^{n}a_i/a_0$ 的值，与这个值相对应的左边栏内的百分比，即为年平均增长速度，将其加 1 就是年平均发展速度；当 $\sum_{i=1}^{n}a_i/a_0<n$ 时，现象的发展为递减型，则在表中递减部分查找，方法同上。

在查表时，如果没有正好与 $\sum_{i=1}^{n}a_i/a_0$ 相同的值，则可以查找与它最接近的值，然后按比例推算对应的平均增长速度。

例 4-11 利用表 4-10，用累计法计算平均每年发展速度。

解：第一步，计算各年发展水平总和与基期水平之比

$$\frac{\sum_{i=1}^{n}a_i}{a_0}=\frac{184\,937\text{ 万元}+216\,314\text{ 万元}+265\,810\text{ 万元}+314\,045\text{ 万元}+340\,507\text{ 万元}}{159\,878\text{ 万元}}$$

$$=\frac{1\,321\,613\text{ 万元}}{159\,878\text{ 万元}}$$

$$=8.2664$$

第二步，判断发展类型并查表：

$8.2664>n=5$，故国际旅游收入总值发展是递增型的。在累计法查对表中查得 773.17% 和 991.04% 与本例的 826.64% 最接近，相对的平均增长速度为 14.9% 和 15%，按比例推算得平均每年增长速度为 14.9245%，即

$$\text{平均增长速度}=14.9\%+\frac{826.64\%-773.17\%}{991.04\%-773.17\%}\times(15\%-14.9\%)$$

$$=14.9245\%$$

因此，平均每年发展速度为114.9245%。

四、平均增长速度

平均增长速度是旅游经济现象在较长一段时间内平均每期增长的相对程度，又称递增率或递减率。平均增长速度是利用平均发展速度来推算的。二者的关系是

$$平均增长速度 = 平均发展速度 - 1$$

平均发展速度大于“1”，平均增长速度就是正值，表示某种旅游经济现象在一个较长时期内逐期平均递增的程度，这个指标也叫作“平均递增速度”或“平均递增率”；反之，平均发展速度小于“1”，平均增长速度就为负值，表示某种旅游经济现象在一个较长时期内逐期平均递减程度，这个指标也叫作“平均递减速度”或“平均递减率”。

第四节 复合性旅游时间数列的分解及预测

一、旅游时间数列的分解

对旅游时间数列进行分析的任务之一就是要对构成旅游时间数列的各种因素加以分解和测定，以便对旅游经济现象未来的情况作出判断和预测。按照构成因素的性质和作用的不同，旅游时间数列大致可以分解为以下四部分：

（一）长期趋势（T）

长期趋势变动是旅游时间数列中最基本的规律性变动。长期趋势是指旅游经济现象在一个相当长的时期内持续变化的总态势，例如持续上升、持续下降和基本持平。长期趋势变动的存在是由于旅游经济现象受到各个时期普遍的、持续的、决定性的基本因素的影响。例如，在一般情况下由于人口增长、经济增长、社会进步等因素影响，旅游业产值呈持续增长的变动趋势。

（二）季节变动（S）

季节变动是指旅游时间数列受自然季节变换和社会习俗等因素影响而发生的有规律的周期性波动。例如，江西庐山的旅游旺季是每年的8、9、10月份和五一黄金周，其余为淡季。季节变动的周期为一年或一年以内（如一月、一周等）。

（三）循环变动（C）

循环变动是指旅游经济现象受多种因素的影响而发生的周期性涨落起伏波动。其成因比较复杂，周期一般在一年以上，长短不一。例如，经济发展的周期性波动、自然界果树结果数量的大年小年现象等，都是循环变动现象。

（四）不规则变动（I）

不规则变动是指除了上述三种变动以外，旅游经济现象受到偶然因素或不明原因影响而发生的无规律的随机变动，例如国际关系变化、战争爆发、疾病流行等。

当上述四种因素呈现出相互独立的关系时，旅游时间数列总变动（Y）体现为各种因素的总和，即 $Y=T+S+C+I$，称为加法模型。其中，Y、T 是总量指标，S、C、I 是季节变动、循环变动与不规则变动对长期趋势影响所产生的偏差，或者是正值，或者是负值。

当上述四种因素不是相互独立，而是表现出相互影响的关系时，时间数列总变动（Y）体现为各种因素的乘积，即 $Y=TSCI$，称为乘法模型。其中，Y、T 是总量指标，S、C、I 是比率，用百分数表示。

旅游时间数列分析一般采用乘法模型，把受到各个因素影响的变动分别测定出来，为相关部门决策提供依据。事实上，有些旅游经济现象的时间数列并非四种变动同时存在。从长期来看，揭示旅游经济现象发展的长期趋势和测定其受季节变动的影响，对于每一个具体的旅游时间数列来讲都是十分重要的问题。

二、长期趋势分析

长期趋势就是研究某种旅游经济现象在一个相当长的时期内持续上升或持续下降的发展变动趋势。例如我国旅游经济发展中入境旅游收入呈现不断上升的长期趋势。

测定长期趋势的主要目的有以下三个：

（1）把握旅游经济现象的趋势变化。

（2）从数量方面研究旅游经济现象发展的规律性，探求合适的趋势线，为进行统计预测提供必要条件。

（3）测定长期趋势，消除原有旅游动态数列中长期趋势的影响，更好地显示和测定季节变动。

趋势分析与统计预测是现代化的管理方法，它可以反映旅游经济现象发展变化的规律，从而使人们对旅游业未来的发展有比较科学的认识，为领导机关和管理部门制定正确的决策提供依据。在实际工作中，常常把趋势分析与统计预测结合在一起。

研究旅游经济现象发展的长期趋势，首先需要对原来的旅游时间数列进行统计处理，一般称为旅游时间数列修匀，即长期趋势测定。测定长期趋势的常用方法有三种：间隔扩大法、移动平均法和最小平方法。下面分别进行介绍。

（一）间隔扩大法

间隔扩大法是将原来时间间隔（时距）较短的旅游时间数列加工整理成时

间间隔较长的旅游时间数列，以便消除或减小旅游经济现象因间隔较短而受偶然因素影响所引起的不均匀波动。通过扩大间隔，编制出反映旅游经济现象变动总体趋势的新的旅游时间数列。

例 4-12 某旅行社 2013 年各月接待旅游人数资料如表 4-11 所示。

表 4-11 某旅行社 2013 年各月接待旅游人数

月份	1	2	3	4	5	6	7	8	9	10	11	12
旅游人数/人	41	42	52	43	45	51	53	40	51	49	56	54

从表 4-11 中可以看出，时间数列的变化并不均匀，各月接待的旅游人数起伏不定，用该旅游时间数列不能清楚地反映该旅行社各月接待旅游人数的变化趋势。现利用间隔扩大法将月资料整理成季资料，整理结果如表 4-12 所示。

表 4-12 某旅行社 2013 年各季接待旅游人数

季度	1	2	3	4
旅游人数/人	135	139	144	159
平均旅游人数/人	45	46.3	48	53

间隔扩大后的资料，可以明显地显示出接待的旅游人数呈现逐季增加的变化趋势。但是这种表达只适用于时期数列，若对各个季度的旅游接待总人数再计算序时平均数，如表 4-12 中的“平均旅游人数”，同样也可以观察到旅游经济现象发展的总趋势，而且这种表达既适用于时期数列，也适用于时点数列。

应用间隔扩大法应注意：第一，同一数列中前后数据项时间间隔应当一致，从而便于比较；第二，时间间隔的长短，应根据具体旅游经济现象的性质和特点而定，以能显示出旅游经济现象变化的趋势为宜。

（二）移动平均法

移动平均法是对原有的旅游时间数列，按照事先规定的移动时期长度，采用逐项推移的方法，计算一系列的移动平均数，组成一个新的派生的序时平均数时间数列来代替原有的旅游时间数列。在这个新的旅游时间数列中，短期的偶然因素引起的变动被削弱了，从而呈现出明显的长期趋势。

现仍以表 4-11 的资料为例，采用 3 项和 5 项移动平均数分别进行修匀，计算其各个移动平均数，如表 4-13 所示。

表 4-13 某旅行社各月接待旅游人数的移动平均数

月份	旅游人数/人	3 项移动平均数	5 项移动平均数
1	41	—	—
2	42	45	—

（续）

月 份	旅游人数/人	3项移动平均数	5项移动平均数
3	52	45.7	44.6
4	43	46.7	46.6
5	45	46.3	48.8
6	51	49.7	46.4
7	53	48	48
8	40	48	48.8
9	51	46.7	49.8
10	49	52	50
11	56	53	—
12	54	—	—

应用移动平均法测定长期趋势时，应注意以下四点：

第一，如果采用奇数项（3，5，7，…）移动平均，则计算的移动平均数都处在与正中间时期所对应的位置上。如果采用偶数项（2，4，6，8，…）移动平均，则计算的移动平均数应放在中间两个时期的中间位置上，此时需要再采用二项移正平均数，以便将移动平均数对正中间位置，这样才能得出与原旅游时间数列各时期对正的趋势值。因此偶数项的移动平均法都需要经过两次移动平均的过程。

第二，经过移动平均后的新派生数列的项数，比原旅游时间数列的项数要少（若移动项数为 n，则减少 $n-1$ 项），因此可利用的信息也就少了，并且移动时期的长度越长，新数列的项数就越少，丧失的信息就越多。同时，如果移动时期的长度太大，则不利于分析旅游经济现象具体的发展趋势；而移动时期的长度过小，又可能使新数列出现起伏波动的情况，难以呈现出现象发展的长期趋势。因此，要根据资料的特点来确定移动平均的项数。

第三，对于存在季节变动或循环变动的旅游时间数列，为消除季节变动或循环变动的影响，应采用与一个循环相应的时间长度来进行移动平均。例如，当旅游时间数列资料为季资料时，一般采用4项移动平均；当旅游时间数列资料为各年的月份资料时，一般采用12项移动平均。

第四，移动平均法的主要作用是把长期趋势以外的变动消除掉，以呈现出旅游经济现象变动的长期趋势，但一般不能直接根据移动平均后的派生数列进行动态预测，若要预测需要对修匀后的旅游时间数列作进一步加工。

（三）最小平方法

应用最小平方法研究旅游经济现象的发展趋势，就是根据当前旅游时间数列各数据项的分布特征，选取一定的数学模型，配合一条适当的趋势线对原有的旅游时间数列进行拟合。

反映旅游经济现象发展的长期趋势有两种：一种是直线趋势，另一种是非直线趋势，即曲线趋势。当所研究的旅游经济现象在一个相当长的时期内呈现出比较一致的上升或者下降变动，大致遵循某一条直线发展，则为直线趋势，可以用一条直线对该数列进行修匀，这条直线也可叫作趋势直线。趋势直线上升或者下降，表示这种旅游经济现象的数值逐年递增或逐年递减，并且每年所增加或减少的数量大致相同。因此直线趋势的变化率或趋势线的斜率基本上是不变的。而曲线趋势，其变化率或趋势线的斜率是变动的。

根据最小平方法，也称最小二乘法的原理，这条趋势线应当满足一个最基本的条件，即原有数列的实际数值与趋势线的估计数值的离差平方之和是最小值。用公式表示为

$$\sum (y - y_c)^2 \rightarrow \min$$

式中 y_c——趋势线的估计数值；

y——原有数列的实际数值。

最小平方法既可用于拟合直线，也可用于拟合曲线，因此它是分析长期趋势的十分普遍和理想的方法。下面分别以直线方程、抛物线方程和指数曲线方程为例介绍如何利用趋势线修匀旅游时间数列。

1. 直线方程

如果旅游经济现象的发展，其逐期增长量大体上相等，可考虑选用直线方程来修匀旅游时间数列。直线方程的一般形式为

$$y_c = a + bt$$

式中 a——截距；

b——直线的斜率。

直线方程的逐期增长量是相等的，证明过程见表4-14所示。

表4-14 直线方程计算表

t	$y_c = a + bt$	逐期增长量
1	$a + b$	—
2	$a + 2b$	b
3	$a + 3b$	b
4	$a + 4b$	b
5	$a + 5b$	b
⋮	⋮	⋮

上述直线方程式中，a、b 为两个未知参数，根据最小平方法的要求，$\sum (y-y_c)^2 \rightarrow \min$，有 $\sum (y-a-bt)^2 \rightarrow \min$：分别对 a、b 求偏导数，可以得到以下联立方程组：

$$\begin{cases} -2\sum (y-a-bt)=0 \\ -2t\sum (y-a-bt)=0 \end{cases}$$

整理得

$$\begin{cases} \sum y - na - b\sum t = 0 \\ \sum ty - a\sum t - b\sum t^2 = 0 \end{cases}$$

解联立方程组得

$$\begin{cases} \sum y = na + b\sum t \\ \sum ty = a\sum t + b\sum t^2 \end{cases}$$

式中　t——旅游时间数列的时间；

y——旅游时间数列中各期水平；

n——旅游时间数列的项数。

为了计算方便，可以对时间 t 进行如下假设：

（1）当时间项数为奇数时，可假设时间数列的中间项为 0，这时时间项依次排列为：…，-3，-2，-1，0，1，2，3，…。

（2）当时间项数为偶数时，可假设原点 0 在时间数列正中相邻两个时间的中点上，这时时间项依次排列为：…，-5，-3，-1，1，3，5，…。

以上两种假设 t 的方法是要使时间项的正负相消，使得 $\sum t=0$，则上述联立方程组可简化为

$$\begin{cases} \sum y = na \\ \sum ty = b\sum t^2 \end{cases}$$

因此

$$\begin{cases} a = \dfrac{\sum y}{n} \\ b = \dfrac{\sum ty}{\sum t^2} \end{cases}$$

例 4-13　某地 2003～2011 年旅游接待资料如表 4-15 所示，试用最小平方法配合直线趋势方程，并预测该地 2014 年的旅游接待人次。

表 4-15　某地 2003～2011 年旅游接待资料

年份	接待人数/万人次	逐期增长量/万人次
2003	217	—
2004	230	13
2005	225	-5
2006	248	23
2007	242	-6
2008	253	11
2009	280	27
2010	309	29
2011	343	34

解：

建立直线方程参数计算表，如表 4-16 所示。

表 4-16　某地区旅游接待人数直线趋势方程计算表　单位：万人次

年份	t	y	ty	t^2
2003	-4	217	-868	16
2004	-3	230	-690	9
2005	-2	225	-450	4
2006	-1	248	-248	1
2007	0	242	0	0
2008	1	253	253	1
2009	2	280	560	4
2010	3	309	927	9
2011	4	343	1372	16
合计	0	2347	856	60

由上表可知：

$$\sum y = 2347$$

$$\sum ty = 856$$

$$\sum t^2 = 60$$

$$n = 9$$

代入上述联立方程组中，得

$$\begin{cases} a = \dfrac{2347}{9} = 260.78 \\ b = \dfrac{856}{60} = 14.267 \end{cases}$$

将 a、b 的值代入直线方程式，得

$$y_c = 260.78 + 14.267t$$

如果将趋势直线向外延伸，即可预测该地区 2014 年接待的旅游人数。也即当 $t = 7$ 时

$$y_c = (260.78 + 14.267 \times 7)\text{ 万人} = 360.65\text{ 万人}$$

2. 抛物线方程

当旅游时间数列中各期发展水平的二级增长量（即逐期增长量的增长量）大致相等时，可以选用抛物线趋势方程描述其发展趋势。抛物线的一般方程为

$$y_c = a + bt + ct^2$$

此抛物线方程的二级增长量是相等的，均为 $2c$，证明过程如表 4-17 所示。

表 4-17　抛物线方程计算表

t	$y_c = a + bt + ct^2$	逐期增长量	二级增长量
1	$a + b + c$	—	—
2	$a + 2b + 4c$	$b + 3c$	—
3	$a + 3b + 9c$	$b + 5c$	$2c$
4	$a + 4b + 16c$	$b + 7c$	$2c$
5	$a + 5b + 25c$	$b + 9c$	$2c$
⋮	⋮	⋮	⋮

上述抛物线方程式中，有 a、b、c 三个未知参数，根据最小平方法的要求，$\sum (y - y_c)^2 \to \min$，同样分别对 a、b、c 求偏导数，并使其偏导数等于零，从而计算整理出以下联立方程组：

$$\begin{cases} \sum y = na + b\sum t + c\sum t^2 \\ \sum ty = a\sum t + b\sum t^2 + c\sum t^3 \\ \sum t^2y = a\sum t^2 + b\sum t^3 + c\sum t^4 \end{cases}$$

为了简化计算，同理设法使旅游时间数列的时间项正负相消，即使得 $\sum t = 0$，$\sum t^3 = 0$，从而得如下简化方程组：

$$\begin{cases} \sum y = na + c\sum t^2 \\ \sum ty = b\sum t^2 \\ \sum t^2y = a\sum t^2 + c\sum t^4 \end{cases}$$

例 4-14　已知 2004 ~2012 年某旅游商品产量如表 4-18 所示，试建立抛物线趋势方程，描述其发展趋势，并预测 2014 年的产量。

表 4-18　某旅游商品产量

年份	商品产量/t	逐期增长量/t	二级增长量/t
2004	988	—	—
2005	1012	24	—
2006	1043	31	7
2007	1080	37	6
2008	1126	46	9
2009	1179	53	7
2010	1239	60	7
2011	1307	68	8
2012	1382	75	7

根据表 4-18 的资料初步计算分析，各年二级增长量大体相等，所以该商品产量发展的基本趋势比较接近抛物线，可以配合一个抛物线方程来描述其长期趋势。现列表说明计算过程，如表 4-19 所示。

表 4-19　某旅游商品产量抛物线方程计算表

年份	t	y/t	ty	t^2	t^2y	t^4
2004	-4	988	-3952	16	15 808	256
2005	-3	1012	-3036	9	9108	81
2006	-2	1043	-2086	4	4172	16
2007	-1	1080	-1080	1	1080	1
2008	0	1126	0	0	0	0
2009	1	1179	1179	1	1179	1
2010	2	1239	2478	4	4956	16
2011	3	1307	3921	9	11 763	81
2012	4	1382	5528	16	22 112	256
合计	0	10 356	2952	60	70 178	708

将表4-19的计算结果代入前述联立方程组得

$$\begin{cases}10\,356 = 9a + 60c \\ 2952 = 60b \\ 70\,178 = 60a + 708c\end{cases}$$

用消元法，解得

$$\begin{cases}a = 1126.03 \\ b = 49.20 \\ c = 3.69\end{cases}$$

将a、b、c值代入抛物线方程，得

$$y_c = 1126.03 + 49.20t + 3.69\,t^2$$

如果将这条抛物线向外延伸，可以预测该商品在2014年的产量，也即当$t=6$时

$$y_c = (1126.03 + 49.20 \times 6 + 3.69 \times 6^2)\text{t} = 1554.07\text{t}$$

3. 指数曲线方程

当旅游时间数列的环比发展速度或环比增长速度大致相等时，其发展趋势属于指数曲线型，可以配合指数曲线趋势方程描述其长期发展趋势。指数曲线的一般方程为

$$y_c = ab^t$$

此指数曲线方程的环比发展速度是相等的，均为b，其证明过程如表4-20所示。

表4-20　指数曲线方程计算表

t	$y_c = ab^t$	环比发展速度
1	ab	—
2	ab^2	b
3	ab^3	b
4	ab^4	b
5	ab^5	b
⋮	⋮	⋮

上述指数曲线方程式中，有a、b两个未知参数。

为了简化对该指数曲线方程的求解，可以先将两边同时取对数将指数曲线方程转化为直线方程。

$$\lg y_c = \lg a + t\lg b$$

设

$$Y = \lg y_c$$

$$A = \lg a$$
$$B = \lg b$$

则

$$Y = A + Bt$$

对该直线方程应用最小平方法求得联立方程组为

$$\begin{cases} \sum Y = nA + B\sum t \\ \sum tY = A\sum t + B\sum t^2 \end{cases}$$

同样设法使 $\sum t = 0$，则此联立方程组可简化为

$$\begin{cases} \sum Y = nA \\ \sum tY = B\sum t^2 \end{cases}$$

求得 A、B 后再求反对数，就得到了 a、b 两个未知参数。

例 4-15 已知 2008～2013 年某地区旅游收入增加值如表 4-21 所示，试建立指数曲线趋势方程，描述其长期发展趋势，并预测该地区 2014 年的旅游收入。

表 4-21 某地区旅游收入增加值

年份	增加值/千万元	环比增长速度（%）
2008	5.3	—
2009	7.2	36
2010	9.6	33
2011	12.9	34
2012	17.1	33
2013	23.2	36

表 4-21 表明各年环比增长速度大体相同，所以该地区旅游收入发展的基本趋势比较接近指数曲线。可以配合一个指数曲线方程。现列表说明其计算过程，如表 4-22 所示。

表 4-22 某地区旅游收入增加值指数曲线方程计算表

年份	t	y/千万元	$Y = \lg y$	$t\lg y$	t^2
2008	−5	5.3	0.7243	−3.6214	25
2009	−3	7.2	0.8573	−2.5720	9
2010	−1	9.6	0.9823	−0.9823	1
2011	1	12.9	1.1106	1.1106	1
2012	3	17.1	1.2330	3.6990	9
2013	5	23.2	1.3655	6.8274	25
合计	0	75.3	6.2730	4.4614	70

由表4-22可知

$$\sum Y = 6.2730$$

$$\sum tY = 4.4614$$

$$\sum t^2 = 70$$

代入前述联立方程组，得

$$\begin{cases} 6.2730 = 6A \\ 4.4614 = 70B \end{cases}$$

解得

$$\begin{cases} A = 1.0455 \\ B = 0.06373 \end{cases}$$

即

$$\begin{cases} \lg a = 1.0455 \\ \lg b = 0.06373 \end{cases}$$

取反对数得

$$\begin{cases} a = 11.1045 \\ b = 1.1581 \end{cases}$$

即对数曲线趋势方程为

$$y_c = 11.1045 \times 1.1581^t$$

如果将这条趋势线向外延伸，可以预测该地区2014年的旅游收入。也即当 $t=7$ 时

$$y_c = (11.1045 \times 1.1581^7)\text{千万元} = 31.03\text{千万元}$$

综上所述，在分析旅游经济现象发展的长期趋势时，应该注意到，无论将哪一种趋势线向外延伸来预测未来可能达到的水平，都具有一定的假设性。因此，要做好旅游业发展的预测工作，除了要用必要的数学方法建立数学模型以外，一定要结合调查研究，具体情况具体分析，才能得出较为准确的结果。

三、季节变动分析

季节变动是旅游经济现象由于受到自然界季节更替或各种社会因素的影响，而在一年内呈现出的有规律的周期变动。例如，夏天冷饮的销售量就高于其他季节，冬天围巾的销售量相对较大，游客接待量在春节前后出现高峰等。测定季节变动的主要目的在于掌握季节变动的周期、数量界限和规律性，便于制订行之有效的计划，采取适当的措施，进行合理的调度，更好地组织生产、流通和运输，安排好人民的生活，做到淡季不淡、旺季更旺。

测定季节变动的方法主要有以下两种：

（1）按月（季）平均法：不考虑长期趋势的影响，直接根据原始的旅游时间数列计算。

（2）移动平均趋势剔除法：剔除长期趋势影响后，再计算季节变动。

不管使用哪种方法来计算季节变动，都必须用三年或更多年份的资料作为基本数据进行计算分析，这样才能较好地消除偶然因素的影响，使季节变动的规律性更贴合实际。

（一）按月（季）平均法

按月（季）平均法是在原始旅游时间数列没有明显的长期趋势或可以不考虑长期趋势的影响，同时也没有循环变动的情况下，将不同年份中同一时期（同月或同季）的数值相加求同期平均数，以消除不规则变动影响。然后求若干年总的月（季）平均数。每月（季）的平均数与总平均数相对比以求得季节比率。其具体步骤如下：

（1）列表。将各年同月（季）的数值列在同一栏。

（2）将各年同月（季）数值加总，并求出当月（季）平均数。

（3）将所有月（季）数值加总，求出总的月（季）平均数。

（4）求季节比率（或季节指数）SI，其计算公式为

$$SI=\frac{\text{各月（季）平均数}}{\text{全期各月（季）平均数}}\times 100\%$$

（5）若季节比率之和不等于理论值，需要计算校正系数加以校正，其计算公式为

$$\text{校正系数}=\frac{\text{理论值（1200\% 或 400\%）}}{\text{季节比率之和}}$$

（6）用 SI 乘以校正系数，得到校正后的 SI。

例 4-16　已知某旅游景区 2009～2013 年连续 5 年各月旅游收入资料如表 4-23所示，试计算季节比率，并预测该景区 2014 年 1 月份和 7 月份的旅游收入。

表 4-23　某旅游景区旅游收入季节比率计算表

（单位：千元）

月　份	2009	2010	2011	2012	2013	合计	平均	季节比率（%）
1	108	109	109	110	113	549	109.8	17.497
2	109	109	110	115	114	557	111.4	17.752
3	208	209	209	211	213	1050	210	33.463
4	320	322	323	330	332	1627	325.4	51.852
5	650	651	656	660	662	3279	655.8	104.502
6	1520	1541	1603	1642	1720	8026	1605.2	255.788

（续）

月份	2009	2010	2011	2012	2013	合计	平均	季节比率（%）
7	2001	2050	2120	2324	2721	11 216	2243. 2	357. 454
8	1290	1331	1392	1432	1503	6948	1389. 6	221. 433
9	360	375	381	385	390	1891	378. 2	60. 266
10	250	254	251	259	261	1275	255	40. 634
11	120	122	123	125	138	628	125. 6	20. 014
12	98	111	124	135	139	607	121. 4	19. 345
合计	7034	7184	7401	7728	8306	37 653	7530. 6	1200
平均	586	599	617	644	692	—	627. 55	100

总平均数为

$$\frac{7530.6\text{ 千元}}{12}=627.55\text{ 千元}$$

1 月份季节比率为

$$\frac{109.8\text{ 千元}}{627.55\text{ 千元}}\times 100\%=17.497\%$$

以此类推计算其余各月份季节比率。

如果没有季节变动，各月（季）的季节比率应等于 100%，12 个月的季节比率之和应为 1200%（4 个季度的季节比率之和应为 400%）。如果存在着季节变动，则各月（季）的季节比率就会存在差异，有的高于 100%，有的低于 100%，但季节比率之和仍为 1200%（或 400%）。但是有时计算所得的季节比率之和不等于理论值 1200%（或 400%），这时就需要进行调整。本例中 12 个月的季节比率之和等于 1200%，因而不需要调整。

由各月季节比率组成的时间数列清楚地表明，该旅游景区旅游收入的季节变动趋势：每年的 5～8 月份为旅游旺季，其中 7 月份为顶峰，季节比率高达 357. 454%；1、2 及 11、12 几个月份为旅游淡季。把表 4-23 中的季节比率资料绘制成季节比率变动图，就更明显地看出季节比率变动的规律性，如图 4-1 所示。

根据季节变动资料也可以对某些旅游经济现象进行预测。例如，已知 2013 年 4 月份的旅游收入为 332 千元，预测 2014 年 1 月份和 7 月份的旅游收入为

$$1\text{ 月份旅游收入}=\frac{332\text{ 千元}}{51.852\%}\times 17.497\%=112.03\text{ 千元}$$

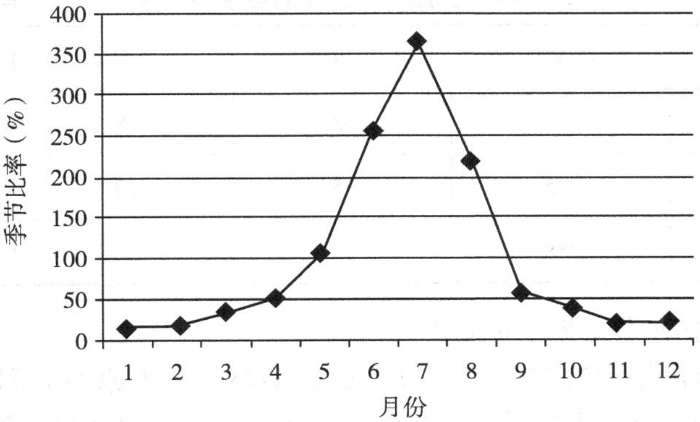

图 4-1 旅游收入季节比率变动图

$$7\text{ 月份旅游收入}=\frac{332\text{ 千元}}{51.852\%}\times 357.454\%=2288.72\text{ 千元}$$

按月（季）平均法的优点是计算简便，缺点是没有考虑旅游时间数列中长期趋势的影响。从理论上来说，在计算季节比率所依据的月（季）平均数中，各年同月（季）的数值应起同等重要的作用，不应畸轻畸重。但在上例中明显可见，后一年的数字比前一年的同期数字高，这样会造成月（季）平均数中后期各月（季）的数字相比前期同月（季）的数字具有更大的作用，从而对平均数的影响较大。因此当旅游时间数列中含有长期趋势变动的情况时，使用按月（季）平均法得出的季节比率将不够精确。为了弥补这个缺点，可以采用移动平均趋势剔除法来测定季节变动。

（二）移动平均趋势剔除法

若旅游时间数列没有明显的长期趋势，用上述按月（季）平均法是可行的。但如果旅游时间数列存在长期趋势，各季度或月份观察值在受到季节影响的同时，还会受长期趋势的影响，此时用按月（季）平均法计算的季节指数就必然也会受长期趋势的影响。移动平均趋势剔除法则可以较好地消除长期趋势对季节指数的影响。这个方法首先利用移动平均法剔除长期趋势的影响，然后再用按月（季）平均法测定季节变动。用移动平均法求长期趋势和用按月（季）平均法求季节比率，前面已经详细介绍过了，因此这里主要介绍如何剔除长期趋势。

一般来说，对于四大构成因素属于“乘积”形式的时间数列，应采用原数列除以长期趋势的方法剔除长期趋势；对于四大构成因素属于“和”的形式的现象，应采用原数列减去长期趋势的方法剔除长期趋势。

现以某旅行社三年游客接待情况（见表 4-24）为例来介绍如何用移动平均趋势剔除法分析旅游时间数列的季节变动。

表 4-24　某旅行社三年游客接待情况　　　　（单位：百人次）

年　份	一季度	二季度	三季度	四季度
第一年	216	63	18	255
第二年	245	75	22	378
第三年	288	99	26	399

1. 除法剔除趋势值求季节比率

第一，用移动平均法求长期趋势，见表 4-25。因为原始时间数列是季度资料，因此先用四项移动平均后，再作两项移正平均，便得到趋势值y_c。

表 4-25　某旅行社游客接待量剔除长期趋势计算表

季　度		游客数 y/百人次	四项移动平均/百人次	两项移正平均 y_c/百人次	趋势值剔除：除法 $\frac{y}{y_c}\times 100\%$	趋势值剔除：减法 $y-y_c$/百人次
第一年	一	216		—	—	—
	二	63		—	—	—
	三	18	138	141.625	12.71	-123.625
	四	255	145.25	146.75	173.76	108.25
第二年	一	245	148.25	148.75	164.71	96.25
	二	75	149.25	164.625	45.56	-89.625
	三	22	180	185.375	11.87	-163.375
	四	378	190.75	193.75	195.097	184.25
第三年	一	288	196.75	197.25	146.01	90.75
	二	99	197.75	200.375	49.41	-101.375
	三	26	203	—	—	—
	四	399	—	—	—	—

第二，剔除长期趋势。用原旅游时间数列的数值除以同一时期的趋势值。如表 4-25 中，第一年第三季度：18 百人次/141.625 百人次 ×100% =12.71%，第四季度：255 百人次/146.75 百人次 ×100% =173.76%，其余以此类推。

第三，求季节比率。将表 4-25 中 y/y_c 得到的数据重新编排，成为表 4-26 中的基本数据，再用按季平均法求季节比率。

表 4-26 除法剔除长期趋势后的季节比率计算表

年 份	一季度	二季度	三季度	四季度	合计
第一年	—	—	12.71%	173.76%	
第二年	164.71%	45.56%	11.87%	195.097%	
第三年	146.01%	49.41%	—	—	
合 计	310.72%	94.97%	24.58%	368.857%	
平 均	155.36%	47.485%	12.29%	184.429%	399.564%
校正系数	1.00109	1.00109	1.00109	1.00109	
季节比率	155.53%	47.54%	12.30%	184.63%	400%

第四，调整季节比率，将求得的各季（月）平均季节比率相加，各季的平均季节比率之和应为400%，各月的平均季节比率之和应为1200%，如果大于或小于1200%（或400%），应计算校正系数进行校正：

$$校正系数=\frac{理论值（1200\%或400\%）}{季节比率之和}$$

然后将校正系数乘以各季或各月的平均季节比率，使校正后的季节比率总和等于400%或1200%。如表4-26中，平均季节比率之和为399.564%，应予以调整。先计算校正系数：

$$校正系数=\frac{400\%}{399.564\%}=1.001\ 09$$

用1.001 09乘以各季的平均季节比率，表中的第一季度的季节比率 = 1.001 09 × 155.36% = 1.5553（或155.53%），其余以此类推。经过校正后的各月（季）平均季节比率，即为用移动平均剔除长期趋势后所求得的季节比率。

2. 减法剔除趋势值求季节变差

仍以表4-25中的数据为例。

第一，用移动平均法求出长期趋势。

第二，剔除长期趋势。用原数列减去同一时期的趋势值。如表4-25中，第一年第三季度：18百人次 − 141.625百人次 = −123.625百人次；第四季度：255百人次 − 146.75百人次 = 108.25百人次，其余以此类推。

第三，计算同期平均数。将表4-25中（$y-y_c$）得到的数据重新编排，组成表4-27的基本数据，再计算同季平均数。如表4-27所示，第一季度：（96.25百人次 + 90.75百人次）/2 = 93.5百人次；第二季度：（−89.625百人次 − 101.375百人次）/2 = −95.5百人次。

表 4-27 减法剔除长期趋势后的季节变差计算表

（单位：百人次）

年　份	一季度	二季度	三季度	四季度	合计
第一年	—	—	-123.625	108.25	
第二年	96.25	-89.625	-163.375	184.25	
第三年	90.75	-101.375	—	—	
合　计	187	-191	-287	292.5	
平　均	93.5	-95.5	-143.5	146.25	+0.75
校正数	0.1875	0.1875	0.1875	0.1875	
季节变差	93.3125	-95.6875	-143.6875	146.0625	0

第四，分摊余数得季节变差 SV。把同期平均数合计数分摊到各时期的同期平均数中去，使得校正后的季节变差之和为 0。

$$SV = 同期平均数 - \frac{\sum 同期平均数}{时期数}$$

如表 4-27 中，第一季度季节变差为

$$93.5\ 百人次 - \frac{0.75\ 百人次}{4} = 93.5\ 百人次 - 0.1875\ 百人次 = 93.3125\ 百人次$$

式中，0.1875 即为校正数。

季节变差的意义是：围绕用移动平均法得到的长期趋势，各季度上下波动的标准幅度，其计量单位是原资料的游客接待量“百人次”。

第五节　实例应用及软件处理

实例：已知 2000～2011 年 12 年间我国国内旅游收入如表 4-28 所示，试根据表中资料分析 2000～2011 年我国国内旅游收入的水平、速度及其发展的长期趋势。

表 4-28　2000～2011 年我国国内旅游收入

年　份	国内旅游收入/亿元
2000	3175.5
2001	3522.4
2002	3878.4
2003	3442.3
2004	4710.7
2005	5285.9

（续）

年　份	国内旅游收入/亿元
2006	6229.7
2007	7770.6
2008	8749.3
2009	10 183.7
2010	12 579.8
2011	19 305.4

资料来源：《2012 年中国统计年鉴》。

一、测定平均发展水平

分析可知，2000～2011 年我国国内旅游收入属于旅游时期数列。因此，可以直接用数列中各项指标值之和除以时期项数就得到了该旅游时期数列的平均发展水平。其计算公式为

$$\bar{a} = \frac{a_1 + a_2 + \cdots + a_n}{n} = \frac{\sum a}{n}$$

计算步骤如下：

第一步：数据准备。在 Excel 表格中，A 列输入年份，在 B 列输入国内旅游收入。

第二步：计算 2000～2011 年我国国内旅游收入总量。在单元格 B14 中输入公式：＝SUM（B2:B13），如图 4-2 所示，按〈Enter〉键。

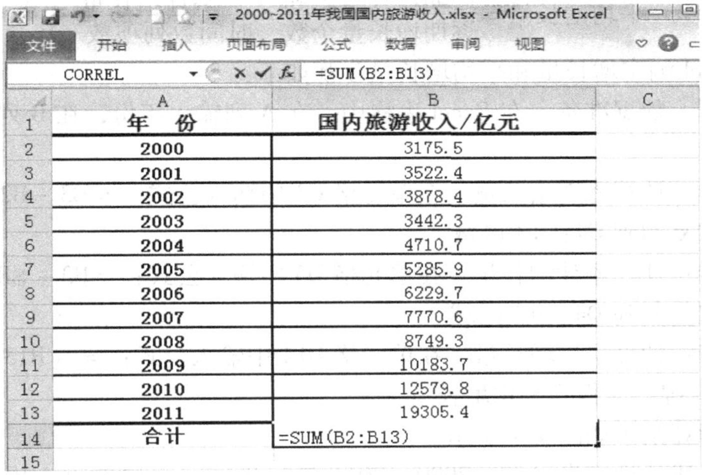

	A	B	C
1	年　份	国内旅游收入/亿元	
2	2000	3175.5	
3	2001	3522.4	
4	2002	3878.4	
5	2003	3442.3	
6	2004	4710.7	
7	2005	5285.9	
8	2006	6229.7	
9	2007	7770.6	
10	2008	8749.3	
11	2009	10183.7	
12	2010	12579.8	
13	2011	19305.4	
14	合计	=SUM(B2:B13)	
15			

图 4-2　2000～2011 年我国国内旅游收入总量计算图

第三步：计算 2000～2011 年我国年平均国内旅游收入。在单元格 B15 中输入公式：=B14/12，按〈Enter〉键，结果如图 4-3 所示。

	A	B	C
1	年　份	国内旅游收入/亿元	
2	2000	3175.5	
3	2001	3522.4	
4	2002	3878.4	
5	2003	3442.3	
6	2004	4710.7	
7	2005	5285.9	
8	2006	6229.7	
9	2007	7770.6	
10	2008	8749.3	
11	2009	10183.7	
12	2010	12579.8	
13	2011	19305.4	
14	合计	88833.7	
15	平均发展水平	7402.81	

图 4-3　2000～2011 年我国年平均国内旅游收入计算图

根据图 4-3 中的计算结果可知，2000～2011 年我国国内旅游收入年平均发展水平为 7402.81 亿元，即年平均国内旅游收入为 7402.81 亿元。

二、测定增长量和平均增长量

已知：增长量 = 报告期水平 − 基期水平

$$平均增长量=\frac{逐期增长量之和}{逐期增长量个数}=\frac{累计增长量}{时间数列项数-1}$$

用 Excel 测定增长量和平均增长量步骤如下：

第一步：数据准备。在 Excel 表格中，在 A 列输入年份，在 B 列输入国内旅游收入。

第二步：计算逐期增长量。在单元格 C3 中输入公式：=B3－B2，并用鼠标拖曳将公式复制到 C4:C13 区域。

第三步：计算累计增长量。在单元格 D3 中输入公式：=B3－$B$2，并用鼠标拖曳公式复制到 D4:D13 区域。

第四步：计算平均增长量。在单元格 B14 中输入公式：=（B13－B2）/11，按〈Enter〉键，即得到平均增长量。

相关计算结果如图 4-4 所示。

根据上述计算结果可知，2000～2011 年，我国国内旅游收入累计增长量为 16 129.9 亿元，以年平均增长 1466.35 亿元的水平发展。此外可知，12 年间，

2000~2011年我国国内旅游收入.xlsx - Microsoft Excel

	A	B	C	D
1	年份	国内旅游收入/亿元	逐期增长量/亿元	累计增长量/亿元
2	2000	3175.5		
3	2001	3522.4	346.9	346.9
4	2002	3878.4	356	702.9
5	2003	3442.3	-436.1	266.8
6	2004	4710.7	1268.4	1535.2
7	2005	5285.9	575.2	2110.4
8	2006	6229.7	943.8	3054.2
9	2007	7770.6	1540.9	4595.1
10	2008	8749.3	978.7	5573.8
11	2009	10183.7	1434.4	7008.2
12	2010	12579.8	2396.1	9404.3
13	2011	19305.4	6725.6	16129.9
14	平均增长量/亿元	1466.35		

图 4-4 增长量和平均增长量计算结果图

2003 年国内旅游收入较 2002 年下滑了 436.1 亿元。

三、测定发展速度和平均发展速度

已知：

$$发展速度=\frac{报告期水平}{基期水平}\times 100\%$$

平均发展速度（几何平均法）为

$$\overline{X}=\sqrt[n]{X_1\,X_2\,X_3\cdots X_n}=\sqrt[n]{\prod X}=\sqrt[n]{\frac{a_n}{a_0}}=\sqrt[n]{R}$$

用 Excel 测定发展速度和平均发展速度的步骤如下：

第一步：数据准备。在 Excel 表格中，在 A 列输入年份，在 B 列输入国内旅游收入。

第二步：计算环比发展速度。在单元格 C3 中输入公式：=B3/B2，并用鼠标拖曳将公式复制到 C4:C13 区域。

第三步：计算定基发展速度。在单元格 D3 中输入公式：=B3/ $B$2，并用鼠标拖曳将公式复制到 D4:D13 区域。

第四步：计算平均发展速度（水平法）。选中单元格 B14，单击“公式”菜单，选择“插入函数”，出现“插入函数”对话框后，在“或选择类别”下拉框中选择“统计”，然后在“选择函数”列表框中选择 GEOMEAN（返回几何平均值）函数，在数值区域中输入 C3:C13 即可。或者直接在单元格 B14 中输入公式：=GEOMEAN（C3:C13）。

相关计算结果如图 4-5 所示。

4.2 2000~2011年我国国内旅游收入.xlsx - Microsoft Excel

文件 开始 插入 页面布局 公式 数据 审阅 视图

E20 f_x

	A	B	C	D
1	年　份	国内旅游收入/亿元	环比发展速度	定基发展速度
2	2000	3175.5		
3	2001	3522.4	1.11	1.11
4	2002	3878.4	1.10	1.22
5	2003	3442.3	0.89	1.08
6	2004	4710.7	1.37	1.48
7	2005	5285.9	1.12	1.66
8	2006	6229.7	1.18	1.96
9	2007	7770.6	1.25	2.45
10	2008	8749.3	1.13	2.76
11	2009	10183.7	1.16	3.21
12	2010	12579.8	1.24	3.96
13	2011	19305.4	1.53	6.08
14	平均发展速度	1.18		

图 4-5　发展速度和平均发展速度计算结果图

根据上述计算结果可知，2000 ~ 2011 年，我国国内旅游收入的平均发展速度为 118%，即以每年平均增加 18% 的速度发展。

四、计算长期趋势

（一）用移动平均法计算长期趋势

1. 使用 AVERAGE 函数

计算步骤如下：

第一步：数据准备。在 Excel 表格中，在 A 列输入年份，在 B 列输入国内旅游收入。

第二步：计算三项移动平均。在单元格 C3 中输入公式：=（B2 + B3 + B4）/3，并用鼠标拖曳将公式复制到 C4:C12 区域。

第三步：计算五项移动平均。在单元格 D4 中输入公式：=（B2 + B3 + B4 + B5 + B6）/5，并用鼠标拖曳将公式复制到 D5:D11 区域。

相关计算结果如图 4-6 所示。

根据计算结果，可以进一步配合趋势线来进行说明。

第一步：启动折线图绘制。在“插入”菜单中选择“图表”，进一步选择“折线图”。

第二步：启动数据源设置。在“图表区域”内单击鼠标右键，在弹出的快捷菜单中选择“选择数据”。

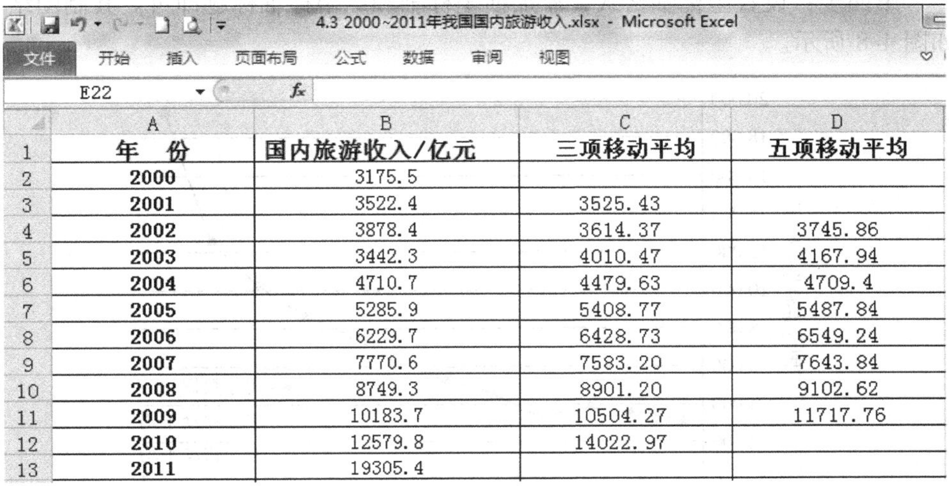

	A	B	C	D
1	年　份	国内旅游收入/亿元	三项移动平均	五项移动平均
2	2000	3175.5		
3	2001	3522.4	3525.43	
4	2002	3878.4	3614.37	3745.86
5	2003	3442.3	4010.47	4167.94
6	2004	4710.7	4479.63	4709.4
7	2005	5285.9	5408.77	5487.84
8	2006	6229.7	6428.73	6549.24
9	2007	7770.6	7583.20	7643.84
10	2008	8749.3	8901.20	9102.62
11	2009	10183.7	10504.27	11717.76
12	2010	12579.8	14022.97	
13	2011	19305.4		

图 4-6　移动平均法计算我国国内旅游收入发展长期趋势

第三步：数据源设置。在弹出的“选择数据源”对话框中，单击“图表数据区域”栏后的按钮，返回到数据表内框选 B2:D13 内的数据，或直接在文本框内输入：=Sheet1！$B$2：$D$13，将“图例项（系列）”内的“系列一”编辑为“实际数据”，“系列二”编辑为“三项移动平均”，“系列三”编辑为“五项移动平均”，单击“水平（分类）轴标签”栏内的“编辑”按钮，在弹出的“轴标签”对话框中设置“=Sheet1！$A$2：$A$13”为轴标签区域。数据源设置如图 4-7 所示。

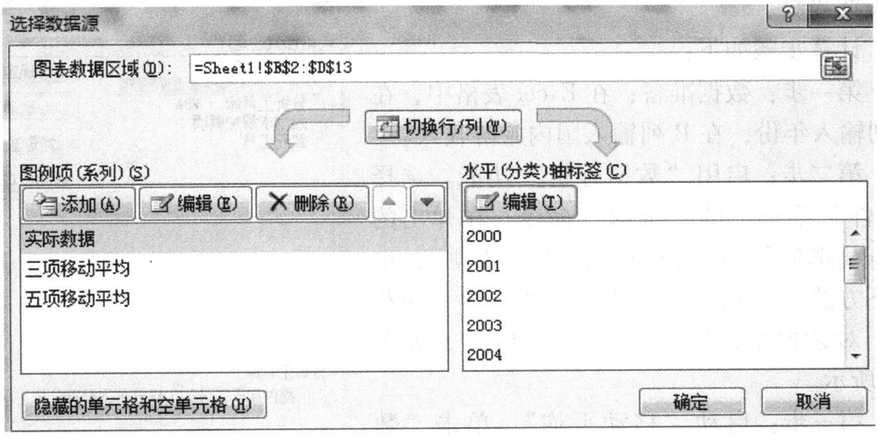

图 4-7　数据源设置图

第四步：设置坐标轴格式，添加横坐标轴和纵坐标轴标题即可。其制图结果如图 4-8 所示。

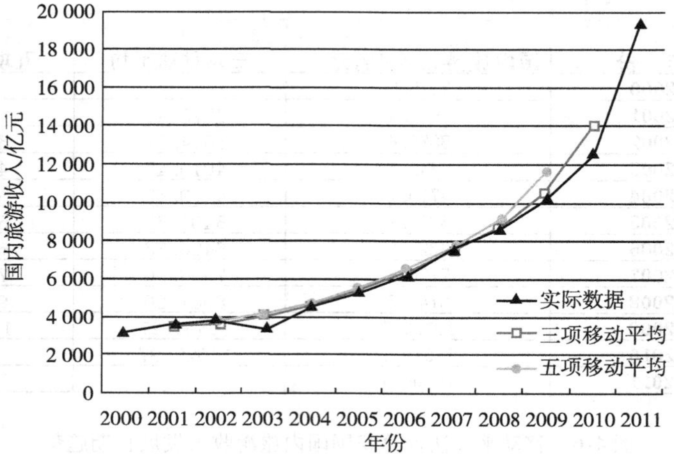

图 4-8　移动平均法趋势线配合图

从图 4-8 可以看出，从 2000 到 2011 年，我国国内旅游收入年际变化是波动的，但三项移动平均和五项移动平均的结果则呈现出明显的逐年增加趋势，而其中又以五项移动平均的趋势线更加平滑，对数据的修匀程度更大些。

2. 使用数据分析工具中的“移动平均”

此外，除了使用 AVERAGE 函数可以逐步计算求得旅游时间数列的长期趋势外，Excel 还提供了“数据分析”工具来更为简单地用移动平均法分析时间数列的长期趋势。

计算步骤如下：

第一步：数据准备：在 Excel 表格中，在 A 列输入年份，在 B 列输入国内旅游收入。

第二步：启用“数据分析”功能。选择“文件”菜单下的“选项”命令，在弹出的“Excel 选项”对话框中选择“加载项”，单击下方的“转到…”按钮，在弹出的“加载宏”对话框中，勾选“分析工具库”，如图 4-9 所示。

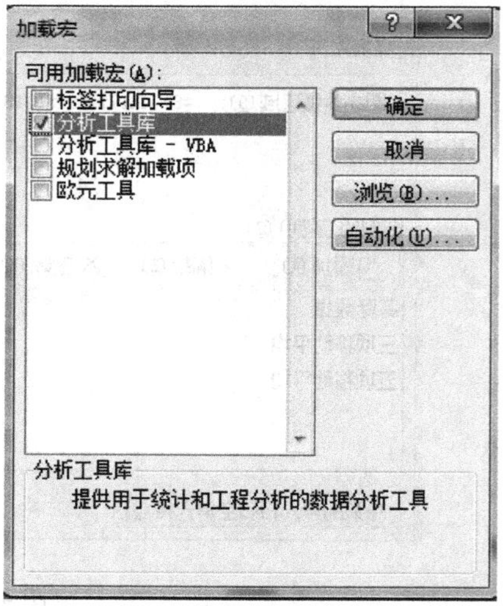

图 4-9　启用“数据分析”功能

第三步：启动“移动平均”。单击“数据”菜单，在其下选择“数据分析”。在弹出的“数据分析”对话框中的“分析工具”

内选择“移动平均”。在弹出的“移动平均”对话框中进行相关设置，如图 4-10 所示。单击“确定”按钮即在指定区域完成对原始数据的三项移动平均计算。其计算结果与使用 AVERAGE 函数计算结果一致。

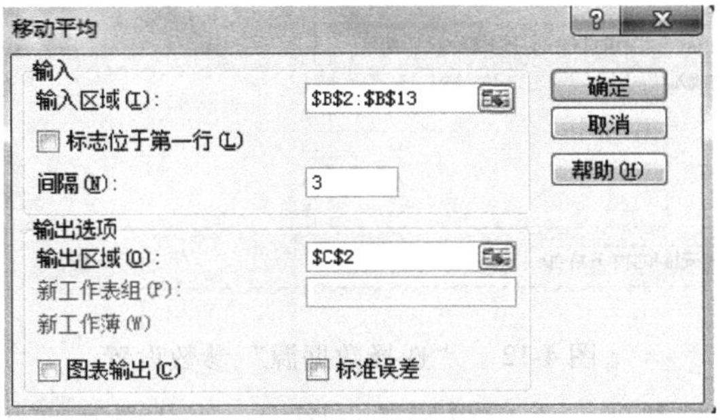

图 4-10　三项移动平均参数设置示意图

其中，“输入区域”文本框中表示原始数据所在的单元格区域，本例为 $B$2：$B$13，该区域没有标志，所以不需要选“标志位于第一行”复选框。在“间隔”文本框中输入移动平均的时间长度。系统默认为 3，如果要进行三项移动平均，则可以省略；如果要进行五项移动平均，就输入数字 5。在“输出区域”文本框中，输入放置计算结果区域左上角的单元格行列号，本例为 $C$2。如果需要在计算移动平均值的同时再计算实际数据的标准差，可以勾选“标准误差”复选框；如果还需要绘制移动平均统计图，可以勾选“图表输出”复选框。

（二）用最小平方法计算长期趋势

在 Excel 中提供了多种方法可以来实现用最小平方法计算长期趋势。以“添加趋势线”法为例进行说明。

实现步骤如下：

第一步：数据准备。在 Excel 表格中，在 A 列输入年份序号，在 B 列输入国内旅游收入，如图 4-11 所示。

第二步：绘制散点图。选择“插入”菜单下的“图表”内的“散点图”。在“图表区域”内单击鼠标右键，在弹出的快捷菜单中选择“选择数据”子菜单；在弹出的“选择数据源”对话框中进行相关设置，如图 4-12 所示。

单击“确定”按钮，生成对应的散点图。

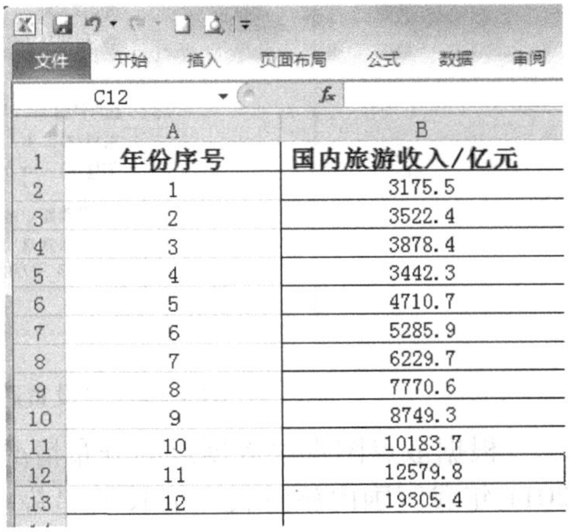

	A	B
1	年份序号	国内旅游收入/亿元
2	1	3175.5
3	2	3522.4
4	3	3878.4
5	4	3442.3
6	5	4710.7
7	6	5285.9
8	7	6229.7
9	8	7770.6
10	9	8749.3
11	10	10183.7
12	11	12579.8
13	12	19305.4

图 4-11　原始数据

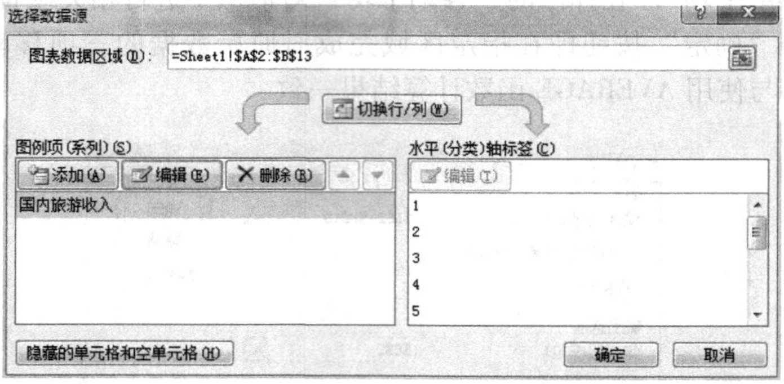

图 4-12 “选择数据源”参数设置

第三步：添加趋势线。在生成的散点图中，单击选中所生成的散点图，鼠标右键单击，在弹出的快捷菜单中选择“添加趋势线（R）…”命令。在弹出的“设置趋势线格式”对话框中进行相关设置，如图 4-13 所示。

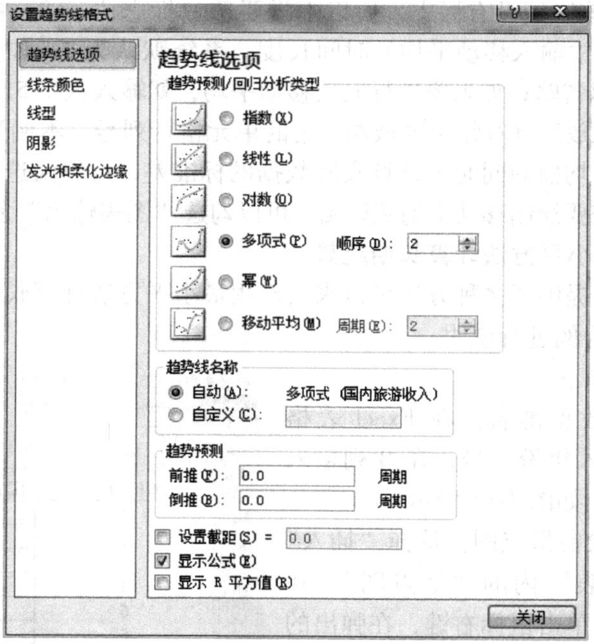

图 4-13 “设置趋势线格式”参数设置

根据散点图观察数据点的分布情况可知，用多项式曲线能更好地描述2000 ~ 2011 年我国国内旅游收入的长期趋势。勾选“显示公式”复选框。其趋势线结果如图 4-14 所示。

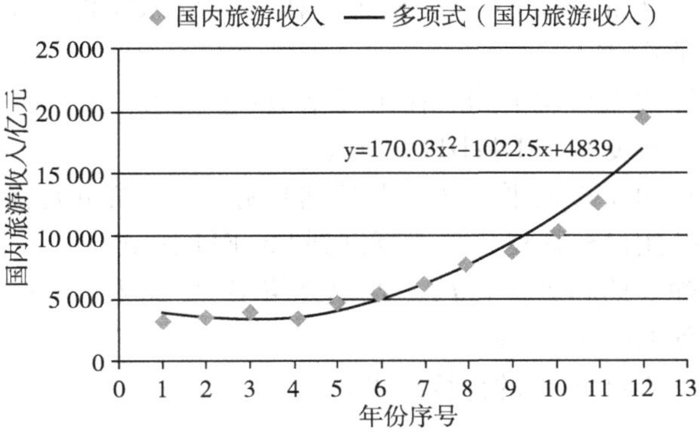

图 4-14 2000～2011 年我国国内旅游收入趋势线

如果原始数据的逐期增长量大体上相等，可考虑选用直线方程来修匀旅游时间数列。此时可以用 Excel 提供的函数“INTERCEPT”（截距）和“SLOPE”（斜率）函数分别进行计算。

五、计算季节变动

为了练习旅游时间数列季节变动的计算，需要补充上述实例中各年的季度数据。此外，为了更简洁地说明其计算过程，仅选用 2005～2007 年的分季度城镇居民国内旅游收入资料进行说明。整理得到如表 4-29 所示数据。

表 4-29 2005～2007 年我国城镇居民国内旅游收入

年 份	季 度	国内旅游收入/亿元
2005	一	842.07
	二	858.37
	三	1015.91
	四	939.78
2006	一	976.63
	二	1040.43
	三	1253.77
	四	1143.91
2007	一	1357.94
	二	1349.28
	三	1346.04
	四	1497.13

第一步：数据准备。在 Excel 表格中，在 A 列输入年份，在 B 列输入季度，在 C 列输入国内旅游收入。

第二步：计算四项移动平均。在单元格 D3 中输入：=SUM（C2：C5）/4，并用鼠标拖曳将公式复制到 D4:D11 区域。

第三步：计算两项移正平均 T（即长期趋势值）。在单元格 E4 中输入：=(D3+D4）/2，并用鼠标拖曳将公式复制到 E5:E11 区域。

第四步：剔除长期趋势（Y/T）。在单元格 F4 中输入：=C4/E4，并用鼠标拖曳将公式复制到 F5:F11 区域。

此时得到如图 4-15 所示的计算结果。

年份	季度	国内旅游收入Y/亿元	四项移动平均	两项移正平均T	趋势值剔除Y/T
2005	一	842.07			
	二	858.37	914.03		
	三	1015.91	947.67	930.85	1.09
	四	939.78	993.19	970.43	0.97
2006	一	976.63	1052.65	1022.92	0.95
	二	1040.43	1103.69	1078.17	0.96
	三	1253.77	1199.01	1151.35	1.09
	四	1143.91	1276.23	1237.62	0.92
2007	一	1357.94	1299.29	1287.76	1.05
	二	1349.28	1387.60	1343.45	1.00
	三	1346.04			
	四	1497.13			

图 4-15　移动平均及趋势值剔除结果

第五步：重新排列 F5:F11 区域中的数字，使同季的数字在同一列上，得到如图 4-16 所示的结果。

	第一季度	第二季度	第三季度	第四季度
2005	0	0	1.09	0.97
2006	0.95	0.96	1.09	0.92
2007	1.05	1.00	0	0

图 4-16　除法剔除长期趋势值结果

第六步：计算 2005～2007 年同季平均数。在单元格 B5 中输入公式：=AVERAGE（B3:B4），在单元格 C5 中输入公式：=AVERAGE（C3:C4），在单元格 D5 中输入公式：=AVERAGE（D2:D3），在单元格 E5 中输入公式：=AVER-

AGE（E2:E3）。

第七步：计算调整系数。在单元格 B6 中输入公式：=4/SUM（B5:E5）。

第八步：计算季节比率。在单元格 B7 中输入公式：=B5＊$B$6，并用鼠标拖曳将公式复制到 C7:E7 区域，就可以得到 2005～2007 年我国城镇居民的国内旅游收入的季节比率，具体结果如图 4-17 所示。

	A	B	C	D	E
1		第一季度	第二季度	第三季度	第四季度
2	2005	0	0	1.09	0.97
3	2006	0.95	0.96	1.09	0.92
4	2007	1.05	1.00	0	0
5	平均	1.00	0.98	1.09	0.95
6	校正系数	0.99358896	0.99358896	0.99358896	0.99358896
7	季节比率	1.00	0.98	1.08	0.94
8					

图 4-17　2005～2007 年我国城镇居民国内旅游收入季节比率

从计算结果可以看出，2005～2007 年三年间，我国城镇居民国内旅游收入在一年四季的分配差异不大，分配相对均衡。

练习题

一、单项选择题

1. 间隔相等的时点数列计算序时平均数应采用（　　）。

A. 几何平均法　　B. 加权算术平均法

C. 简单算术平均法　　D. 首末折半法

2. 时间数列中绝对数数列是基本数列，其派生数列是（　　）。

A. 时期数列和时点数列

B. 绝对数时间数列和相对数时间数列

C. 绝对数时间数列和平均数时间数列

D. 相对数时间数列和平均数时间数列

3. 说明现象在较长时期内发展的总速度的指标是（　　）。

A. 环比发展速度　B. 平均发展速度　C. 定基发展速度　D. 环比增长速度

4. 已知各期环比增长速度为 2%、5%、8% 和 7%，则相应的定基增长速度的计算方法为（　　）。

A. （102%×105%×108%×107%）－100%

B. 102% ×105% ×108% ×107%

C. 2% ×5% ×8% ×7%

D. （2% ×5% ×8% ×7%）-100%

5. 平均发展速度是（　　）。

A. 定基发展速度的算术平均数　　B. 环比发展速度的算术平均数

C. 环比发展速度的几何平均数　　D. 增长速度加上 100%

6. 动态数列的构成要素是（　　）。

A. 变量和次数　　B. 时间和指标数值

C. 时间和次数　　D. 主词和宾词

7. 动态数列中，每个指标数值可以相加的是（　　）。

A. 相对数动态数列　　B. 时期数列

C. 间断时点数列　　D. 平均数动态数列

8. 定基增长速度与环比增长速度的关系是（　　）。

A. 定基增长速度等于相应的各个环比增长速度的算术和

B. 定基增长速度等于相应的各个环比增长速度的连乘积

C. 定基增长速度等于相应的各个环比增长速度加 1 后的连乘积再减 1

D. 定基增长速度等于相应的各个环比增长速度连乘积加 1

9. 按季平均法测定季节比率时，各季的季节比率之和应等于（　　）。

A. 100%　　B. 400%　　C. 120%　　D. 1200%

10. 假定某产品产量 2013 年比 2008 年增加了 35%，则 2013 年比 2008 年的平均发展速度为（　　）。

A. $\sqrt[5]{35\%}$　　B. $\sqrt[6]{35\%}$　　C. $\sqrt[5]{135\%}$　　D. $\sqrt[6]{135\%}$

11. 某饭店 5 年的营业额如下：200 万元，220 万元，250 万元，300 万元，320 万元，则平均增长量为（　　）万元。

A. 120/5　　B. 120/4　　C. $\sqrt[5]{\frac{320}{200}}$　　D. $\sqrt[4]{\frac{320}{200}}$

12. 某城市 2013 年年末有人口 750 万人，有零售业网点 3 万个，则该市的商业网点密度指标是（　　）。

A. 2.5 千人/个　　B. 250 人/个　　C. 0.25 个/千人　　D. 250 个/人

13. 按水平法计算的平均发展速度推算可以使（　　）。

A. 推算的各期水平之和等于各期实际水平之和

B. 推算的期末水平等于实际期末水平

C. 推算的各期定基发展速度等于实际的各期定基发展速度

D. 推算的各期增长量等于实际的逐期增长量

14. 年距增长速度的计算公式是（　　）。

A. 年距增长量÷最初水平　　B. 逐期增长量÷最初水平
C. 逐期增长量÷前期水平　　D. 年距增长量÷上年同期发展水平

15. 动态数列中的发展水平（　　）。
A. 只能是总量指标　　B. 只能是相对指标
C. 只能是平均指标　　D. 上述三种指标均可以

16. 某旅游商品交易市场珍珠项链价格2月份比1月份上升5%，3月份比2月份下降2%，则3月份珍珠项链价格与1月份相比（　　）。
A. 提高2.9%　　B. 提高3%　　C. 下降3%　　D. 下降2%

17. 如果要侧重分析研究现象在各时期的发展水平的累计总和，则计算平均发展速度的方法应该是（　　）。
A. 算术平均法　　B. 调和平均法　　C. 几何平均法　　D. 方程法

18. 下列动态分析指标中一般不取负值的是（　　）。
A. 发展速度　　B. 增长量　　C. 增长速度　　D. 平均增长速度

19. 已知某企业某指标的发展速度为123%，下列说法正确的是（　　）。
A. 说明该现象发展趋势良好
B. 说明该现象发展趋势欠佳
C. 说明该现象增长趋势一般
D. 应根据指标的性质与内容来具体确定其发展趋势的好坏

20. 某种商品的价格周二上涨了10%，周三上涨了5%，两天累计涨幅达（　　）。
A. 15%　　B. 5%　　C. 15.5%　　D. 4.8%

二、多项选择题

1. 下面（　　）是时期数列。
A. 我国近几年来的二类旅行社个数　　B. 我国历年新增星级饭店数
C. 我国历年入境游客接待量　　D. 我国历年黄金储备
E. 某地区国有企业历年资金利税率

2. 定基发展速度和环比发展速度的关系是（　　）。
A. 两者都属于速度指标
B. 相应环比发展速度的连乘积等于定基发展速度
C. 相应定基发展速度的连乘积等于环比发展速度
D. 相邻两个定基发展速度之商等于相应的环比发展速度
E. 相邻两个环比发展速度之商等于相应的定基发展速度

3. 下列（　　）是序时平均数。
A. 某旅行社第一季度平均每月的职工人数
B. 某年某旅游商品各月平均增长量

C. 某星级饭店面包师第四季度人均产量
D. 某商场职工某年月平均人均销售额
E. 某地区近几年出口旅游商品贸易额平均增长速度
4. 时期数列的特点有（　　）。
A. 数列中各个指标数值不能相加
B. 数列中各个指标数值可以相加
C. 数列中每个指标数值的大小与其时间长短无直接关系
D. 数列中每个指标数值的大小与其时间长短有直接关系
E. 数列中每个指标数值，通常是通过连续不断登记而取得的
5. 影响时间数列的因素有（　　）。
A. 长期趋势　　B. 季节变动　　C. 循环变动
D. 非政策因素　　E. 不规则变动
6. 对时间数列进行修匀的方法有（　　）。
A. 间隔扩大法　　B. 移动平均法
C. 拟合方法　　D. 分段平均法
7. 应用移动平均法分析趋势时，应注意（　　）。
A. 移动平均数所取项数多少，应视资料特点而定
B. 移动平均后所得修匀数列的项数较原来项数减少
C. 采用奇数项移动，一次即得修匀值；采用偶数项移动，必须再进行一次两项移动平均，计算二次修匀值，方能使修匀值与原观测值时间对应一致
D. 修匀后的时间数列资料，一般不宜直接用作预测，只有进一步加工后才宜进行预测
E. 以上说法都正确

三、判断改错题

1. 依据间断时点数列计算序时平均数，一般假设相邻时点之间旅游经济现象的发展是均匀的。因此，以此种假设为前提计算的序时平均数只是一个近似值。（　　）

2. 由于定基发展速度等于相应各环比发展速度的连乘积，因此定基增长速度也等于相应各环比增长速度的连乘积。（　　）

3. 某旅行社员工人数 10 年内翻了两番，则表明该旅行社员工人数 10 年内增加了 4 倍。（　　）

4. 旅游时间数列又称旅游动态数列，其常用的分析方法有抽样估计法、构成因素分析法。（　　）

5. 在旅游时间数列中，指标的概念是相对稳定的，而指标数值是不断变化

的。 （ ）

6. 某公司计划五年后某旅游商品销售额增长30%，预计旅游商品销售量增长10%，那么五年后商品销售价格增长20%。 （ ）

7. 某企业某种旅游商品的产量从1994年的50台增加到2013年的250台，即2013年比1994年的产量增长了4倍。倘若该厂决定从1994年起对该产品缩减生产，从50台下降到2013年的10台，则2013年比1994年的产量减少了4倍。 （ ）

8. 旅游时期数列是反映旅游经济现象在各个时期内总量变动情况的统计数列，而旅游时点数列是反映旅游经济现象在各个时点上水平变动情况的统计数列。 （ ）

9. 虽然两个时点之间的间隔长短与指标数值大小没有明显关系，但是在编制旅游时间数列时应该尽可能使得两个时点间的间隔相等。 （ ）

10. 用水平法计算平均发展速度，其值的大小取决于时间数列中各期发展水平的大小。 （ ）

11. 在测定季节变动时，如果时间数列具有明显的长期趋势，而仍然只是使用按季（月）平均法，则计算出的季节指数不够准确。 （ ）

四、计算题

1. 某旅行社某年9月末有职工250人，10月上旬的人数变动情况是：10月4日新招聘12名大学生上岗，6日有4名职工退休离岗，8日有3名青年职工应征入伍，同日又有3名职工辞职离岗，9日招聘7名营销人员上岗。试计算该旅行社10月上旬的平均在岗人数。

2. 某五星级酒店2014年部分月份的库存额如表4-30所示。

表4-30 某五星级酒店2014年部分月份的库存额

日 期	1月1日	2月1日	3月1日	4月1日	5月1日	6月1日	7月1日
库存额/万元	500	480	450	520	550	600	580

要求：

（1）具体说明这个时间序列属于哪一种时间序列。

（2）分别计算该五星级酒店2014年第一季度和上半年的平均库存额。

3. 2008～2013年某旅行社职工人数和导游人数如表4-31所示。

表4-31 2008～2013年某旅行社职工人数和导游人数

日 期	2008	2009	2010	2011	2012	2013
年末职工人数/人	1000	1020	1083	1120	1218	1425
年末导游人数/人	50	50	52	60	78	82

试计算 2009 ~2013 年该旅行社导游人数占全部职工人数的平均比重。

4. 某地区 2009 ~2013 年国内旅游收入总值数据如表 4-32 所示。

表 4-32　某地区 2009 ~2013 年国内旅游收入总值数据

年份		2009	2010	2011	2012	2013
国内旅游收入总值/万元		40.9		68.5	58	
发展速度（%）	环比	—				
	定基	—				151.3
增长速度（%）	环比	—	10.3			
	定基	—				

要求：

（1）计算并填写列表中所缺数字。

（2）计算该地区 2009 ~2013 年的平均国内旅游收入总值。

（3）计算 2009 ~ 2013 年国内旅游收入总值的平均发展速度和平均增长速度。

5. 某公司 2003 ~2013 年某旅游商品销售额如表 4-33 所示。

表 4-33　某公司 2003 ~2013 年某旅游商品销售额

年份	2003	2004	2005	2006	2007	2008
销售额/万元	80	83	87	89	95	101
年份	2009	2010	2011	2012	2013	
销售额/万元	107	115	125	134	146	

试应用最小平方法配合直线趋势，计算各年的趋势值，并预测 2015 年的销售额。

6. 某旅游纪念品商场旅游商品零售量如表 4-34 所示。

表 4-34　某旅游纪念品商场旅游商品零售量

年份 \ 月份	1	2	3	4	5	6	7	8	9	10	11	12
2010	10	17	41	64	111	225	203	89	42	23	16	12
2011	16	20	58	90	139	235	198	96	53	28	16	17
2012	15	23	66	91	148	253	240	127	78	50	25	19
2013	16	23	69	96	155	265	250	132	81	52	26	20

要求：

（1）用按月平均法计算旅游商品零售量的季节比率。

（2）用移动平均法计算剔除长期趋势影响后的季节比率。

7. 某企业2010年第三、第四季度至2014年第一、第二季度4年16个季度的某产品销售量资料如表4-35所示。

表4-35 某产品销售量

季度		季度顺序	销售量/千件
2010年	三	1	13
	四	2	18
2011年	一	3	5
	二	4	8
	三	5	14
	四	6	18
2012年	一	7	6
	二	8	10
	三	9	16
	四	10	22
2013年	一	11	8
	二	12	12
	三	13	19
	四	14	25
2014年	一	15	15
	二	16	17

要求：

（1）计算该产品季销售量的季节比率。

（2）销售量的趋势拟合方程为：$y_c = 7.42 + 0.85t$，式中，t为季度，2010年第二季度为方程原点，y_c为销售估计值。预测2015年剔除季节因素后各季的销售量。

第五章

旅游统计指数

第一节 旅游统计指数的基本问题

一、旅游统计指数的概念

统计指数起源于18世纪中叶的物价指数，迄今已有近三百年的历史了。旅游统计指数是指一切与旅游经济现象相关的统计指数。广义的旅游统计指数是指一切说明旅游经济现象数量变动或差异程度的相对数，如动态相对数、比较相对数、计划完成相对数等。狭义的旅游统计指数是一种特殊的相对数，即专指不能直接相加和对比的复杂旅游经济现象综合变动程度的相对数。例如，旅游商品零售价格指数是说明全部旅游零售商品价格总变动的相对数，旅游商品产量指数是说明一定范围内全部旅游商品实物量总变动的相对数等。本章主要介绍的是狭义的旅游统计指数。

二、旅游统计指数的性质与作用

（一）旅游统计指数的性质

1. 综合性

同一旅游经济现象总体中各项目变化的情况往往很悬殊，如果要反映所研究旅游经济现象的综合变化程度，就必须综合概括每个商品中这一现象变化的大小和方向，而不能只简单地反映个别商品这一现象的变化，因此旅游统计指数实质上是一种综合性的指数。

2. 代表性

旅游统计指数既然是所研究旅游经济现象中每个项目变动的综合反映，按理就应包含所有项目。然而，同一旅游经济现象所包含的项目品种繁多，例如，全社会的旅游商品数以千万计，不可能将所有项目一一列入计算范围，只能选取有代表性的商品进行计算。

3. 相对性

旅游统计指数是某一旅游经济现象在不同时期的两个数值进行对比的结果，常以相对数或比率形式表示，用来表明旅游经济现象发展变化的程度。因此旅游统计指数是一种相对的指数。

4. 平均性

由于不同个体的变动是参差不齐的，旅游统计指数所反映的总体的变动只能是一种平均意义上的变动，即表示不同个体变动的一般程度。例如，旅游商品价格指数当月与上月相比上涨了1.2%，表示平均来说所有参与指数编制的旅游商品的平均价格当月比上月上涨了1.2%，但可能有的旅游商品价格上涨，有的下跌，其变动幅度可能高于1.2%，也可能低于1.2%，还有可能有的旅游商品价格保持不变。

（二）旅游统计指数的作用

1. 综合反映旅游经济现象总体变动方向及变动程度

这是旅游统计指数最重要的作用。在旅游经济现象中，存在着大量不能直接加总或不能直接对比的复杂总体，为了反映和研究它们的变动方向和变动程度，只能通过编制旅游统计指数才能得到解决。旅游统计指数一般是用百分数来表示的相对数，这个百分数大于或者小于100%，反映旅游经济现象总体数量上升或下降的变动方向；比100%大多少或小多少，则反映旅游经济现象上升或下降的程度是多少。例如，某地区本年度与上年度相比，旅游商品零售价格指数为102.8%，说明该地区多种旅游商品零售价格总的来说上涨了，且上涨幅度是2.8%。

2. 分析和测定旅游经济现象总体变动中各相关因素的影响方向和影响程度

旅游经济现象总体中有多种总量指标，各总量指标通常包含着多个影响因素。例如，旅游商品销售额=旅游商品销售量×旅游商品单位价格（一个总量指标受两个因素影响），分别编制旅游商品销售量指数和旅游商品单位价格指数，可以分析销售量和销售价格的变动对销售额变动的影响方向和影响程度。

3. 研究旅游经济现象总体的长期变动趋势

运用指数可以对多指标变动进行综合分析。许多旅游经济现象都需要用多指标构成的指标体系进行系统的描述和多角度的分析，为了在数量上对多个指标的变动程度和差异程度进行综合的测定和评判，也常运用指数。例如，根据1994～2013年共20年的旅游商品零售价格资料，编制19个环比指数，从而构成价格指数时间数列，这样就可以揭示旅游商品零售价格的变动趋势，研究价格变动对旅游业发展和旅游者的影响程度。

此外，利用旅游统计指数还可以评价一个地区或单位的旅游经济效益、计划执行、技术进步等方面的情况和问题。

三、旅游统计指数的分类

按照研究目的和要求的不同，旅游统计指数可以作如下各种分类：

（一）按照研究现象的范围不同，分为旅游个体指数、旅游类（组）指数和旅游总指数

1. 旅游个体指数

旅游个体指数是指反映个别旅游经济现象变动情况的指标，也叫单项指数。例如，反映某一种旅游商品价格变动情况的个体价格指数、反映某一种旅游商品产量变动情况的个体产量指数，以及个体销售量指数、个体成本指数等。

2. 旅游总指数

旅游总指数是指反映多种旅游经济现象综合变动情况的指标。例如，说明多种旅游商品价格综合变动情况的旅游商品零售价格指数，说明多种旅游商品生产量综合变动的旅游商品生产指数，以及旅游商品销售量总指数、旅游商品成本总指数等。

3. 旅游类（组）指数

有时为了研究需要，介于旅游个体指数与旅游总指数之间还需编制旅游类（组）指数。其编制方法与总指数相同。

（二）按照指标的性质不同，分为旅游数量指标指数和旅游质量指标指数

1. 旅游数量指标指数

旅游数量指标指数说明旅游经济现象总体规模和水平的变动情况。例如，旅行社职工人数指数、旅游商品产量指数、旅游商品销售量指数等。

2. 旅游质量指标指数

旅游质量指标指数说明旅游经济现象总体内涵质量的变动情况。例如，旅游商品物价指数、劳动生产率指数等。

（三）按照编制方法的不同，分为旅游综合指数、旅游平均指标指数和旅游平均指标对比指数

1. 旅游综合指数

通过同度量因素，将不能同度量的旅游经济现象指标过渡到可以同度量的指标，然后再对比而求得的指数，称为旅游综合指数。

2. 旅游平均指标指数

对旅游个体指数加权平均计算而求得的指数，称为旅游平均指标指数。

3. 旅游平均指标对比指数

由两个不同时期旅游平均指标对比形成的指数，称为旅游平均指标对比

指数。

（四）按照指数所说明因素的多少，分为旅游两因素指数和旅游多因素指数

1. 旅游两因素指数

旅游两因素指数反映两个因素构成的总体的变动情况。

2. 旅游多因素指数

旅游多因素指数反映由三个或三个以上因素构成的总体的变动情况。

（五）按照采用基期的不同，分为旅游定基指数和旅游环比指数

1. 旅游定基指数

旅游定基指数即在一个指数数列中的各个旅游指数都以某一固定时期作为基期。

2. 旅游环比指数

旅游环比指数即在一个指数数列中的各个旅游指数都以前一期作为基期。

第二节 旅游综合指数

一、旅游综合指数的概念和特点

旅游综合指数是用综合法对总体各部分数值进行对比而计算的指数，用来反映旅游经济现象总体的动态变化。其主要特点是通过两个不同时期的总量指标的对比来反映旅游经济现象的动态变化。这种反映总体动态变化的指标又可以进一步分为两种：一种是由总体内部各单位的标志值所构成的指标，例如价格、成本、工资、劳动生产率等，这类指标反映旅游经济现象总体内涵方面的变动，称为旅游质量指标，反映这类指标动态变化的指数，称为旅游质量指标指数；另一种是由总体的单位数目或结构所形成的指标，这类指标反映旅游经济现象总体规模的变动，称为旅游数量指标，反映这类指标动态变化的指数，称为旅游数量指标指数。这两类指数都可以用旅游综合指数来计算和分析，下面分别进行介绍。

依据“先综合、后对比”的方式编制旅游综合指数的基本程序是：首先加总个别旅游经济现象的指数化指标，然后通过综合对比得到旅游总指数。由于复杂旅游经济现象总体的指数化指标是不同度量（不能直接加总）的，因此必须寻找一个适当的媒介因素，使其转化为同度量（可以加总）的形式。那么应该通过什么媒介因素，使指数化指标转化为何种同度量的形式呢？解决这类问题有一般的规律可循。

现在就以各种旅游商品的销售情况为例来说明。不同旅游商品的价格和销售量都不能直接加总，它们都是不同度量的现象。然而每种旅游商品的单价与其销售量的乘积，即该种旅游商品的销售额却是同度量的，而且不受计量单位的影响。从分析的角度看，旅游商品销售额的变化又恰好反映了价格涨跌和销售量增减的影响。因此在编制多种旅游商品的价格总指数时，就可以通过销售量这个媒介因素将指数化指标（价格）转化为同度量的销售额形式；同样，在编制多种旅游商品的销售量总指数时，则可以通过价格这个媒介因素将指数化指标（销售量）转化为同度量的销售额形式。这就解决了不同旅游商品价格或销售量不能直接加总的问题。

指数理论中把不能直接相加总的现象通过乘以某一因素后变为可加，那么这个因素就称为同度量因素。显然，对于上面所提到的旅游商品价格和销售量两个指标，当指数化指标为旅游商品价格时，销售量就成为旅游商品价格的同度量因素；反之，当指数化指标为旅游商品销售量时，旅游商品价格则成为销售量的同度量因素。事实上，同度量因素在指数中有两个重要作用：一是同度量作用；二是权数作用。

依据旅游综合指数的定义，当同度量的因素确定后，还需要明确的是同度量因素到底是固定在基期还是报告期。从指数理论角度看，无论是将同度量因素固定在基期还是报告期，都有一定的道理，由此便产生了不同的指数。

二、旅游数量指标综合指数的编制

（一）旅游数量指标综合指数公式的建立

旅游数量指标综合指数是综合说明旅游经济现象数量指标变化的动态相对数，简称数量指数。常见的有旅游商品销售量指数、旅游产品产量指数等。由于旅游商品销售量是一个数量指标，下面就以旅游商品销售量为例来研究一下旅游数量指标综合指数的编制方法。

例如，某旅游纪念品超市三种旅游商品的销售量和单位价格如表 5-1 所示。

表 5-1　某旅游纪念品超市三种旅游商品的销售量和单位价格

商品名称	计量单位	销售量		价格/元	
		基期（q_0）	报告期（q_1）	基期（p_0）	报告期（p_1）
甲	件	480	600	25	25
乙	千克	500	600	40	36
丙	米	200	180	50	70

注：q——数量（生产量、销售量）；p——质量（商品价格）；下标 1——报告期；下标 0——基期。

用 k 代表个体指数，计算三种旅游商品销售量的个体指数，可得

$$k_{甲}=\frac{q_1}{q_0}=\frac{600\text{ 件}}{480\text{ 件}}=125\%$$

$$k_{乙}=\frac{q_1}{q_0}=\frac{600\text{kg}}{500\text{kg}}=120\%$$

$$k_{丙} = \frac{q_1}{q_0} = \frac{180\text{m}}{200\text{m}} = 90\%$$

计算结果表明，甲商品的销售量增加了 25%，乙商品增加了 20%，丙商品减少了 10%。

但旅游商品销售量指数是反映多种商品销售量变化的总指数，并非某种具体旅游商品的个体指数。因此，在编制旅游商品销售量指数时，还需要解决以下几个问题：

第一，各旅游商品的度量单位各不相同（不同度量），它们的商品销售量无法直接相加。例如，表 5-1 中，三种商品的度量单位分别为件、千克、米。这三种商品的销售量是无法直接加总的。

第二，选择什么样的同度量因素，可以使不能直接加总的指标过渡到能够加总的指标。将各个商品销售量乘以商品单位价格就可以得到商品的销售额，即

商品销售量 × 商品单位价格 = 商品销售额

这里，商品单位价格即是商品销售量的同度量因素，它起着媒介的作用，将不能直接相加的商品销售量过渡到能够相加的商品销售额。

第三，为了说明旅游商品销售量的变动，同度量因素必须使用同一时期的，即假定两个时期的旅游商品销售额是按同一个时期的商品单位价格计算的。用公式表示就是

$$\overline{K_q} = \frac{\sum q_1 p}{\sum q_0 p}$$

式中 $\overline{K_q}$ ——销售量综合指数；

p ——同一时期的价格；

q_1 ——报告期销售量；

q_0 ——基期销售量。

第四，同度量因素（旅游商品价格）用哪一时期的，是报告期、基期还是用其他某一时期的价格？使用不同时期的同度量因素会得到不同的结果，具有不同的经济意义。那么，三种同度量因素究竟用哪种为好呢？对于这个问题统计学界迄今为止没有统一的看法和主张，因而就产生了采用不同时期的同度量因素的各种指数公式。

（二）将同度量因素固定在基期

在编制数量指标综合指数时，将同度量因素固定在基期是由德国经济统计学家拉斯佩雷斯（Laspeyres）于 1864 年首先提出来的，故统计学上将其称为拉氏物量指标指数。同时由于该指数是将同度量因素固定在基期，所以通常又称为“基期加权综合指数”。拉氏物量指标指数计算公式为

$$\overline{K_q}=\frac{\sum q_1 p_0}{\sum q_0 p_0}$$

式中　$\overline{K_q}$——商品销售量综合指数；

p_0——基期价格；

q_0——基期销售量；

q_1——报告期销售量。

仍然以表 5-1 中的数据为例，拉氏物量指标指数计算如表 5-2 所示。

表 5-2　某旅游纪念品超市三种旅游商品的拉氏物量指标指数计算表

商品名称	计量单位	销售量		价格/元		$q_0 p_0$/元	$q_1 p_0$/元
		基期（q_0）	报告期（q_1）	基期（p_0）	报告期（p_1）		
甲	件	480	600	25	25	12 000	15 000
乙	千克	500	600	40	36	20 000	24 000
丙	米	200	180	50	70	10 000	9000
合计	—					42 000	48 000

$$\overline{K_q}=\frac{\sum q_1 p_0}{\sum q_0 p_0}=\frac{48\ 000\ 元}{42\ 000\ 元}=114.29\%$$

$$\sum q_1 p_0-\sum q_0 p_0=48\ 000\ 元-42\ 000\ 元=6000\ 元$$

计算结果表明，旅游商品销售量综合指数为 114.29%。

旅游商品销售量综合指数的经济内容十分明显，它是两个旅游商品销售额之比，两个旅游商品销售额的数值不同只有一个原因，即各种旅游商品的销售量不同。因此，这个公式及其计算结果说明了以下问题：

（1）多种旅游商品销售量综合变动的方向和程度。上例中有三种旅游商品，销售量有增有减，程度不同，但总的来说，旅游商品销售量增长了 14.29%。

（2）旅游商品销售量变动对旅游商品销售额变化的影响程度。上例中旅游商品销售量增长了 14.29%，也就是说，旅游商品销售量的增长使旅游商品销售额增加了 14.29%。

（3）分子和分母相减的差额说明由于旅游商品销售量变动对旅游商品销售额绝对值的影响。上例中差额为 6000 元，即该超市由于旅游商品销售量增加使旅游商品销售额增加了 6000 元。

（三）将同度量因素固定在报告期

在编制数量指标综合指数时，除了可以将同度量因素固定在基期，还可以将同度量因素固定在报告期。这一方法是由德国另一位经济统计学家派斯切

(Peasche)于1874年提出来的，因此统计学上将其称为派氏物量指标指数公式。同时由于该指数是将同度量因素固定在报告期，所以通常又称为“报告期加权综合指数”。派氏物量指标指数计算公式为

$$\overline{K_q} = \frac{\sum q_1 p_1}{\sum q_0 p_1}$$

仍然以表5-1中的数据为例，派氏物量指标指数计算形式如表5-3所示。

表5-3 某旅游纪念品超市三种旅游商品的派氏物量指标指数计算表

商品名称	计量单位	销售量		价格/元		$q_1 p_1$/元	$q_0 p_1$/元
		基期（q_0）	报告期（q_1）	基期（p_0）	报告期（p_1）		
甲	件	480	600	25	25	15 000	12 000
乙	千克	500	600	40	36	21 600	18 000
丙	米	200	180	50	70	12 600	14 000
合计	—					49 200	44 000

$$\overline{K_q} = \frac{\sum q_1 p_1}{\sum q_0 p_1} = \frac{49\ 200\text{ 元}}{44\ 000\text{ 元}} = 111.81\%$$

$$\sum q_1 p_1 - \sum q_0 p_1 = 49\ 200\text{ 元} - 44\ 000\text{ 元} = 5200\text{ 元}$$

计算结果，旅游商品销售量综合指数为111.81%。

用两个指数公式计算所得到的结果不同，那么实践中究竟采用哪一个公式呢？这是由实际资料和分析研究目的来确定的。由于销售量指数在于测定各种旅游商品销售量的总变动，应该只反映其纯变动。如果用派氏公式计算，即同度量因素固定在报告期，虽然价格被固定在报告期不变，但销售额之比却是按报告期价格计算的，其中已包含了价格的变动影响在内。因此用这个公式计算的销售量指数就达不到单纯测定销售量变动的目的。采用拉氏公式，即将同度量因素固定在基期，按原有价格水平测定销售量的变动，符合销售量指数计算的真正要求。实践中，国内外统计学界较为一致的做法是在计算数量指标综合指数时，用拉式物量指标指数公式来计算，即采用基期的质量指标作为同度量因素。

三、旅游质量指标综合指数的编制

（一）旅游质量指标综合指数公式的建立

旅游质量指标综合指数是综合说明质量指标变化的动态相对数，简称质量指数。常见的有商品价格指数、劳动生产率指数、旅游商品成本指数等。由于旅游商品价格是一个质量指标，下面就以旅游商品价格为例来研究一下旅游质量指标综合指数的编制方法。仍使用表5-1的数据。

根据表 5-1 的资料，如果计算三种旅游商品价格的个体指数，按照前述方法计算可得

$$k_{甲}=\frac{p_1}{p_0}=\frac{25\text{ 元}}{25\text{ 元}}=100\%$$

$$k_{乙}=\frac{p_1}{p_0}=\frac{36\text{ 元}}{40\text{ 元}}=90\%$$

$$k_{丙}=\frac{p_1}{p}=\frac{70\text{ 元}}{50\text{ 元}}=140\%$$

计算结果表明，甲商品价格保持不变，乙商品价格降低 10%，丙商品价格提高 40%。

现在要说明三种旅游商品价格总的变动情况，即计算价格综合指数。与旅游数量指标综合指数编制方法相同，由于旅游商品价格不能直接加总，需要找到同度量因素，根据前述公式，旅游商品价格指数要以旅游商品销售量为同度量因素。

同时，为了说明旅游商品价格的总体变动，同度量因素必须固定在同一时期，即假定两个时期的旅游商品价格是按同一个时期的旅游商品销售量计算的。用公式表示就是

$$\overline{K_p}=\frac{\sum p_1 q}{\sum p_0 q}$$

式中 $\overline{K_p}$——商品价格综合指数；

q——同一时期的销售量；

p_1——报告期商品价格；

p_0——基期商品价格。

同度量因素（销售量）用哪一时期的，报告期、基期还是其他某个时期的销售量？使用不同时期的同度量因素会得到不同的结果，具有不同的经济内容。那么，三种同度量因素究竟用哪种好呢？对于这个问题统计学术界一向有不同的看法和主张，因而就产生了采用不同同度量因素的各种质量指标综合指数公式。

（二）将同度量因素固定在基期

德国经济统计学家拉斯佩雷斯于 1864 年首先提出来使用基期数量指标作为同度量因素，故统计学上将其称为拉氏质量指标指数。拉氏质量指标指数公式为

$$\overline{K_p}=\frac{\sum p_1 q_0}{\sum p_0 q_0}$$

式中 $\overline{K_p}$——商品价格综合指数；

p_0——基期价格；

p_1 ——报告期价格；

q_0 ——基期销售量。

仍然以表5-1中的数据为例，拉氏质量指标指数计算如表5-4所示。

表5-4 某旅游纪念品超市三种旅游商品的拉氏质量指标指数计算表

商品名称	计量单位	销售量		价格/元		p_1q_0/元	p_0q_0/元
		基期（q_0）	报告期（q_1）	基期（p_0）	报告期（p_1）		
甲	件	480	600	25	25	12 000	12 000
乙	千克	500	600	40	36	18 000	20 000
丙	米	200	180	50	70	14 000	10 000
合计	—					44 000	42 000

$$\overline{K_p}=\frac{\sum p_1q_0}{\sum p_0q_0}=\frac{44\ 000\text{元}}{42\ 000\text{元}}=104.76\%$$

$$\sum p_1q_0-\sum p_0q_0=44\ 000\text{元}-42\ 000\text{元}=2000\text{元}$$

结果表明，在三种旅游商品的销售量保持不变的情况下，由于商品价格的变化，报告期的销售额比基期的销售额高出4.76%；分子与分母的差额表示旅游者在维持原有旅游水平的情况下，报告期比基期多支出2000元。

（三）将同度量因素固定在报告期

在编制旅游质量指标综合指数时，除了可以将同度量因素固定在基期外，还可以将同度量因素固定在报告期。这一方法是由德国另一位经济统计学家派斯切于1874年提出来的，故统计学上将其称为派氏质量指标指数公式。派氏质量指标指数公式为

$$\overline{K_p}=\frac{\sum p_1q_1}{\sum p_0q_1}$$

仍然以表5-1中的数据为例，派氏质量指标指数计算如表5-5所示。

表5-5 某旅游纪念品超市三种旅游商品的派氏质量指标指数计算表

商品名称	计量单位	销售量		价格/元		p_1q_1/元	p_0q_1/元
		基期（q_0）	报告期（q_1）	基期（p_0）	报告期（p_1）		
甲	件	480	600	25	25	15 000	15 000
乙	千克	500	600	40	36	21 600	24 000
丙	米	200	180	50	70	12 600	9000
合计	—					49 200	48 000

$$\overline{K_p} = \frac{\sum p_1 q_1}{\sum p_0 q_1} = \frac{49\ 200\text{ 元}}{48\ 000\text{ 元}} = 102.5\%$$

$$\sum p_1 q_1 - \sum p_0 q_1 = 49\ 200\text{ 元} - 48\ 000\text{ 元} = 1200\text{ 元}$$

结果表明，报告期的销售额比基期的销售额高出 2.5%；分子与分母的差额表示旅游者在维持原有旅游水平的情况下，由于商品价格的上涨，报告期比基期多支出 1200 元。

同理，如果在价格指数中选取报告期销售量作为同度量因素，其计算结果同时包含了销售量和价格两个因素变动的影响。

综上所述，无论是计算旅游数量指标综合指数，还是计算旅游质量指标综合指数，如果选择报告期作为同度量因素，都将在结果中包含同度量因素变动的影响。因此，从这个观点出发，应当承认在综合指数计算中以采用基期指标作为同度量因素为好。但也不能因此就认为报告期指标作为同度量因素的综合指数计算公式都不能用。因为除了上面考虑的因素之外，有时还要考虑研究的目的、现有资料的问题以及其他问题，所以用报告期指标作为同度量因素的综合指数计算公式，在某些情况下还是可以的。

第三节　旅游平均指标指数

一、旅游平均指标指数的概念

旅游综合指数的计算方法简便，意义明确，但它的计算必须具备两个前提条件：第一，要有全面的原始资料；第二，要有对应的、不同时期、不同指标属性的资料。只有这样才能把不同度量单位的变量转化为可相加的总量指标。然而事实上，如果研究的范围很大、包括的产品种类很多，要取得这些资料是非常不容易的，因此这就为实际运用带来了困难。基于上述考虑，实践中编制旅游总指数往往采用另一种形式——旅游平均指标指数。

旅游平均指标指数是采用先对比后平均的方式编制的总指数，是总指数的另一种基本形式。旅游个体指数反映单个事物的变动程度，旅游总指数反映多个个体的总体变动程度。但总变动程度不是各个个体变动程度的总和，而是它们的一般水平。通过对旅游个体指数加权平均求旅游总指数，可以反映复杂旅游经济现象总体的综合变动。

旅游平均指标指数的编制流程如下：

（1）计算出复杂旅游经济现象总体中个别现象的个体指数。

（2）选择与所编制的指数密切关联的价值量指标作为权数，对旅游个体指数进行加权平均。

在具体编制过程中还要考虑两个基本问题：一个是权数的选择；另一个是对旅游个体指数进行平均时各种不同的平均数形式的选择。根据平均指数的“权数”和“形式”的选择可以形成不同的方案，常用的旅游平均指数可以分为加权算术旅游平均数指数和加权调和旅游平均数指数。

二、加权算术旅游平均数指数

加权算术旅游平均数指数是以旅游个体指数为变量，以一定时期的总值指标为权数，通过对旅游个体指数加权算术平均来计算旅游总指数的一种方法。加权算术旅游平均数指数一般采用基期总值指标作为权数，个体数量指数作为变量，用来编制旅游数量指标指数。其公式为

$$\overline{K_q} = \frac{\sum k_q p_0 q_0}{\sum p_0 q_0} = \frac{\sum \frac{q_1}{q_0} p_0 q_0}{\sum p_0 q_0} = \frac{\sum p_0 q_1}{\sum p_0 q_0}$$

式中　k_q ——个体数量指数；

$p_0 q_0$ ——基期总值指标。

以 $p_0 q_0$ 为权数的个体数量指标指数的加权算术平均数等于数量指标综合指数。

现将表 5-1 的资料改成表 5-6。

表 5-6　某旅游纪念品超市三种商品加权算术平均数指数计算表

商品名称	销售量个体指数 $k_q = q_1/q_0$	基期销售额/元
甲	1.25	12 000
乙	1.20	20 000
丙	0.90	10 000
合计	—	42 000

利用加权算术旅游平均数指数计算公式，计算销售量综合指数为

$$\overline{K_q} = \frac{\sum k_q p_0 q_0}{\sum p_0 q_0}$$

$$= \frac{1.25 \times 12\,000\text{元} + 1.20 \times 20\,000\text{元} + 0.9 \times 10\,000\text{元}}{42\,000\text{元}}$$

$$= \frac{48\,000\text{元}}{42\,000\text{元}} = 114.29\%$$

$$\sum k_q p_0 q_0 - \sum p_0 q_0 = 48\,000\text{元} - 42\,000\text{元} = 6000\text{元}$$

这个计算结果和用拉氏综合指数计算的结果完全一致。由此可见，当编制综合指数时如果只掌握了个体数量指数和基期总量资料，运用加权算术旅游平均数指数公式编制总指数更加方便。

三、加权调和旅游平均数指数

类似地，加权调和旅游平均数指数也是以个体指数为变量，以一定时期的总值为权数，对个体指数进行加权调和平均计算的总指数。在通常情况下，加权调和旅游平均数指数多采用报告期总值指标作为权数，个体质量指标作为变量，用来编制质量指标指数。其公式为

$$\overline{K_p} = \frac{\sum p_1 q_1}{\sum \frac{1}{k_p} p_1 q_1} = \frac{\sum p_1 q_1}{\sum \frac{p_0}{p_1} p_1 q_1} = \frac{\sum p_1 q_1}{\sum p_0 q_1}$$

式中　k_p ——个体质量指数；

$p_1 q_1$ ——报告期总值指标。

现将表 5-1 的资料改成表 5-7。

表 5-7　某旅游纪念品超市三种商品加权调和平均数指数计算表

商品名称	商品价格个体指数 $k_p = p_1 / p_0$	报告期销售额/元
甲	1.00	15 000
乙	0.90	21 600
丙	1.40	12 600
合计	—	49 200

利用加权调和旅游平均数指数计算公式，计算价格指数为

$$\overline{K_p} = \frac{\sum p_1 q_1}{\sum \frac{1}{k_p} p_1 q_1}$$

$$= \frac{49\ 200\text{ 元}}{\frac{1}{1.00} \times 15\ 000\text{ 元} + \frac{1}{0.90} \times 21\ 600\text{ 元} + \frac{1}{1.40} \times 12\ 600\text{ 元}}$$

$$= \frac{49\ 200\text{ 元}}{48\ 000\text{ 元}} = 102.5\%$$

$$\sum p_1 q_1 - \sum \frac{1}{k_p} p_1 q_1 = 49\ 200\text{ 元} - 48\ 000\text{ 元} = 1200\text{ 元}$$

利用加权调和旅游平均数指数公式计算的价格指数，与运用派氏综合指数计

算的价格指数，在经济内容和实际意义上是一致的。由此可见，当已知商品个体质量指数及报告期总值指标时，用加权调和旅游平均数指数来计算总指数更加方便。

第四节 旅游平均指标对比指数

一、旅游平均指标对比指数的概念

两个旅游平均指标指数在不同时间上对比所得到的相对数就称为旅游平均指标对比指数。旅游平均指标对比指数的一般公式可以表示为

$$k = \frac{\overline{x_1}}{\overline{x_0}}$$

式中 $\overline{x_1}$——报告期某一旅游经济量的平均指标；

$\overline{x_0}$——基期某一旅游经济量的平均指标。

常见的旅游平均指标对比指数有平均工资指数、平均劳动生产率指数、平均旅游商品成本指数等。

本节主要讨论的是如何对旅游平均指标对比指数进行分解，以及如何分析分解后计算所得的结果。

二、旅游平均指标对比指数的分解

第三章曾提到加权算术平均数受到两个因素的影响：变量和权数，据此可以对加权算术平均数进行如下分解：

$$\bar{x} = \frac{\sum xf}{\sum f} = \sum x \cdot \frac{f}{\sum f}$$

即

加权算术平均数 = 变量 × 权数比率

两个时期的加权算术平均数进行对比时，仍然受到变量和权数比率这两个因素的影响。而旅游平均指标对比指数正是两个不同时间上的旅游平均指标指数对比的结果。因此，对旅游平均指标对比指数的分解，也就是把变量和权数比率这两个影响因素分开，进而编制两个独立的指数。

本章第二节曾分析得到：确定指数公式的首要关键问题是如何确定同度量因素。然而事实上，以何种因素为同度量因素的问题，已经由加权算术平均数的公式解决了，根据该公式，不难发现：变量与权数比率实际上是互为同度量因素的。进一步地，权数比率 $f/\sum f$ 实际上就是相对数中的结构相对数，又称为构成

指标。这里，权数比率是指每组次数在总体单位变量中所占比重，虽然是以相对指标表示，但是其实质还是数量指标，从而变量就应当是质量指标了。确定同度量因素的第二个问题是时间上的选择，通常可以把同度量因素固定在报告期、基期或者其他某一个时期。

下面以平均工资指数为例，对旅游平均指标对比指数进行分析。

已知平均工资指数公式为

$$K_{\bar{x}} = \frac{\overline{x_1}}{\overline{x_0}} = \frac{\dfrac{\sum x_1 f_1}{\sum f_1}}{\dfrac{\sum x_0 f_0}{\sum f_0}}$$

式中 $\overline{x_1}$——报告期平均工资；

$\overline{x_0}$——基期平均工资；

$\sum x_1 f_1$——报告期工资总额，即报告期各组平均工资乘各级职工人数之和；

$\sum f_1$——报告期各级职工人数之和；

$\sum x_0 f_0$——基期工资总额，即基期各组平均工资乘各级职工人数之和；

$\sum f_0$——基期各级职工人数之和。

根据前面对加权算术平均数公式的分解，这个平均工资指数可以改写为如下形式：

$$K_{\bar{x}} = \frac{\overline{x_1}}{\overline{x_0}} = \frac{\sum x_1 \cdot \dfrac{f_1}{\sum f_1}}{\sum x_0 \cdot \dfrac{f_0}{\sum f_0}}$$

从上面的公式可以看出：平均工资指数受到了两个因素变动的影响：各级职工工资水平变动的影响和各级职工人数在全部职工总数中所占比重变动的影响。这实际上是所有旅游平均指标对比指数所共同具有的特点。也就是说：旅游平均指标对比指数所反映的变动程度，实际上同时包括了两个因素对它的影响，一个是参加平均的旅游经济指标变动的影响，另一个是所研究总体内部单位数结构变动的影响。下面进一步对旅游平均指标对比指数进行分析。

三、旅游平均指标对比指数的分析

任何两个不同时期的同一旅游经济内容的平均指标对比都可以形成一个旅游平均指标对比指数。根据前面对旅游平均指标对比指数的分解，可以进一步地对其进行分析。现以表 5-8 中的数据为例进行说明。

表 5-8 某酒店面包师平均工资指数计算表

组别	面包师人数/人		月平均工资/元		工资总额/元			
	基期	报告期	基期	报告期	基期	报告期	假定的	假定的
	f_0	f_1	x_0	x_1	x_0f_0	x_1f_1	x_0f_1	x_1f_0
二级面包师	70	66	8000	8600	560 000	567 600	528 000	602 000
一级面包师	30	74	5000	5500	150 000	407 000	370 000	165 000
合计	100	140	7100	6961	710 000	974 600	898 000	767 000

基期平均工资为

$$\overline{x_0} = \frac{\sum x_0 f_0}{\sum f_0} = \frac{710\ 000\text{ 元}}{100} = 7100\text{ 元}$$

报告期平均工资为

$$\overline{x_1} = \frac{\sum x_1 f_1}{\sum f_1} = \frac{974\ 600\text{ 元}}{140} = 6961\text{ 元}$$

平均工资指数（可变构成指数）为

$$\frac{\overline{x_1}}{\overline{x_0}} = \frac{\dfrac{\sum x_1 f_1}{\sum f_1}}{\dfrac{\sum x_0 f_0}{\sum f_0}} = \frac{6961\text{ 元}}{7100\text{ 元}} = 98.04\%$$

$$\frac{\sum x_1 f_1}{\sum f_1} - \frac{\sum x_0 f_0}{\sum f_0} = 6961\text{ 元} - 7100\text{ 元} = -139\text{ 元}$$

上例中，一级面包师和二级面包师的工资水平虽然都有所提高，但由于各级面包师人数的比重发生了变化，工资水平较低的一级面包师人数比重从30%（30人/100人=0.3）提高到52.9%（74人/140人=0.5286），而工资水平较高的二级面包师人数比重则从70%（70人/100人=0.7）降低到47.1%（66人/140人=0.4714），因而总的平均工资反而降低了1.96%，在绝对值上减少了139元。现在的问题是：在总的平均指标动态对比中，究竟受月平均工资水平变化的影响是多少？受各级面包师人数结构变化的影响又是多少？

总的平均工资受到了两个因素的影响：一是各级面包师的工资水平，二是二级面包师和一级面包师的结构。因此，当要测定某一个因素的影响程度时，就必须将另一个因素的变化固定下来。现在先固定结构的变动，即固定二级面包师和一级面包师的人数结构。假设结构固定在报告期，得到固定构成的工资指数如下：

$$\text{固定构成指数} = \frac{\dfrac{\sum x_1 f_1}{\sum f_1}}{\dfrac{\sum x_0 f_1}{\sum f_1}}$$

$$= \frac{\dfrac{974\ 600\text{ 元}}{140}}{\dfrac{898\ 000\text{ 元}}{140}} = \frac{6961\text{ 元}}{6414\text{ 元}} = 108.5\%$$

$$\frac{\sum x_1 f_1}{\sum f_1} - \frac{\sum x_0 f_1}{\sum f_1} = 6961\text{ 元} - 6414\text{ 元} = 547\text{ 元}$$

这个指数说明，假使排除了一级面包师和二级面包师人数结构变动所产生的影响，仅仅考虑月平均工资的变化，它导致报告期总的工资水平比基期提高了8.5%，在绝对值上增加了547元。

这种将结构变动固定下来的指数在统计中称为固定构成指数（或固定组成指数）；而原来那种将构成变动也包括在内的两个平均数相对比的动态指数（如平均工资指数），则称为可变构成指数（或可变组成指数）。

反过来，如果将上例中工资水平的变化固定下来，即报告期和基期各级面包师的月平均工资水平不发生变化，仅仅考虑各级面包师结构变化所产生的影响，得到的就是结构影响指数。首先假设月平均工资水平固定在基期，则

$$\text{结构影响指数} = \frac{\dfrac{\sum x_0 f_1}{\sum f_1}}{\dfrac{\sum x_0 f_0}{\sum f_0}}$$

$$= \frac{\dfrac{898\ 000\text{ 元}}{140}}{\dfrac{710\ 000\text{ 元}}{100}} = \frac{6414\text{ 元}}{7100\text{ 元}} = 90.3\%$$

$$\frac{\sum x_0 f_1}{\sum f_1} - \frac{\sum x_0 f_0}{\sum f_0} = 6414\text{ 元} - 7100\text{ 元} = -686\text{ 元}$$

这个指数说明，假使各级面包师的工资水平仍和基期一样没有变化，那么由于一级面包师、二级面包师人数结构变化的影响，将使总的平均工资降低9.7%，在绝对值上减少686元。

以上计算的固定构成指数把一级面包师、二级面包师人数结构固定在报告期，而在结构影响指数中，把工资水平固定在基期。当然，还存在另一种固定方

法，就是把一级面包师、二级面包师人数结构固定在基期，而把工资水平固定在报告期。这样算出来的两个指数分别是

$$\text{固定构成指数}=\frac{\dfrac{\sum x_1 f_0}{\sum f_0}}{\dfrac{\sum x_0 f_0}{\sum f_0}}$$

$$=\frac{\dfrac{767\ 000\text{元}}{100}}{\dfrac{710\ 000\text{元}}{100}}=\frac{7670\text{元}}{7100\text{元}}=108\%$$

$$\frac{\sum x_1 f_0}{\sum f_0}-\frac{\sum x_0 f_0}{\sum f_0}=7670\text{元}-7100\text{元}=570\text{元}$$

$$\text{结构影响指数}=\frac{\dfrac{\sum x_1 f_1}{\sum f_1}}{\dfrac{\sum x_1 f_0}{\sum f_0}}$$

$$=\frac{\dfrac{974\ 600\text{元}}{140}}{\dfrac{767\ 000\text{元}}{100}}=\frac{6961\text{元}}{7670\text{元}}=90.8\%$$

$$\frac{\sum x_1 f_1}{\sum f_1}-\frac{\sum x_1 f_0}{\sum f_0}=6961\text{元}-7670\text{元}=-709\text{元}$$

从以上计算可以看出，把工资水平和各级面包师人数构成固定在不同的时期上，得出的指数结果并不相同。这个问题类似于综合指数中把同度量因素固定在哪个时期好的问题。我们曾证明：把同度量因素固定在报告期的派氏综合指数中，把同度量因素本身的变动影响也带进指数中来了，这是不应该的。同理，在旅游平均指标对比指数中，用报告期各级面包师人数结构计算的固定构成指数108.5%（绝对数值为547元）中，包括了不应有的各级面包师人数结构变动的影响，而在用报告期工资水平计算的结构影响指数90.8%（绝对数值为－709元）中，也包括了不应有的工资水平变动的影响。为此，就指数本身而言，固定构成指数以使用基期的各级面包师人数构成计算为宜，而结构影响指数也是以使用基期的工资水平计算为宜。

上述的可变构成指数、固定构成指数和结构影响指数三个指数在形式上都是两个平均数之比。就平均工资指数而言，它的三个指数的分子和分母都是平均工

资。所不同的是，有的是实际平均工资（$\sum x_1f_1/\sum f_1$ 或 $\sum x_0f_0/\sum f_0$），有的是假定平均工资（$\sum x_1f_0/\sum f_0$ 或 $\sum x_1f_1/\sum f_1$），它们都是客观存在的或可能存在的经济范畴。但是在这三个平均指标指数当中，只有两个平均指标指数反映的是平均工资的变动程度。一个即一般所指的平均数指数（可变构成指数）（$\sum x_1f_1/\sum f_1$）/（$\sum x_0f_0/\sum f_0$），它是我们分析研究的对象，它所反映的是包含结构变动的平均工资的变动程度。有人把这个平均工资指数称为总平均工资指数，意思是说，它同时反映了两个因素的变动。第二个平均指标指数即所谓固定构成的平均工资指数（$\sum x_1f_1/\sum f_1$）/（$\sum x_0f_1/\sum f_1$）或（$\sum x_1f_0/\sum f_0$）/（$\sum x_0f_0/\sum f_0$），用来分析总平均工资指数，它只反映工资水平变动对总平均数变动的影响程度。第三个平均指标指数即结构影响指数（$\sum x_0f_1/\sum f_1$）/（$\sum x_0f_0/\sum f_0$）或（$\sum x_1f_1/\sum f_1$）/（$\sum x_1f_0/\sum f_0$），它在形式上是两个平均工资的对比，但它并不反映工资水平的变动，而是反映在工资水平不变的条件下单纯由于各级面包师人数结构上的变动对总平均工资变动的影响程度。

第五节　旅游指数体系与旅游指数因素分析

一、旅游指数体系的概念和作用

（一）旅游指数体系的概念

旅游经济现象客观上存在着错综复杂的联系。从静态上分析，这种联系表现为某些旅游经济现象之间具有数量上的必然联系，例如：

旅游产品总产值 = 旅游产品产量 × 旅游产品价格

旅游产品总成本 = 单位旅游产品成本 × 旅游产品产量

原材料总消耗量 = 单位旅游产品消耗量 × 旅游产品产量

旅游商品产值 = 生产工人数 × 生产工人劳动生产率

对这种静态上的数量关系，可以试着从动态的角度进行分析。以旅游产品产量、旅游产品价格、旅游产品产值三者之间的关系为例，首先从个体的角度分析：

$$个体产量指数 = \frac{q_1}{q_0}$$

$$个体价格指数 = \frac{p_1}{p_0}$$

产品产值指数 = $\frac{p_1 q_1}{p_0 q_0}$

三者之间的关系为

$$\frac{p_1 q_1}{p_0 q_0} = \frac{q_1}{q_0}\frac{p_1}{p_0}$$

即

旅游产品产值指数 = 个体产量指数 × 个体价格指数

从总体角度分析，则有

$$\frac{\sum p_1 q_1}{\sum p_0 q_0} = \frac{\sum p_0 q_1}{\sum p_0 q_0}\frac{\sum p_1 q_1}{\sum p_0 q_1}$$

即

旅游产品产值指数 = 拉氏产量指数 × 派氏价格指数

$$\sum p_1 q_1 - \sum p_0 q_0 = (\sum p_0 q_1 - \sum p_0 q_0) + (\sum p_1 q_1 - \sum p_0 q_1)$$

可见，旅游经济现象之间在静态上存在着数量关系，在动态上也存在着数量关系。在统计研究中，把由这样几个在数量上相互联系的指数所构成的整体，称为指数体系。例如：

旅游商品销售额指数 = 旅游商品销售量指数 × 旅游商品价格指数

旅游总产值指数 = 旅游产品产量指数 × 旅游产品价格指数

旅游商品总成本指数 = 单位旅游商品成本指数 × 旅游商品产量指数

原材料总消耗量指数 = 单耗指数 × 产品产量指数

（二）指数体系的作用

指数体系在旅游统计和旅游经济现象分析中有着重要的作用，主要表现在以下两个方面：

第一，利用指数体系，可以进行因素分析。当分析复杂旅游经济现象变动时，为了测定和分析各个因素变动对复杂旅游经济现象变动的影响，就要利用指数体系。例如，利用指数体系，可以分别测定旅游商品销售量变动和旅游商品价格变动对旅游商品销售额变动所产生的影响有多大；利用指数体系可以分别测定收获率的变动和播种面积变动对农作物总产量变动所产生的影响有多大等。

第二，利用指数体系，可以进行估计推算。利用指数之间的数量关系，可以根据已知的指数，估计和推算未知的指数。例如，若已知旅游商品销售额指数和旅游商品销售量指数，则可推算出旅游商品价格指数。其计算公式为

$$旅游商品价格指数 = \frac{旅游商品销售额指数}{旅游商品销售量指数}$$

二、旅游指数因素分析的含义和种类

（一）旅游指数因素分析的含义

指数体系是进行因素分析的重要工具。构建指数体系的目的就是要分析多种因素的变动对总体变动所产生的影响。例如，用指数体系来分析价格、产量的变动对总产值的影响；用指数体系分析工资水平、员工结构变动对总平均工资的影响等。

1. 因素分析的对象是复杂现象

受多种因素影响的现象，它的数量表现为若干因素的乘积，其中任一因素的变动都会引起总量的变动。例如，销售额表现为商品单价和销售量的乘积，商品单价和销售量任何一个因素发生变化，都会使销售额发生变化。因素分析的目的就是要测定商品单价和销售量的变动分别对销售额的影响的方向和程度。

2. 因素分析中的指数体系以等式的形式来表现

编制指数体系的基本思想是：假设其他因素不变，测定一个因素的变动对总量变动的影响，并以等式来表现指数体系。例如，将生产费用的变动分解为单位产品的材料消耗（单耗）、原材料单价、产量这三个因素。因素分析时，用固定价格、产量来编制单耗指数，用固定单耗、产量来编制价格指数，用固定单耗、价格编制产量指数，从而形成如下以等式形式表现的指数体系：

$$生产费用指数=单耗指数\times价格指数\times产量指数$$

组成指数体系的指数必须满足两个条件：一是各因素指数的乘积等于总变动指数；二是各因素指数分子与分母差额的总和等于总变动指数分子与分母的差额。

（二）因素分析的种类

按被研究指标的性质不同，可以将因素分析分为两类：总量指标的因素分析和平均指标的因素分析。前者分析绝对指标的总变动中各因素变动的影响，如总产值变动中的价格、产量的影响情况；后者分析加权平均指标的变动中变量值水平和总体结构的影响，例如平均工资的变动中工资水平和职工结构的影响情况等。

按影响因素的多少不同，可分为两因素分析和多因素分析，其中，多因素分析法又叫连锁替换法。下面重点介绍两因素分析法和多因素分析法。

三、旅游指数因素分析的方法

总量指标的因素分析是指对复杂旅游经济现象总体的总量指标和总量指标分解所得的各个因素进行分析。按分析时影响因素的多少，分为两因素分析和多因素分析。

（一）两因素分析法

两因素分析是指一个旅游经济现象的总变动受两个因素的影响时，分析其中每个因素的变动对总变动的影响方向和程度。其分析步骤如下：

1. 分析复杂现象的总变动程度和总变动规模

以旅游商品销售额总量指标为例，旅游商品销售额的变动程度可用旅游商品销售额指数来反映：

$$K=\frac{\sum p_1 q_1}{\sum p_0 q_0}$$

旅游商品销售额变动的规模，则用旅游商品销售额指数公式的分子与分母之差来反映：

$$\text{变动规模}=\sum p_1 q_1-\sum p_0 q_0$$

通过上式可以看出旅游商品销售额变动同时受到了旅游商品销售量的变动和旅游商品价格变动的影响，因此需要进行因素分析。

2. 分别分析各个因素的变动对复杂旅游经济现象总变动的影响程度、影响方向和影响的绝对值

（1）分析旅游商品销售量变动对旅游商品销售额变动的影响程度和影响的绝对值。

$$\text{影响程度}K_q=\frac{\sum p_0 q_1}{\sum p_0 q_0}$$

$$\text{影响的绝对值}=\sum p_0 q_1-\sum p_0 q_0$$

（2）分析旅游商品价格变动对旅游商品销售额变动的影响程度和影响的绝对值。

$$\text{影响程度}K_p=\frac{\sum p_1 q_1}{\sum p_0 q_1}$$

$$\text{影响的绝对值}=\sum p_1 q_1-\sum p_0 q_1$$

3. 综合分析两个因素变动对复杂现象总的影响

旅游商品销售额的变动是旅游商品销售量变动和旅游商品价格变动共同作用的结果，于是还需将上述两个因素综合起来进行分析。可用指数体系表示为

$$\frac{\sum p_1 q_1}{\sum p_0 q_0}=\frac{\sum p_0 q_1}{\sum p_0 q_0}\frac{\sum p_1 q_1}{\sum p_0 q_1}$$

即

旅游商品销售额指数 = 拉氏销售量指数 × 派氏价格指数

$$\sum p_1 q_1 - \sum p_0 q_0 = \left(\sum p_0 q_1 - \sum p_0 q_0\right) + \left(\sum p_1 q_1 - \sum p_0 q_1\right)$$

根据表 5-1 的资料计算：

旅游商品销售额指数为

$$\frac{\sum p_1 q_1}{\sum p_0 q_0} = \frac{49\ 200\text{元}}{42\ 000\text{元}} = 117.14\%$$

旅游商品销售量指数为

$$\frac{\sum p_0 q_1}{\sum p_0 q_0} = \frac{48\ 000\text{元}}{42\ 000\text{元}} = 114.29\%$$

旅游商品销售价格指数为

$$\frac{\sum p_1 q_1}{\sum p_0 q_1} = \frac{49\ 200\text{元}}{48\ 000\text{元}} = 102.5\%$$

相对数分析：

$$117.14\% = 114.29\% \times 102.5\%$$

绝对数分析：

$$49\ 200\text{元} - 42\ 000\text{元} = (48\ 000\text{元} - 42\ 000\text{元}) + (49\ 200\text{元} - 48\ 000\text{元})$$

$$7200\text{元} = 6000\text{元} + 1200\text{元}$$

分析数字表明：总的来说，报告期旅游商品销售额相比基期上涨了 17.14%（增加 7200 元），是由于报告期旅游商品销售量相比基期上升了 14.29%（导致旅游商品销售额增加 6000 元）和报告期旅游商品销售价格相比基期上升 2.5%（导致旅游商品销售额增加 1200 元）共同作用的结果。

（二）多因素分析法

在现实旅游经济生活中，还有很多现象是由两个以上的要素决定的，对两个以上要素进行的分析称为多因素分析。例如：

原材料支出额 = 旅游商品产量 × 单位旅游商品原材料消耗量 × 原材料单价

农场总产值 = 员工人数 × 生产工人比重 × 生产工人劳动生产率

月劳动生产率 = 平均工作月长度 × 平均工作日长度 × 时劳动生产率

多因素分析是两因素分析的深入，同度量因素时期的确定与两因素分析相同，只是由于指标包含了三个及三个以上的因素，因此需要合理地安排各个因素的前后顺序，测定其中一个因素（数量指标或质量指标）变动的影响时，就要把其他因素都固定不变。

确定因素的排列顺序时需要考虑到各因素之间的内在联系，相邻两个指标相乘应具有明确的经济意义。

下面以三因素为例说明多因素分析的具体步骤：

1. 计算被分析指标的总变动

$$变动相对数 = \frac{\sum q_1 m_1 p_1}{\sum q_0 m_0 p_0}$$

$$变动绝对数 = \sum q_1 m_1 p_1 - \sum q_0 m_0 p_0$$

2. 计算各因素变动影响的程度和绝对数

（1）“q”因素变动影响程度为

$$\frac{\sum q_1 m_0 p_0}{\sum q_0 m_0 p_0}$$

“q”因素变动影响绝对数为

$$\sum q_1 m_0 p_0 - \sum q_0 m_0 p_0$$

（2）“m”因素变动影响程度为

$$\frac{\sum q_1 m_1 p_0}{\sum q_1 m_0 p_0}$$

“m”因素变动影响绝对数为

$$\sum q_1 m_1 p_0 - \sum q_1 m_0 p_0$$

（3）“p”因素变动影响程度为

$$\frac{\sum q_1 m_1 p_1}{\sum q_1 m_1 p_0}$$

“p”因素变动影响绝对数为

$$\sum q_1 m_1 p_1 - \sum q_1 m_1 p_0$$

3. 影响因素的综合分析

总变动程度等于各因素变动影响程度的乘积，即

$$\frac{\sum q_1 m_1 p_1}{\sum q_0 m_0 p_0} = \frac{\sum q_1 m_0 p_0}{\sum q_0 m_0 p_0} \frac{\sum q_1 m_1 p_0}{\sum q_1 m_0 p_0} \frac{\sum q_1 m_1 p_1}{\sum q_1 m_1 p_0}$$

总变动绝对数等于各因素变动影响绝对数的总和，即

$$\begin{aligned}\sum q_1 m_1 p_1 - \sum q_0 m_0 p_0 &= \left(\sum q_1 m_0 p_0 - \sum q_0 m_0 p_0\right) + \left(\sum q_1 m_1 p_0 - \sum q_1 m_0 p_0\right) + \\ &\quad \left(\sum q_1 m_1 p_1 - \sum q_1 m_1 p_0\right)\end{aligned}$$

例 5-1 某酒店净利润及其组成因素的动态资料如表 5-9 所示，试根据表中资料对净利润变动进行因素分析。

表 5-9　某酒店净利润及其组成因素

	基期	报告期	变动程度（%）	影响绝对数/万元
员工人数（q）/人	1142	1100	96.3	-37
人均总利润（m）/（元/人）	52 328	70 245	134.2	333
总利润（qm）/万元	5976	7727	129.3	296
净利润占总利润比重（p）（%）	16.87	17.17	101.8	23
净利润（qmp）/万元	1008	1327	131.6	319

注：本表前三列为资料部分，后两列为计算部分。

解：（1）净利润的总变动：

变动程度为

$$K=\frac{q_1m_1p_1}{q_0m_0p_0}\times 100\%=\frac{1327\text{ 万元}}{1008\text{ 万元}}\times 100\%=131.6\%$$

变动的绝对数为

$$q_1m_1p_1-q_0m_0p_0=1327\text{ 万元}-1008\text{ 万元}=319\text{ 万元}$$

（2）各因素变动影响程度及影响的绝对数：

员工人数：

$$\text{影响程度}=\frac{\sum q_1m_0p_0}{\sum q_0m_0p_0}\times 100\%=\frac{1100\text{ 人}\times 5.2328\text{ 万元/人}\times 16.87\%}{1008\text{ 万元}}\times 100\%$$

$$=\frac{971\text{ 万元}}{1008\text{ 万元}}\times 100\%=96.3\%$$

$$\text{影响的绝对数}=\sum q_1m_0p_0-\sum q_0m_0p_0$$

$$=971\text{ 万元}-1008\text{ 万元}=-37\text{ 万元}$$

人均总利润：

$$\text{影响程度}=\frac{\sum q_1m_1p_0}{\sum q_1m_0p_0}\times 100\%=\frac{1100\text{ 人}\times 7.0245\text{ 万元/人}\times 16.87\%}{1100\text{ 人}\times 5.2328\text{ 万元/人}\times 16.87\%}\times 100\%$$

$$=\frac{1304\text{ 万元}}{971\text{ 万元}}\times 100\%=134.2\%$$

$$\text{影响的绝对数}=\sum q_1m_1p_0-\sum q_1m_0p_0$$

$$=1304\text{ 万元}-971\text{ 万元}=333\text{ 万元}$$

净利润占总利润比重：

$$\text{影响程度}=\frac{\sum q_1m_1p_1}{\sum q_1m_1p_0}\times 100\%=\frac{1327\text{ 万元}}{1304\text{ 万元}}\times 100\%=101.8\%$$

$$\text{影响的绝对数}=\sum q_1m_1p_1-\sum q_1m_1p_0$$

$= 1327$ 万元 $- 1304$ 万元 $= 23$ 万元

(3) 影响因素的综合分析:

净利润变动程度为各因素变动影响程度连乘积:

$$131.6\% = 96.3\% \times 134.2\% \times 101.8\%$$

净利润增加的绝对数为各因素变动的影响绝对数之和:

$$319\text{ 万元} = (-37)\text{ 万元} + 333\text{ 万元} + 23\text{ 万元}$$

以上计算分析表明,该酒店报告期净利润增长速度达31.6%(319万元)。其中,员工人数减少而使得净利润减少3.7%(37万元),人均总利润提高而使得净利润增加34.2%(333万元),由于物资消耗节约(即净利润占总利润比重增加)而增加1.8%(23万元)。从分析结果来看,人均总利润提高是促进净利润增加的最主要因素。

第六节 几种常用的价格指数

我国统计实践中常用的价格指数主要有商品零售价格指数、居民消费价格指数、农产品收购价格指数、农村工业品零售价格指数、工业生产指数、工农业商品综合比价指数、工业品出厂价格指数、固定资产投资价格指数、生产价格指数、股票价格指数、房地产价格指数、货币购买力和进出口商品价格指数等。下面重点介绍四种与社会生活关系十分密切的指数。

一、商品零售价格指数

(一) 商品零售价格指数及意义

商品零售价格指数(Retail Price Index,RPI)是指反映一定时期内商品零售价格变动趋势和变动程度的相对数。商品零售价格指数分为食品、饮料烟酒、服装鞋帽、纺织品、中西药品、化妆品、书报杂志、文化体育用品、日用品、家用电器、首饰、燃料、建筑装潢材料、机电产品十四个大类。国家规定了304种必报商品,需要予以特别说明的是,从1994年起,国家、各省(市、区)和县编制的商品零售价格指数不再包括农业生产资料。

零售物价的调整变动直接影响到城乡居民的生活支出和国家的财政收入,影响居民购买力和市场供需平衡,影响消费与积累的比例。因此,计算商品零售价格指数可以从一个侧面对上述经济活动进行观察和分析。

(二) 商品零售价格指数的编制

商品零售价格指数采用固定加权算术平均数公式计算。权数直接影响指数的可靠性,因此每年要根据居民家庭收支调查的资料调整一次权数。物价不可能全面调查,只能在部分市、县调查。在我国根据人力、财力,大约选取200个市、

100个县城作为物价变动资料的基层填报单位。在城市选取350种左右的商品，在县城选取400种左右的商品。每种商品的指数采用代表规格品的平均价格计算。其一般做法是：首先，将全部零售商品分成若干个大类，在每个大类下分若干中类，在中类下分为若干个小类，再在各小类下选出若干代表规格品；其次，根据居民家庭抽样调查或统计报表资料结合社会商品零售额统计资料，计算各类商品零售额在社会商品零售额总额中所占的比重，以它作为权数并将其固定下来，若干年不变；再次，根据调查取得的代表规格品价格资料，计算不同层次的价格个体（类）指数；最后，用固定权数加权算术平均数指数公式，计算全部商品零售物价总指数。

二、居民消费价格指数

（一）居民消费价格指数及意义

居民消费价格指数（Consumer Price Index，CPI）又称生活费用指数，该指数综合反映了一定时期内城乡居民购买的生活消费品和服务项目价格变动的趋势和程度。

居民消费价格指数的变动直接影响到城乡居民的生活支出和国家的财政收入，影响居民购买力与市场供需的平衡，是政府制定物价政策和工资政策的重要依据。

（二）居民消费价格指数的编制

可以分别编制城市居民消费价格指数和农村居民消费价格指数，也可就全社会编制全国居民消费价格总指数。其编制过程与商品零售价格指数类似，但内容有所不同。居民消费价格指数包括消费品价格和服务项目价格两部分。编制该指数时，首先要对消费品和服务项目进行分类，然后选择代表消费品和服务的项目。目前的居民消费价格指数分为食品类、衣着类、家庭设备及用品类、医疗保健用品类、交通和通信工具类、娱乐教育文化用品类、居住类、服务项目类等。其中服务项目类又分为房租水电费、交通费、邮电费、医疗保健费、学杂保健费、修理费及其他服务费等八大类。指数中的权数原则上应采用居民消费支出的构成资料，但由于数据来源的限制，目前仍根据社会商品零售额和服务行业的营业额来确定。最后，分别求出消费品价格指数和服务项目价格指数，并将二者进行加权平均汇总，从而得到居民消费价格指数。

三、股票价格指数

（一）股票价格指数及意义

股票价格指数简称股价指数，是反映挂牌交易的多种股票价格综合变动程度与趋势的经济指数。它不仅可以作为股票投资者进行证券投资决策的重要依据，还能正确反映一个国家和地区经济的变动发展趋势。

（二）股票价格指数的编制

股票价格指数一般由证券交易所、金融服务机构、咨询研究机构或者新闻单位编制和发布。其编制的具体步骤如下：

（1）根据上市公司的行业分布、经济实力、资信等级等因素，选择适当数量有代表性的股票作为编制指数的样本股票。样本股票可以随时更换或作数量上的增减，以保持良好的代表性。

（2）按期到股票市场上采集样本股票，简称采样。

（3）利用科学的方法和先进的手段计算出指数数值。

（4）通过新闻媒体向社会公众公开发布。

为保持股价指数的连续性，使各个时期计算出来的股价指数相互可比，有时还需要对指数作相应的调整。

编制股价指数的主要方法是加权综合法，即以样本股票的发行量或交易量为同度量因素（或称权数）计算股价指数。其计算公式按同度量因素所属时期不同分为两种：

$$\text{基期加权综合股价指数} = \frac{\sum p_1 q_0}{\sum p_0 q_0}$$

$$\text{报告期加权综合股价指数} = \frac{\sum p_1 q_1}{\sum p_0 q_1}$$

其中，以发行量加权的综合股价指数，称为市价总额指数；以交易量加权的综合股价指数，称为成交总额指数。

（三）上证指数和深证指数

1. 上海证券交易所股票指数

作为国内外普遍采用的衡量中国证券市场表现的权威统计指标，由上海证券交易所编制并发布的上证指数系列是一个包括上证 180 指数、上证 50 指数、上证综合指数、A 股指数、B 股指数、分类指数、债券指数、基金指数等的指数系列，其中最早编制的为上证综合指数。为推动证券市场基础建设和规范化进程，2002 年 6 月，上海证券交易所对原上证 30 指数进行了调整并更名为上证成分指数（简称上证 180 指数）。上证成分指数的编制方案，是结合中国证券市场的发展情况，借鉴国际经验，在原上证 30 指数编制方案的基础上进一步完善后形成的，目的在于通过科学、客观的方法挑选出最具有代表性的样本股票，建立一个反映上海证券市场的概貌和运行状况、能够作为投资评价尺度及金融衍生产品基础的基准指数。上证 50 指数是根据科学、客观的方法，挑选上海证券市场规模大、流动性好的最具代表性的 50 只股票组成样本股，以便综合反映上海证券市场最具有市场影响力的一批龙头企业的整体状况。上证红利指数挑选在上海证券交易所上市的现金股息率高、分红比较稳定、具有一定规模及流动性的50只股票作为样本，以反映上海证券市场高红利股票的整体状况和走势。

（1）上证综合指数。上证综合指数（Shanghai Composite Index）是由上海证券交易所编制的，以上海证券交易所挂牌上市的全部股票为计算范围，以发行量为权数，反映了上海证券交易市场的总体走势。

上证综合指数是以1990年12月19日为基日（该日为上海证券交易所正式营业之日），基日定为100，以所有在上海证券交易所上市的股票为编制范围，采用以股票发行量为权数的综合股价指数。其计算公式为

$$上证综合指数=\frac{报告期市价总值}{基期市价总值}\times 100\%$$

式中　市价总值——用股票市价乘以其发行股数；

基期市价总值也称为除数。

（2）上证50指数。上证50指数是以上海证券交易所上市的A股中选取最具市场代表性的50种样本股票为计算对象，并以这50家的流通股数为权数的加权综合股价指数。上证50指数于2004年1月2日正式发布，基日为2003年12月31日，指数以“点”为单位，基期指数定为1000点。

2. 深圳证券交易所股价指数

深圳证券交易所股价指数分为深证综合指数和深证成分股指数。

（1）深证综合指数。深证综合指数是以深圳证券交易所上市的所有股票为对象编制的指数，1991年4月3日为指数的基日，1991年4月4日公布。深证综合指数是以发行量为权数，纳入指数计算范围的股票称为指数股。指数计算基本公式为

$$指数=\frac{现实指数股总市值}{基日指数股总市值}\times 100\%$$

（2）深证成分股指数。深证成分股指数是以1994年7月20日为基日，基日指数定为1000，于1995年1月23日开始发布。深证成分股指数采用流通量为权数，计算公式同深证综合指数。深证成分股指数是从上市公司中挑选出40家具有代表性的成分股计算，成分股选择的一般原则是：有一定的上市交易日期；有一定的上市规模；交易活跃。此外，还需综合考虑公司股份的市盈率，公司的行业代表性，地区、板块代表性，公司的财务状况、管理素质等。

四、房地产价格指数

房地产价格指数是反映房屋销售、租赁和土地交易过程中房地产价格水平变动趋势和变动程度的相对数。它是房屋销售价格指数、房屋租赁价格指数和土地

交易价格指数的统称。

（一）房屋销售价格指数

房屋销售价格指数用于反映商品房、公有房屋和私有房屋各大类房屋的销售价格的变动情况。其中，商品房细分为普通住房、高档公寓等各类住宅，以及商业用房、写字楼等非住宅。在房屋销售价格指数的计算中，小类指数是以报告期的销售收入作为计算权数，大类指数和总指数是以上一年全市各类房屋的销售额作为权数，采用加权算术平均的方法计算出来的。

（二）房屋租赁价格指数

房屋租赁价格指数主要反映住宅、办公用房、商业用房、厂房、仓库的租赁价格变动情况。房屋租赁价格指数的计算与房屋销售价格指数的计算相同，小类指数是以报告期的租赁收入作为计算权数，大类指数和总指数是以上一年全市各类房屋的租赁额作为权数，采用加权算术平均的方法计算出来的。

（三）土地交易价格指数

土地交易价格指数反映房地产开发商或其他建设单位，为取得土地使用权而实际支付价格的变动情况。土地交易价格指数主要分为住宅用地、工业用地、商业用地、旅游用地等，它是以上一年各类用地的成交额作为权数，采用加权算术平均的方法计算出来的。

练习题

一、单项选择题

1. 编制旅游数量指标指数的一般原则是采用（　　）作为同度量因素。

A. 基期质量指标　　B. 报告期数量指标

C. 基期数量指标　　D. 报告期质量指标

2. 如果旅游商品零售价格上涨10%，销售量下降10%，那么销售额(　　)。

A. 有所增加　　B. 有所减少　　C. 没有变化　　D. 无法判断

3. 我国现行商品零售价格总指数采用（　　）公式计算。

A. 几何平均　　B. 加权调和平均

C. 连锁替代　　D. 固定加权算术平均

4. 旅游数量指标指数变形为加权算术平均指数时的权数是（　　）。

A. $p_1 q_0$　　B. $p_1 q_1$　　C. $p_0 q_0$　　D. $p_0 q_1$

5. 统计指数按其所反映的对象范围不同分为（　　）。

A. 简单指数和加权指数　　B. 综合指数和平均指数

C. 个体指数和总指数　　D. 数量指标指数和质量指标指数

6. 在由三个指数组成的指数体系中，两个因素指数的同度量因素通常（　　）。

A. 都固定在基期

B. 都固定在报告期

C. 一个固定在基期，一个固定在报告期

D. 采用基期和报告期的平均数

7. 某市居民以相同的人民币在物价上涨后少购买商品 15%，则物价指数为（ ）。

A. 17.6%　　B. 85%　　C. 115%　　D. 117.6%

8. 总指数编制的两种形式是（ ）。

A. 算术平均指数和调和平均指数　　B. 个体指数和综合指数

C. 综合指数和平均指数　　D. 定基指数和环比指数

9. 在掌握基期产值和各种产品产量个体指数资料的条件下，计算总量总指数要采用（ ）。

A. 综合指数　　B. 可变构成指数

C. 加权算术平均数指数　　D. 加权调和平均数指数

10. 某商店报告期与基期相比，旅游商品销售额增长 6.5%，旅游商品销售量增长 6.5%，则旅游商品价格（ ）。

A. 增长 13%　　B. 增长 6.5%　　C. 增长 1%　　D. 不增不减

11. 狭义指数是反映（ ）数量综合变动的相对数。

A. 有限总体　　B. 无限总体　　C. 复杂总体　　D. 简单总体

12. 某居民在维持基本生活水准的情况下，按报告期的物价购买消费品多支付 20 元，按基期价格购买的消费品支出是 400 元，则价格指数为（ ）。

A. 95%　　B. 110%　　C. 90%　　D. 105%

13. 能分解为固定构成指数和结构影响指数的平均指标对比指数，它的分子、分母通常是（ ）。

A. 简单调和平均数　　B. 简单算术平均数

C. 加权调和平均数　　D. 加权算术平均数

14. 某公司三个企业生产同一种产品，由于各企业成本降低使公司平均成本降低 15%，各种产品产量的比重变化使公司平均成本提高 10%，则该公司平均成本报告期比基期降低（ ）。

A. 5%　　B. 6.5%　　C. 22.7%　　D. 33.3%

15. 如果产值增长 50%，职工人数增长 20%，则全员劳动生产率将增长（ ）。

A. 25%　　B. 30%　　C. 70%　　D. 150%

16. 在指数体系中，总量指数与各因素指数之间的数量关系是（ ）。

A. 总量指数等于各因素指数之和　　B. 总量指数等于各因素指数之差

C. 总量指数等于各因素指数之积　　D. 总量指数等于各因素指数之商

二、多项选择题

1. 按所反映的对象范围不同，指数可分为（　　）。

A. 个体指数　　B. 总指数　　C. 简单指数

D. 加权指数　　E. 数量指数

2. 设 p 为商品价格，q 为销售量，指数 $\dfrac{\sum q_1 p_0}{\sum q_0 p_0}$ 的实际意义是（　　）。

A. 综合反映商品价格的变动程度

B. 综合反映商品销售量的变动程度

C. 综合反映商品价格变动对销售额的影响程度

D. 综合反映商品销售量变动对销售额的影响程度

E. 综合反映商品价格和销售量变动对销售额的影响程度

3. 因素分析按照分析指标的表现形式不同，可以分为（　　）。

A. 两因素分析　　B. 多因素分析　　C. 总量指标变动因素分析

D. 平均指标变动因素分析　　E. 单指标变动因素分析

4. 某商品在基期内售出 100kg，报告期内售出 120kg，指数为 120%，该指数是（　　）。

A. 加权指数　　B. 总指数　　C. 个体指数

D. 数量指标指数　　E. 销售量指数

5. 对影响因素进行综合分析，可得出如下结果（　　）。

A. 总变动程度等于各因素变动程度之连乘积

B. 总变动程度等于各因素变动程度之和

C. 总变动绝对额等于各因素变动影响绝对额之和

D. 总变动绝对额等于各因素变动影响绝对额之连乘积

E. 总变动绝对额等于各因素变动程度之和

6. 同度量因素的作用有（　　）。

A. 平衡作用　　B. 权数作用　　C. 稳定作用

D. 同度量作用　　E. 调和作用

7. 只有使用（　　）权数时，平均指数才是加权指数的变形。

A. $p_1 q_1$　　B. $p_1 q_0$　　C. $p_0 q_0$

D. $p_0 q_1$　　E. w

8. 平均指标指数体系的各因素指数的关系表现为（　　）。

A. 固定构成指数等于结构影响指数乘以可变构成指数

B. 可变构成指数等于结构影响指数乘以固定构成指数

C. 固定构成指数等于可变构成指数除以结构影响指数

D. 可变构成指数等于固定构成指数除以结构影响指数

E. 结构影响指数等于可变构成指数除以固定构成指数

三、判断改错题

1. 用来反映不能直接相加和对比的复杂现象总体数量对比关系的相对数称为广义指数。（　　）

2. 加权算术平均数是用加权算术平均法计算和编制的总指数，适用于质量指标指数的编制。（　　）

3. 某厂产品单位成本本月比上月下降3%，生产费用上升3%，这是因为其产量增加6%。（　　）

4. 平均指标指数又称可变构成指数，是将两个不同时期、同一经济内容的平均指标值对比，以说明同类现象在两个不同时期平均水平的动态变化情况。（　　）

5. 计划完成程度相对指标是统计指数。（　　）

6. 某商场零售商品销售量增长了10%，销售额增长了15%，这是因为同期价格增长了5%。（　　）

7. 在实际工作中，编制质量指标综合指数，一般是将作为同度量因素的数量指标固定在报告期。（　　）

8. 在"销售额指数 = 销售量指数 × 销售价格指数"的关系中，销售额指数是现象总体指数，也是质量指标指数，还是动态指数；销售量指数和销售价格指数都是影响因素指数，也都是动态指数。（　　）

9. 平均指数和综合指数的计算条件不同：计算综合指数要求掌握计算对象的全面资料，而平均指数既可以根据全面资料计算，也可以根据非全面资料计算。（　　）

四、计算题

1. 某商场三种商品的销售量和销售价格资料如表5-10所示。

表5-10　某商场三种商品的销售量和销售价格资料

商品名称	计量单位	销售量		销售价格/元	
		基期	报告期	基期	报告期
甲	件	50	52	200	280
乙	米	30	25	100	110
丙	个	40	50	400	450

试计算：

（1）三种商品销售额总指数。

（2）以报告期销售量为权数计算三种商品的价格综合指数。

（3）以基期价格为权数计算三种商品的销售量综合指数。

（4）分析销售量和价格变动对销售额影响的绝对数和相对数。

2. 某地区 2008 年和 2013 年两类商品收购价格类指数和收购总额资料如表 5-11 所示。试编制这两类商品收购价格总指数。

表 5-11　商品收购价格类指数和收购总额

商品名称	收购总额/万元		收购价格类指数（%）
	2008 年	2013 年	
甲	140	138.6	105
乙	60	78.4	98

3. 试根据表 5-12 的动态资料，计算三种产品产量总指数。

表 5-12　三种产品产值和产量资料

商品名称	实际产值/万元		2013 年比 2008 年产量增加（%）
	2008 年	2013 年	
甲	200	240	25
乙	450	485	10
丙	350	480	40

4. 利用指数体系之间的关系回答下列问题：

（1）某企业 2013 年同 2012 年相比，各种产品的产量增长了 8%，总生产费用增长了 12%。该企业 2013 年的单位成本有何变化？

（2）某地区今年用同样多的人民币只能购买去年商品的 90%，求物价指数；若同样多的人民币比去年多购买 10% 的商品，物价指数是多少？

5. 某食品企业基期和报告期面包师工资如表 5-13 所示。

表 5-13　面包师工资情况表

按技术级别分组	基期		报告期	
	面包师人数/人	平均工资/元	面包师人数/人	平均工资/元
5 级及以上	45	6000	50	6800
3～4 级	120	5000	180	5400
1～2 级	40	3000	135	3700

试分析该企业面包师工资水平变动情况（从相对数和绝对数两方面分析）。

6. 某总厂所属两个分厂的某产品成本资料如表5-14所示。

表5-14　产品成本资料表

总厂所属分厂	基期		报告期	
	单位成本/元	产量/件	单位成本/元	产量/件
甲分厂	10	300	9	1300
乙分厂	12	700	12.2	700
总　厂	—	1000	—	2000

试分析总厂该产品平均单位成本变动受分厂成本水平及总厂产量结构变动的影响。

7. 某日用品生产企业的四种产品的产量及产值如表5-15所示。

表5-15　日用产品产量和产值

产品名称	产值/万元		报告期比基期产量增减（%）
	基期	报告期	
甲	200	220	15
乙	245	270	10
丙	530	540	11
丁	320	370	16

要求：

（1）计算四种产品的产量总指数。

（2）分析该企业产值变动情况（从绝对数和相对数两方面进行分析）。

8. 某旅行社全员劳动生产率资料如表5-16所示。

表5-16　某旅行社全员劳动生产率资料

车间	平均职工人数/人		全员劳动生产率/（百元/人）	
	第一季度	第二季度	第一季度	第二季度
甲	900	600	1588	2000
乙	1100	1400	2909	3429

要求：试从相对数和绝对数两方面简要分析该旅行社全员劳动生产率第二季度比第一季度变动所受的因素影响。

9. 某企业2012年和2013年的产值和职工人数如表5-17所示。

表 5-17　产值和职工人数

年份	产值/万元	职工人数/人	
		总人数	其中：生产工人数
2012	4500	800	640
2013	6500	840	714

试从相对数和绝对数两个方面分析该企业 2013 年比 2012 年产值增长中各个因素变动的影响作用。

（1）就生产工人及工人劳动生产率两个因素进行分析。

（2）就职工人数、生产工人占职工人数比重及工人劳动生产率三个因素进行分析。

10. 某旅游商品销售市场销售额报告期为 40 万元，比上年增加了 5 万元，销售量与上年相比上升了 3%，试计算：

（1）市场销售量总指数。

（2）市场销售价格总指数。

（3）销售量变动对销售额的影响。

第六章

抽 样 推 断

第一节 抽样推断的基本问题

一、抽样推断的概念及特点

所谓抽样推断，是指按照随机的原则从总体中抽取一部分调查单位进行观察，并依据所获得的部分单位的数量特征对全部研究对象的数量特征作出具有一定可靠性的估计和判断，从而达到对总体现象认识的一种统计方法。例如，要了解某一旅游商品的产品质量，一般不可能对每一件旅游商品都进行检验，可以从全部旅游商品中随机抽取少部分样本进行检验，并据此对全部该类旅游商品的质量进行推断；又如，要了解出境游客的收入水平，不可能对每一位出境游客进行调查，而是从全部出境游客中随机抽取少部分进行抽样调查，并据此推断出境游客的总体收入水平。抽样推断具有如下特点：

（一）按照随机原则抽取调查单位

随机原则是指在抽取调查单位时，完全排除了调查者主观因素的影响，保证总体中每个单位都有机会被选中。抽样推断就是按照随机原则从总体中抽取样本单位的。重点调查和典型调查虽然也是从总体中选择部分单位进行调查，但都不是按随机原则选择部分单位的。也正因为选择样本单位的随机性，使得抽样推断的方法科学、严谨、客观，并广泛应用于对客观现象的分析研究中。

（二）用部分单位的指标数值推断和估计总体指标数值

当统计研究的目的是认识总体现象的数量特征时，有时不可能或没有必要对该总体现象所包括的所有单位一一进行调查，而只可能或只需要对总体的一部分单位进行调查，进而对总体的数量特征作出估计和判断。例如，要对某企业生产的一批花灯产品进行质量检验，因为其质量检验对产品有破坏性，因此只能从全部产品中随机抽取部分产品进行检测，计算其合格率，以此来推断全部产品的合格率。

（三）抽样误差是不可避免的，但可以事先计算并加以控制

样本对总体的代表性总会发生误差，但是抽样误差的范围可以事先通过有关资料加以计算，并且通过一定的组织措施来控制这个误差范围，保证抽样推断的结果达到一定的可靠程度。

二、抽样推断的作用

（一）有些现象无法进行全面调查，为了测算全面资料，必须采用抽样推断的方法

对无限总体不能采用全面调查，要掌握总体的数量特征，只能采用抽样推断的方法，例如空气质量调查、气温监测等。另外，有些产品的质量检查和试验具有破坏性和损耗性，不可能进行全面调查。例如对出口饮料中含有的细菌总量、花灯的耐用时间、花生米口味的检验等都具有破坏性，不可能进行一一的检查试验，只能进行抽样推断。

（二）有些现象虽然从理论上讲可以进行全面调查，但实际上没有必要或很难办到，也要采用抽样推断

有些现象的总体过大，单位过于分散，不可能或没有必要进行全面调查。例如，要掌握出境游客的平均年龄、某农田内小麦的高度、某水库鱼苗数量的多少、某森林木材蓄积量的大小等，理论上可以进行全面调查，但实际上很难办到，只能采用抽样推断的方法；又如，要了解出境游客的家庭生活状况，从理论上讲可以对出境游客挨门逐户进行全面调查，但是调查范围太大，调查单位太多，实际上难以办到，也没有必要。采用抽样调查可以节约时间、人力、物力和财力，既能提高调查结果的时效性，又能达到和全面调查同样的目的和效果。

（三）抽样推断的结果可以对全面调查的结果进行检查和修正

全面调查涉及面宽，工作量大，参与人员多，调查结果容易出现差错。因此，在全面调查之后进行抽样调查，根据抽查结果计算差错率，并依此为依据检查和修正全面调查结果，从而提高全面调查质量。例如，全国人口普查，在填报和复查完毕后，按照规定再抽取一定比例的人数，重新进行调查，由于抽样调查人数少，登记性误差小，调查比较准确，将两次调查的结果进行比较，并计算全面调查重复或遗漏的差错率，修正普查数字。

（四）抽样推断可以用于生产过程的质量控制

在生产过程中，利用抽样调查可以对成批或大量连续生产的产品进行检验，根据产品质量的合格与否判断生产过程是否正常，是否存在某些系统性误差，及时提供有关信息，进行生产过程的控制；便于采取措施，预防大批不合格产品的发生，保证产品质量稳定。

(五)可以对总体的某种假设进行检验

利用抽样原理，可以对某些总体的假设进行检验，来判断这种假设的真伪，以决定行动的取舍。例如，检验新工艺、新配方推广后是否有显著的效果，可以作出某种假设，并确定接受或拒绝的标准，然后应用抽样推断的方法根据抽样结果对所作的假设进行检验，作出判断。

总之，抽样推断是一种科学实用的统计方法，目前它不仅广泛应用于自然科学领域，也越来越多地应用于社会经济现象数量方面的研究。随着抽样理论的发展，抽样技术的进步和完善以及广大统计工作者业务水平的提高，抽样调查在社会经济统计中的应用将会愈加普及。

三、抽样推断中的基本概念

(一)全及总体和抽样总体

1. 全及总体

全及总体是指所要认识对象的全体，是具有某种共同性质的许多单位的集合体，简称总体。例如，要研究某景区接待游客的收入水平，则该景区接待的全部游客即构成全及总体；要研究某市旅行社职工的生活水平，则该市所有旅行社全体职工即构成全及总体。

全及总体按其各单位标志性质不同，可以分为变量总体和属性总体两类。构成变量总体的各个单位可以用一定的数量标志加以计量。例如，研究星级酒店职工的平均年龄，则每个从业人员的年龄就是它的数量标志，反映每位职工的数量特征。但并非所有标志都是可以计量的，有的标志只能用一定的文字加以描述。例如，要研究某市入境旅游游客的国籍情况，这时只能用“美国”“英国”“韩国”等文字作为品质标志来描述各入境游客的属性特征，这种用文字描写属性特征的总体被称为属性总体。区分变量总体和属性总体是很重要的。由于总体不同，认识这一总体的方法也就不同。

变量总体可以分为无限总体和有限总体两类。无限总体所包含的单位为无限多，因而各单位的变量也就有无限多的取值。这种无限变量又有两种情况：一种是可列的无限变量，即变量值的大小可以按照顺序一一列举直至无穷；另一种情况是不可列的无限变量，它是一种连续变量，在任何一个区间内都有无限多的变量，不可能按顺序加以一一列举。本书所说的无限总体主要是指后一种情况。有限总体所包含的单位数则是有限的，因而其变量值也是有限的，当然可以按顺序一一列举。

全及总体的单位数通常用大写的英文字母 N 来表示。作为全及总体，单位数 N 有限，但总是很大，大到几千、几万、几十万、几百万甚至数亿。对无限总体的认识只能采用抽样的方法，而对于有限总体的认识，理论上虽可以应用全面调查来收集资料，但实际上往往由于不可能或没必要而借助抽样的方法。

2. 抽样总体

抽样总体是从全及总体中随机抽取出来，代表全及总体部分单位的集合体，简称样本。抽样总体的单位数叫作样本容量，通常用 n 表示。一般来说，$n \geqslant 30$ 为大样本，$n < 30$ 为小样本。在对旅游经济现象进行抽样调查时，多数采用大样本，而自然实验观察则多数采用小样本。例如，某旅游景区年接待 30 万名游客，如果要采用抽样推断的方法研究该景区年接待游客的收入情况，则该景区所接待的全部游客构成全及总体，$N=30$ 万名。如果从全部游客中随机抽取 1000 名进行调查，则被抽中的 1000 名游客构成抽样总体即样本，样本容量 $n=1000$ 名。

对于某一特定的问题，作为抽样推断研究对象的全及总体是唯一确定的，但作为观察对象的样本就不是唯一的，从一个全及总体中可以抽取很多个样本，每次抽到哪个样本是不确定的。样本容量要多大，怎样抽取，这些都关系到对全及总体推断的准确程度，都需要加以认真的研究。

（二）全及指标和抽样指标

1. 全及指标

根据全及总体各个单位的标志值或标志特征计算，反映总体某种属性的综合指标，称为全及指标。由于全及总体是唯一确定的，根据全及总体计算的全及指标也是唯一确定的，但却又是未知的，只能通过抽样指标进行推断、估算。一个总体常常有多个全及指标，它们从各个不同的角度反映总体的数量特征。

（1）总体平均数$\overline{X}$。如果该全及总体为变量总体，各单位的标志可以用数量来表示，那么可以计算总体平均数$\overline{X}$。例如，想要了解某游乐园接待游客的平均年龄，则该游乐园所接待的全部游客就是总体，游客的平均年龄就是一个全及指标，它是根据每个游客的年龄计算的。设全及总体变量的取值为X_1，X_2，X_3，$\cdots$，X_N；F 为全及总体各组单位数，则

$$\overline{X}=\frac{X_1+X_2+X_3+\cdots+X_N}{N}=\frac{\sum X}{N}$$

或

$$\overline{X}=\frac{\sum XF}{\sum F}$$

（2）总体标准差 σ。对于变量总体，除了用总体平均数描述总体的一般水平之外，还可以用总体标准差 σ 和总体方差σ^2 来测量总体标志值的分散程度。如上例，该游乐园所接待的全部游客就是总体，总体标准差 σ 反映每个游客年龄之间的差异程度。其计算公式为

$$\sigma=\sqrt{\frac{\sum(X-\overline{X})^2}{N}}$$

或

$$\sigma = \sqrt{\frac{\sum (X - \overline{X})^2 F}{\sum F}}$$

（3）总体成数。如果一个总体中各单位的某种标志不可以用数量来表示，只能用文字加以描述，而且该种标志只有两种表现形式，按照该种标志只能将总体区分为具有某种特征的单位数 N_1 和不具有该种特征的单位数 N_0 两部分，$N_1 + N_0 = N$。则总体中具有某种属性的单位数占总体单位数 N 的比重为 P，总体中不具有某种属性的单位数占总体单位数 N 的比重为 Q，即

$$P = \frac{N_1}{N}$$

$$Q = \frac{N_0}{N}$$

$$P + Q = 1$$

因为该种标志只有两种表现形式，所以把具有某种特征的单位的具体表现用“1”表示，其单位数为N_1；不具有某种特征的单位的具体表现用“0”表示，其单位数为N_0，则

$$\overline{X} = \frac{\sum XF}{\sum F} = \frac{1 \times N_1 + 0 \times N_0}{N} = \frac{N_1}{N} = P$$

（4）总体成数的标准差σ_P。

$$\sigma_P = \sqrt{\frac{(1 - P)^2 N_1 + (O - P)^2 N_0}{N}} = \sqrt{\frac{Q^2 N_1 + P^2 N_0}{N}}$$

$$= \sqrt{Q^2 P + P^2 Q} = \sqrt{QP(Q + P)} = \sqrt{P(1 - P)}$$

即

$$\sigma_P = \sqrt{P(1 - P)}$$

2. 抽样指标

抽样指标是由抽样总体各个标志值或标志特征计算的综合指标。由于一个全及总体可以抽取许多个样本，随着样本的不同，抽样指标的数值也不同，它是一个随机变量。但是，当抽定一个样本后，抽样指标是可以计算出来的。与全及指标相对应，抽样指标有样本平均数$\bar{x}$、抽样成数 p、抽样总体各组单位数 f、样本标准差σ_i和样本方差$\sigma_i{}^2$等。$\bar{x}$的计算公式为

$$\bar{x} = \frac{x_1 + x_2 + x_3 + \cdots + x_n}{n} = \frac{\sum x}{n}$$

或

$$\bar{x} = \frac{\sum xf}{\sum f}$$

设 n 个样本单位中有 n_1 个单位具有某种属性，n_0 个单位不具有某种属性，$n_1 + n_0 = n$，p 为样本中具有某种属性的单位数所占的比重，q 为不具有某种属性的单位数所占的比重，则抽样成数为

$$p = \frac{n_1}{n}$$

$$q = \frac{n_0}{n}$$

$$p + q = 1$$

样本标准差为

$$\sigma_i = \sqrt{\frac{\sum (x - \bar{x})^2}{n}}$$

或

$$\sigma_i = \sqrt{\frac{\sum (x - \bar{x})^2 f}{\sum f}}$$

四、抽样方法和样本的可能数目

从一个总体中可以抽取多少的样本组合，既与样本容量有关，也与抽样方法有关。当样本容量一定时，样本组合便取决于抽样方法。对抽样方法又可以从取样方式不同和对样本的要求不同等方面来研究。

（一）重复抽样

重复抽样又称有放回抽样或重置抽样。重复抽样的抽样过程是从总体 N 个单位中，要随机抽取一个容量为 n 的样本，每次从总体中抽取一个单位，把它看作一次试验，每次抽出一个单位并登记其有关标志信息后，又将其重新放回总体中，参加下一次抽选，连续进行 n 次试验就构成一个样本。重复抽样的特点是由 n 次相互独立的试验构成，每次试验是在相同的条件下进行的，即在整个抽取样本的过程中，总体单位数始终保持不变，每个单位的中选机会在各次抽样是相等的。

在抽样推断中，根据研究目的和研究对象的特点不同，重复抽样又分为考虑顺序的重复抽样和不考虑顺序的重复抽样。

1. 考虑顺序的重复抽样

考虑顺序的重复抽样是从总体 N 个单位中随机抽取 n 个单位构成样本，不但要考虑样本各单位的性质，而且要考虑各单位的中选顺序。例如 AB、BA 两个

样本组合虽然成分相同，但中选顺序不同，在考虑顺序的情况下是两个不同的样本组合。

考虑顺序的重复抽样就是可重复排列。例如，总体有 A、B、C、D 四个单位，要从中考虑顺序地重复抽取两个单位构成一个样本。先从四个单位中抽取一个单位，登记后放回，然后再从相同的四个单位中抽取第二个单位，就构成了一个样本，全部可能抽取的样本数目为$4^2=16$ 种，其具体样本组合为

$$AA、AB、AC、AD \qquad BA、BB、BC、BD$$
$$CA、CB、CC、CD \qquad DA、DB、DC、DD$$

一般来说，从总体 N 个单位中，考虑顺序地重复抽取 n 个单位构成一个样本，则共可抽取N^n个样本组合。

2. 不考虑顺序的重复抽样

不考虑顺序的抽样是从总体 N 个单位中抽取 n 个单位构成样本，只考虑样本各单位的性质，不考虑各单位的中选顺序。例如 AB、BA 两个样本组合虽然样本的中选顺序不同，但二者的组成成分相同，在不考虑顺序的条件下，只能算一个样本组合。

不考虑顺序的重复抽样就是可重复组合。例如，总体有 A、B、C、D 四个单位，要从中不考虑顺序地重复抽取两个单位构成一个样本。先从四个单位中抽取一个单位，登记后放回，然后再从相同的四个单位中抽取第二个单位，在不考虑顺序的情况下，只要两次抽取的元素相同就认为是同一个样本，全部可能抽取的样本组合为

$$AA、AB、AC、AD、BB、BC、BD、CC、CD、DD$$

一般来说，从总体 N 个单位中不考虑顺序地重复抽取 n 个单位构成样本，其全部可能的样本数目为

$$\mathrm{C}_{N+n-1}^{n}=\frac{(N+n-1)!}{n!(N-1)!}$$

代入上例得

$$\mathrm{C}_{4+2-1}^{2}=\frac{(4+2-1)!}{2!(4-1)!}=\frac{5\times4\times3\times2}{2\times3\times2}=10$$

（二）不重复抽样

不重复抽样是从总体 N 个单位中，要抽取一个容量为 n 的样本，每次从总体中抽取一个单位并登记后，不再将其放回参加下一次的抽选，连续进行 n 次抽样，就构成了一个样本。不重复抽样的特点是样本是由 n 次连续抽取结果构成，但实质上等于一次同时从总体 N 中抽取 n 个样本单位，所以连续 n 次抽选的结果不是相互独立的，第一次抽取的结果影响下一次的抽取，每抽取一次，总体单位数就减少一个；每个单位的中选机会在各次是不相等的。

不重复抽样也有考虑顺序与不考虑顺序两种情况。

1. 考虑顺序的不重复抽样

考虑顺序的不重复抽样就是不重复排列。例如，总体有 A、B、C、D 四个单位，要从中随机不重复地抽取两个单位构成一个样本。先从四个单位中抽取一个单位，登记后不再放回，然后再从剩余的三个单位中抽取第二个单位，就构成了一个样本，全部可能抽取的样本数目为 $4\times3=12$ 种，其具体样本组合为

$$AB、AC、AD \quad BA、BC、BD \quad CA、CB、CD \quad DA、DB、DC$$

一般来说，从总体 N 个单位中，要随机不重复抽取一个容量为 n 的样本，共有样本组合为

$$\mathrm{A}_N^n = N(N-1)(N-2)\cdots(N-n+1) = \frac{N!}{(N-n)!}$$

代入上例，得

$$\mathrm{A}_4^2 = \frac{4!}{(4-2)!} = \frac{4\times3\times2}{2} = 12$$

2. 不考虑顺序的不重复抽样

不考虑顺序的不重复抽样就是不重复组合。

例如，总体有 A、B、C、D 四个单位，要从中随机不重复抽取两个单位构成一个样本，并且不考虑元素的抽选顺序。可组成没有重复且字母不同的样本组合为

$$AB、AC、AD、BC、BD、CD$$

一般来说，从总体 N 个单位中，要不考虑顺序地不重复抽取一个容量为 n 的样本，共有样本组合为

$$\mathrm{C}_N^n = \frac{N!}{n!(N-n)!}$$

代入上例，得

$$\mathrm{C}_4^2 = \frac{4!}{2!(4-2)!} = \frac{4\times3\times2}{2\times2} = 6$$

由此可见，在相同的样本容量要求下，不重复抽样的样本组合总是比重复抽样的样本组合要少。

第二节 抽样平均误差

一、抽样误差的概念

抽样误差是指抽样总体和全及总体之间数量上的差别，是用样本指标推断总体指标的根据。

首先，抽样误差指的是由于抽样的随机性产生的代表性误差，不包括登记误差。所谓登记误差，是指在调查过程中，由于主、客观原因引起的登记、汇总或计算等方面的差错而造成的误差。而所谓代表性误差，是指由于样本总体的结构与全及总体的结构不同，样本总体不能完全代表全及总体而产生的样本总体的指标与全及总体的指标之间的误差。

其次，代表性误差又分为两种。一种是破坏了抽样的随机原则而产生的误差，称之为偏差。例如，抽选到一个单位后，调查者认为它偏低或偏高，人为把它剔除掉而产生的偏差。这种偏差在进行抽样调查时应该设法避免，它不属于抽样误差的概念范畴。另一种则是指遵守了随机原则，但可能抽到各种不同的样本而产生的误差。这种误差是一定会产生的，但可以对它进行计算并设法加以控制。抽样误差实际上指的就是这种随机误差。

最后，随机误差又可进一步分为两种：实际误差和抽样平均误差。实际误差指的是样本总体指标与全及总体指标之间的差别，事实上这是无法知道的误差。抽样平均误差指的是所有可能出现的样本总体指标的标准差，即所有可能出现的样本总体指标和全及总体指标的离差平方的算术平均数的平方根。

二、抽样平均误差的影响因素

抽样平均误差的大小主要受到以下三个因素的影响：

（一）全及总体中各单位标志变动的程度

全及总体中各单位标志变动的程度越大，抽样平均误差就越大，反之则越小。两者成正比关系变化。例如，假设全及总体中各单位的标志值均相等，那么抽样总体指标就等于全及总体指标，则抽样平均误差等于零。

（二）抽样总体单位数

在不考虑其他条件的情况下，抽样总体单位数越多，抽样平均误差越小，反之则越大。两者成反比关系变化。这是因为，抽样总体的单位数越多，抽样总体在全及总体中所占的比例就越高，抽样总体就会越接近全及总体的基本特征。例如，假设抽样总体单位数扩大到与全及总体单位数相等时，那抽样调查就变成了全面调查，抽样总体指标等于全及总体指标，抽样平均误差等于零。

（三）抽样组织的方式

抽样平均误差除了受上述两个因素影响外，其大小还受到不同抽样组织方式的影响。这部分内容将在本章第四节重点介绍。

三、抽样平均误差的计算

抽样平均误差分为两种，抽样平均数平均误差和抽样成数平均误差，下面分别予以介绍。

（一）抽样平均数的抽样平均误差

1. 重复抽样下抽样平均数的抽样平均误差

假设抽样平均数的抽样平均误差为μ_x，总体标准差为σ，样本容量为n，则抽样平均数的抽样平均误差为

$$\mu_x = \frac{\sigma}{\sqrt{n}}$$

例6-1 某旅行社2014年1~5月的旅游团接待量依次为50个、52个、54个、56个、58个，现随机从中抽出两个月的数据计算平均接团量，可组成全部样本为$5^2 = 25$个，抽样组合及其平均数如表6-1所示。

表6-1 抽样组合及抽样平均数 （单位：个）

	50	52	54	56	58
50	50，50 $\bar{x}=50$	52，50 $\bar{x}=51$	54，50 $\bar{x}=52$	56，50 $\bar{x}=53$	58，50 $\bar{x}=54$
52	50，52 $\bar{x}=51$	52，52 $\bar{x}=52$	54，52 $\bar{x}=53$	56，52 $\bar{x}=54$	58，52 $\bar{x}=55$
54	50，54 $\bar{x}=52$	52，54 $\bar{x}=53$	54，54 $\bar{x}=54$	56，54 $\bar{x}=55$	58，54 $\bar{x}=56$
56	50，56 $\bar{x}=53$	52，56 $\bar{x}=54$	54，56 $\bar{x}=55$	56，56 $\bar{x}=56$	58，56 $\bar{x}=57$
58	50，58 $\bar{x}=54$	52，58 $\bar{x}=55$	54，58 $\bar{x}=56$	56，58 $\bar{x}=57$	58，58 $\bar{x}=58$

根据上述抽样组合及抽样平均数，可以编制如表6-2所示的频数及频率分布表。

表6-2 频数及频率分布表

样本平均值（$\bar{x}$）/个	50	51	52	53	54	55	56	57	58	合计
频数f	1	2	3	4	5	4	3	2	1	25
频率（$f/\sum f$）	0.04	0.08	0.12	0.16	0.20	0.16	0.12	0.08	0.04	1.00

计算抽样平均数的平均数和标准差，如表6-3所示。

表6-3 重复抽样下抽样平均数相关指标计算表

$\bar{x}$/个	f	$\bar{x}f$	$\bar{x}-\bar{\bar{x}}$/个	$(\bar{x}-\bar{\bar{x}})^2 f$
50	1	50	−4	16
51	2	102	−3	18

（续）

$\bar{x}$/个	f	$\bar{x}f$	$\bar{x}-\bar{\bar{x}}$/个	$(\bar{x}-\bar{\bar{x}})^2f$
52	3	156	-2	12
53	4	212	-1	4
54	5	270	0	0
55	4	220	1	4
56	3	168	2	12
57	2	114	3	18
58	1	58	4	16
合计	25	1350	—	100

抽样平均数的平均数为

$$\bar{\bar{x}} = \frac{\sum \bar{x}f}{\sum f} = \frac{1350}{25}\text{个} = 54\text{个}$$

抽样平均数的方差为

$$\frac{\sum (\bar{x}-\bar{\bar{x}})^2 f}{\sum f} = \frac{100}{25} = 4$$

抽样平均数的标准差为

$$\mu_x = \sqrt{\frac{\sum (\bar{x}-\bar{\bar{x}})^2 f}{\sum f}} = \sqrt{\frac{100}{25}} = 2$$

为验证总体标准差与抽样平均误差（即全部可能样本平均数的标准差）的关系，下面再计算总体平均数和总体标准差。

总体平均数为

$$\bar{X} = \frac{\sum X}{N} = \frac{50\text{个}+52\text{个}+54\text{个}+56\text{个}+58\text{个}}{5} = 54\text{个}$$

总体标准差为

$$\sigma = \sqrt{\frac{\sum (X-\bar{X})^2}{N}}$$

$$= \sqrt{\frac{(50\text{个}-54\text{个})^2+(52\text{个}-54\text{个})^2+(54\text{个}-54\text{个})^2+(56\text{个}-54\text{个})^2+(58\text{个}-54\text{个})^2}{5}} = \sqrt{\frac{40}{5}}\text{个}$$

$$= \sqrt{8}\text{个}$$

综上：

抽样平均数的平均数等于总体平均数：

$$\bar{\bar{x}} = \bar{X} = 54 \text{ 个}$$

抽样平均数的标准差等于总体标准差的 $1/\sqrt{n}$：

$$\mu_x = \frac{\sigma}{\sqrt{n}} = \sqrt{\frac{8}{2}} \text{ 个} = 2$$

2. 不重复抽样下抽样平均数的抽样平均误差

在不重复抽样下，抽样平均数的抽样平均误差为

$$\mu_x = \sqrt{\frac{\sigma^2}{n}\left(\frac{N-n}{N-1}\right)}$$

或

$$\mu_x = \sqrt{\frac{\sigma^2}{n}\left(1-\frac{n}{N}\right)}$$

例 6-2 仍以上述某旅行社旅游团接待量抽样调查为例，在不重复抽样下全部可能的抽样平均数如表 6-4 所示。

表 6-4 不重复抽样下的抽样平均数 （单位：个）

	50	52	54	56	58
50	—	51	52	53	54
52	51	—	53	54	55
54	52	53	—	55	56
56	53	54	55	—	57
58	54	55	56	57	—

根据上述抽样平均数，可以编制如表 6-5 所示的抽样平均数频数及频率分布表。

表 6-5 抽样平均数频数及频率分布表

样本平均值 ($\bar{x}$)/个	51	52	53	54	55	56	57	合计
频数 (f)	2	2	4	4	4	2	2	20
频率 ($f/\sum f$)	0.1	0.1	0.2	0.2	0.2	0.1	0.1	1.0

计算抽样平均数的平均数和标准差，如表 6-6 所示。

表 6-6 不重复抽样下抽样平均数相关指标计算表

$\bar{x}$/个	f	$\bar{x}f$	$\bar{x}-\bar{\bar{x}}$	$(\bar{x}-\bar{\bar{x}})^2f$
51	2	102	−3	18
52	2	104	−2	8
53	4	212	−1	4

（续）

$\bar{x}$/个	f	$\bar{x}f$	$\bar{x}-\bar{\bar{x}}$	$(\bar{x}-\bar{\bar{x}})^2f$
54	4	216	0	0
55	4	220	1	4
56	2	112	2	8
57	2	114	3	18
合计	20	1080	—	60

不重复抽样下抽样平均数的平均数为

$$\bar{\bar{x}} = \frac{\sum \bar{x}f}{\sum f} = \frac{1080}{20}\text{个} = 54\text{个}$$

不重复抽样下抽样平均数的方差为

$$\frac{\sum (\bar{x}-\bar{\bar{x}})^2 f}{\sum f} = \frac{60}{20} = 3$$

不重复抽样下抽样平均数的标准差为

$$\mu_x = \sqrt{\frac{\sum (\bar{x}-\bar{\bar{x}})^2 f}{\sum f}} = \sqrt{3}\text{个} \approx 1.732\text{个}$$

为验证不重复抽样下总体标准差与抽样平均误差（即全部可能样本平均数的标准差）的关系，下面再计算不重复抽样下的总体平均数和总体标准差。

不重复抽样的总体平均数为

$$\bar{X} = \frac{\sum X}{N} = \frac{50\text{个}+52\text{个}+54\text{个}+56\text{个}+58\text{个}}{5} = 54\text{个}$$

不重复抽样的总体标准差为

$$\sigma = \sqrt{\frac{\sum (X-\bar{X})^2}{N}}$$

$$= \sqrt{\frac{(50\text{个}-54\text{个})^2+(52\text{个}-54\text{个})^2+(54\text{个}-54\text{个})^2+(56\text{个}-54\text{个})^2+(58\text{个}-54\text{个})^2}{5}}$$

$$= \sqrt{\frac{40}{5}}\text{个} = \sqrt{8}\text{个}$$

综上：

抽样平均数的平均数等于总体平均数：

$$\bar{\bar{x}} = \bar{X} = 54\text{个}$$

抽样平均数的标准差等于总体标准差的 $\sqrt{\frac{1}{n}\left(\frac{N-n}{N-1}\right)}$：

$$\mu_x = \sqrt{\frac{\sigma^2}{n}\left(\frac{N-n}{N-1}\right)} = \sqrt{\frac{8}{2}\left(\frac{5-2}{5-1}\right)}\text{个} = \sqrt{3}\text{个} \approx 1.732\text{个}$$

（二）抽样成数的抽样平均误差

计算抽样成数的抽样平均误差时，将平均数的抽样平均误差计算公式中的总体平均数方差 σ^2 换成总体成数方差 $P(1-P)$ 即可。

1. 重复抽样下抽样成数的抽样平均误差

$$\mu_p = \sqrt{\frac{P(1-P)}{n}}$$

2. 不重复抽样下抽样成数的抽样平均误差

$$\mu_p = \sqrt{\frac{P(1-P)}{n}\left(\frac{N-n}{N-1}\right)}$$

或

$$\mu_p = \sqrt{\frac{P(1-P)}{n}\left(1-\frac{n}{N}\right)}$$

上述公式中的 σ^2 和 $P(1-P)$ 是总体指标，在抽样推断中往往是未知的，通常以抽样指标代替或采用以前已有的总体指标。

例 6-3 某省对 2014 年上半年接待的 400 000 名国内游客按 1% 的比例抽样调查人均年收入。测得结果为：抽样平均数 $\bar{x}=5$ 万元，抽样标准差 $s_x=0.5$ 万元；在样本中有 400 名国内游客的年收入低于 2 万元。试求重复抽样与不重复抽样下，抽样平均数和抽样成数的抽样平均误差。

解：已知 $\bar{x}=5$ 万元，$s_x=0.5$ 万元，$N=400\ 000$，$n=400\ 000\times1\%=4000$，$P=400/4000=10\%$。将这些数据代入抽样平均误差计算公式，则：

重复抽样下抽样平均数的抽样平均误差为

$$\mu_x = \frac{\sigma}{\sqrt{n}} = \frac{s_x}{\sqrt{n}} = \frac{0.5\text{万元}}{\sqrt{4000}} \approx 0.007\ 91\text{万元}$$

不重复抽样下抽样平均数的抽样平均误差为

$$\mu_x = \sqrt{\frac{\sigma^2}{n}\left(\frac{N-n}{N-1}\right)} = \sqrt{\frac{s_x^2}{n}\left(\frac{N-n}{N-1}\right)} = \sqrt{\frac{0.5^2}{4000}\left(\frac{400\ 000-4000}{400\ 000-1}\right)}\text{万元}$$

$$\approx 0.007\ 87\text{万元}$$

重复抽样下抽样成数的抽样平均误差为

$$\mu_p = \sqrt{\frac{P(1-P)}{n}} = \sqrt{\frac{p(1-p)}{n}} = \sqrt{\frac{10\%(1-10\%)}{4000}}\text{万元} \approx 0.004\ 74\text{万元}$$

不重复抽样下抽样成数的抽样平均误差为

$$\mu_p = \sqrt{\frac{P(1-P)}{n}\left(\frac{N-n}{N-1}\right)} = \sqrt{\frac{p(1-p)}{n}\left(\frac{N-n}{N-1}\right)}$$

$$= \sqrt{\frac{10\%(1-10\%)}{4000}\left(\frac{400\ 000-4000}{400\ 000-1}\right)}\text{万元} \approx 0.004\ 72\text{万元}$$

四、抽样极限误差

抽样极限误差又称抽样允许误差，它是在一定概率 $F(t)$ 下保证抽样推断中样本指标与全及指标之间的抽样误差不超过某一给定的最大可能范围。因此，在抽样推断中常用若干 (t) 倍抽样平均误差来表示极限误差。若设 Δ 为极限误差，则有

$$\Delta = t\mu$$

也就是说，极限误差是 t 倍的抽样平均误差。

因此，样本平均数的极限误差可以表示为

重复抽样下：

$$\Delta_x = t\mu_x = t\frac{\sigma}{\sqrt{n}}$$

不重复抽样下：

$$\Delta_x = t\mu_x = t\sqrt{\frac{\sigma^2}{n}\left(\frac{N-n}{N-1}\right)}$$

或

$$\Delta_x = t\sqrt{\frac{\sigma^2}{n}\left(1-\frac{n}{N}\right)}$$

样本成数的极限误差可以表示为

重复抽样下：

$$\Delta_x = t\mu_p = t\sqrt{\frac{P(1-P)}{n}}$$

不重复抽样下：

$$\Delta_x = t\mu_p = t\sqrt{\frac{P(1-P)}{n}\left(\frac{N-n}{N-1}\right)}$$

或

$$\Delta_x = t\sqrt{\frac{P(1-P)}{n}\left(1-\frac{n}{N}\right)}$$

例 6-4 从某市 15 000 名持证导游中，按照随机原则抽取 150 名导游调查接待游客人数情况。测得 150 名导游月平均接待游客 350 人次，其标准差为 30 人次，月接待游客人次在 300 以下的导游比率为 12%。试求在 95.45% 的概率保证下，抽样平均数和抽样成数的极限误差。

解：已知$\bar{x}=350$人次，$s_x=30$人次，$N=15\,000$，$n=150$，$p=12\%$，$F(t)=0.9545$，则查正态分布概率表可知$t=2$。将这些数据代入抽样极限误差计算公式，则

样本平均数的极限误差为

重复抽样下：

$$\Delta_x=t\mu_x=t\frac{\sigma}{\sqrt{n}}=t\frac{s_x}{\sqrt{n}}\approx 4.90$$

不重复抽样下：

$$\Delta_x=t\mu_x=t\sqrt{\frac{\sigma^2}{n}\left(\frac{N-n}{N-1}\right)}=t\sqrt{\frac{s_x^2}{n}\left(\frac{N-n}{N-1}\right)}\approx 4.87$$

样本成数的极限误差可以表示为

重复抽样下：

$$\Delta_x=t\mu_p=t\sqrt{\frac{P(1-P)}{n}}=t\sqrt{\frac{p(1-p)}{n}}\approx 5.31\%$$

不重复抽样下：

$$\Delta_x=t\mu_p=t\sqrt{\frac{P(1-P)}{n}\left(\frac{N-n}{N-1}\right)}=t\sqrt{\frac{p(1-p)}{n}\left(\frac{N-n}{N-1}\right)}\approx 5.28\%$$

第三节 抽样估计和推断

抽样调查后，获取到了所需的样本信息，根据样本信息计算得到相关样本指标。如何根据计算所得样本指标推断总体指标则是接下来要解决的问题。这一阶段要解决的主要问题是：抽样估计的基本要求是什么？如何进行抽样估计？下面将重点围绕上述两个问题展开。

一、抽样估计的概念和特点

抽样估计，也称参数估计，是指以样本的实际资料为基础，计算得到若干样本指标，并用这些样本指标估计和推断相应的总体指标。抽样估计具有如下几个特点：

（1）从逻辑角度出发，抽样推断应用的是归纳推理。它从研究个别命题出发，推导出一般性命题的结论，达到从局部认识总体的目的。

（2）从方法上讲，抽样推断应用的是概率估计，而不是确定的数学分析。因为样本数据与总体数据之间不存在严格的函数关系，所以不能用函数分析的方法，只能用概率来估计。通常先计算出样本指标，再根据一定的概率（可靠程度）来推断总体相应的指标数值或其所在的区间，这就是概率估计的方法。

（3）抽样推断的结论存在一定的误差。因为在抽样推断中，不可避免地由

于偶然因素的存在导致样本指标与总体指标无法完全一致，所以误差在所难免。通常是用一定的概率来保证样本指标与总体指标的误差在一定范围以内。

二、抽样估计的衡量标准

一般认为，用样本指标估计总体指标时，如果满足无偏性、有效性和一致性三个基本要求，则认为该抽样估计是一个优良估计。

（一）无偏性

无偏性是指样本指标的平均数等于被估计的总体指标。也就是说，虽然单次抽样的样本指标很难与总体指标保持一致，但在多次反复的抽样估计中，各次抽样样本指标的平均数应该等于总体指标，即多次抽样估计的平均数应该是没有偏差的。

（二）一致性

一致性是指当样本容量充分大时，样本指标也会充分靠近总体指标。一般来说，当样本容量增大时，样本指标就会更紧密地趋近于总体指标。也就是说，随着样本容量的无限增加，样本指标与被估计的总体指标之差的绝对值小于任意小数的可能性趋近于100%，此时称样本指标为总体指标的一致估计量。

（三）有效性

有效性是指用样本指标估计总体指标时，其方差应当比其他任何估计量的方差都小。即用样本平均数和总体某一变量来估计总体平均数，虽然两者都是无偏估计量，但样本平均数更靠近总体平均数的周围，平均来说，它们之间的离差更小。因此，用样本平均数（成数）来估计总体平均数（成数）比用其他变量估计总体平均数更加有效。

三、抽样估计的方法

抽样估计通常有两种方法：点估计和区间估计。下面分别予以介绍。

（一）点估计

点估计又称定值估计，是指直接用样本指标作为相应的总体指标的估计量。也就是说，直接用样本指标代替总体相应的指标。常用的点估计主要有：

（1）用样本平均数估计总体平均数，即用$\bar{x}$代替$\overline{X}$。

（2）用样本成数估计总体成数，即用p代替P。

（3）用样本方差估计总体方差，即用s^2代替σ^2。

（4）用样本标准差估计总体标准差，即用s代替σ。

例6-5 对一批某型号元宵节花灯进行质量检验，按随机抽样方法抽取300个，测得平均耐用时间为1100h，耐用时间标准差为50h，样本合格率为98%。问该批元宵节花灯的平均耐用时间、耐用时间标准差、方差和合格率各是多少？

解：根据题意，这是一个点估计的问题，因此可以直接用样本指标代替对应总体的各个指标。也就是说：

该批元宵节花灯的平均耐用时间为

$$\overline{X}=\bar{x}=1100\text{h}$$

该批元宵节花灯的平均耐用时间标准差为

$$\sigma=s=50\text{h}$$

该批元宵节花灯的平均耐用时间方差为

$$\sigma^2=s^2=2500\text{h}$$

该批元宵节花灯的合格率为

$$P=p=98\%$$

（二）区间估计

1. 区间估计的概念

区间估计是指在一定概率的保证下，用抽样所得指标和抽样平均误差去估计总体指标可能存在的范围的方法。

区间估计的结果包含两个方面：一是总体指标可能落在的数值区间；另一个是总体指标落在该区间的可靠程度或称概率。将这一区间称为置信区间，区间两个端点的数值称为置信上限和置信下限。对可靠程度的期望不应太高，因为过高的可靠程度必然导致过大的数值区间，数值区间过大就失去了区间估计的价值。一般来说，可靠程度 $F(t)$ 在 0.90 ~0.96 之间。

2. 区间估计的步骤

区间估计主要有以下几个步骤：

（1）抽取样本，计算样本指标（样本平均数 $\bar{x}$ 或样本成数 p、样本方差 s^2 或样本标准差 s、抽样平均误差 μ）。

（2）根据给定的可靠程度 $F(t)$ 和已经计算得到的抽样平均误差 μ，确定概率度 t，计算抽样极限误差 Δ。

（3）根据已计算得到的样本指标和抽样平均误差推断总体指标所在区间，即：推断总体平均数所在区间：$\bar{x}\pm\Delta_x$

推断总体成数所在区间：$p\pm\Delta_x$

例 6-6　对 10 000 个元宵节花灯按随机原则抽取 100 个进行质量检验，样本调查资料如表 6-7 所示。试以 95% 的概率保证程度，估计这 10 000 只元宵节花灯的平均耐用时间和合格率（耐用时间达到 1000h 的为合格品）。

表 6-7　元宵节花灯抽样调查资料计算表

耐用时间/h	组中值 x_i /h	检测花灯数 f_i /个	$x_i f_i$	$x_i-\bar{x}$	$(x_i-\bar{x})^2 f_i$
1000 以下	950	5	4750	−208	216 320

（续）

耐用时间/h	组中值 x_i/h	检测花灯数 f_i/个	$x_i f_i$	$x_i - \bar{x}$	$(x_i - \bar{x})^2 f_i$
1000 ~ 1100	1050	10	10 500	−108	116 640
1100 ~ 1200	1150	60	69 000	−8	3840
1200 ~ 1300	1250	22	27 500	92	186 208
1300 以上	1350	3	4050	192	110 592
合计	—	100	115 800	—	633 600

解：

（1）估计该批元宵节花灯的平均耐用时间。

样本平均耐用时间：

$$\bar{x} = \frac{\sum_{i=1}^{n} x_i f_i}{\sum_{i=1}^{n} f_i} = \frac{115\ 800}{100}\text{h} = 1158\text{h}$$

样本平均耐用时间标准差：

$$\sigma = \sqrt{\frac{\sum (x_i - \bar{x})^2 f_i}{\sum f_i}} = \sqrt{\frac{633\ 600}{100}}\text{h} \approx 79.60\text{h}$$

不重复抽样下样本平均耐用时间抽样平均误差：

$$\mu_x = \sqrt{\frac{\sigma^2}{n}\left(\frac{N-n}{N-1}\right)} = \sqrt{\frac{79.60^2}{100}\left(\frac{10\ 000 - 100}{10\ 000 - 1}\right)}\text{h} \approx 7.92\text{h}$$

不重复抽样下样本平均耐用时间抽样极限误差：

因为 $F(t) = 0.9500$，查表得 $t = 1.96$

所以 $\Delta_x = t\mu_x = 1.96 \times 7.92\text{h} = 15.52\text{h}$

估计该批元宵节花灯的平均耐用时间所占区间：

区间上限：$\bar{x} + \Delta_x = 1158\text{h} + 15.52\text{h} = 1173.52\text{h}$

区间下限：$\bar{x} - \Delta_x = 1158\text{h} - 15.52\text{h} = 1142.48\text{h}$

即该批元宵节花灯的平均耐用时间在 1142.48 ~ 1173.52h 之间，其可靠程度为 95%。

（2）估计该批元宵节花灯的合格率。

样本合格率：

$$p = \frac{100\text{个} - 5\text{个}}{100\text{个}} = 0.95$$

不重复抽样下样本合格率抽样平均误差：

$$\mu_p = \sqrt{\frac{p(1-p)}{N}\left(\frac{N-n}{N-1}\right)} = \sqrt{\frac{0.95(1-0.95)}{100}\left(\frac{10\ 000-100}{10\ 000-1}\right)}$$

$$\approx 0.0217$$

样本合格率极限误差：

$$\Delta_p = t\mu_p = 1.96 \times 0.0217 = 0.0425$$

估计该批元宵节花灯的合格率所占区间：

区间上限：$p + \Delta_p = 0.95 + 0.0425 = 0.9925$

区间下限：$p - \Delta_p = 0.95 - 0.0425 = 0.9075$

即该批元宵节花灯的合格率在90.75%~99.25%之间，其可靠程度为95%。

（三）全及总体总量指标的修正与推算

除了估计全及总体平均数和全及总体成数等指标外，还应当求出全及总体的总量指标。在推断实践中，估计全及总体总量指标常用的方法有直接推算法和修正系数法两种。下面分别予以介绍。

1. 直接推算法

直接推算法是指依据点估计值或区间估计值及全及总体单位数，去推算全及总体总量指标值或全及总体总量指标所在区间。

（1）用样本平均数和总体单位数推算总体标志总量 Q，其计算公式为

$$Q = \bar{x}N$$

例6-7 某市星级酒店员工共10 000人，抽取100名员工作为样本进行调查，测得星级酒店员工的月平均收入为2350元，试估计该市全体星级酒店员工的月收入。

解：全市全体星级酒店员工的月收入为

$$Q = \bar{x}N = 2350\text{元} \times 10\ 000 = 2350\text{万元}$$

（2）用样本成数和总体单位数推算全及总体中具有某种标志的单位数 N_1，其计算公式为

$$N_1 = pN$$

例6-8 某旅行社有50名员工，随机抽取10%进行调查，测得2014年6月份全勤人数为90%，问该旅行社6月份全勤员工有多少？

解：该旅行社6月份全勤员工人数为

$$N_1 = pN = 0.9 \times 50\text{名} = 45\text{名}$$

（3）用样本平均数、抽样极限误差和总体单位数推算总体标志总量所在区间，其计算公式为

$$Q = [(\bar{x} - \Delta_x)N, (\bar{x} + \Delta_x)N]$$

例6-9 某市餐饮企业有10万名职工，随机抽取1%进行调查，测得职工年平均收入为3.5万元，在95.45%的概率保证下抽样极限误差为0.2万元。试推

算该市餐饮企业职工年收入总额所在区间。

解： 该市餐饮企业职工年收入总额所在区间为

$Q=[(\bar{x}-\Delta_x)N,(\bar{x}+\Delta_x)N]=[(3.5\text{万元}-0.2\text{万元})\times 10,(3.5\text{万元}+0.2\text{万元})\times 10]=[33\text{万元},37\text{万元}]$

即该市餐饮企业职工年收入总额在33万~37万元之间，其概率保证度为95.45%。

（4）用样本成数、抽样极限误差和总体单位数推算总体中具有某种标志的单位数所占区间，其计算公式为

$$N_1=[(p-\Delta_p)N,(p+\Delta_p)N]$$

例6-10 某市餐饮企业有10万名职工，随机抽取1%进行调查，测得职工年平均收入在3万元以下的有40%，在95%的概率保证下抽样极限误差为2%。试推算该市餐饮企业年收入在3万元以下的职工人数所在区间。

解： 该市餐饮企业年收入在3万元以下的职工人数所在区间为

$N_1=[(p-\Delta_p)N,(p+\Delta_p)N]=[(40\%-2\%)\times 10\text{万名},(40\%+2\%)\times 10\text{万名}]=[3.8\text{万名},4.2\text{万名}]$

即该市餐饮企业年收入在3万元以下的职工人数所在区间是3.8~4.2万名，其概率保证程度为95%。

2. 修正系数法

所谓修正系数法，就是指利用抽样调查所得指标数值与全面调查所得同一指标数值进行比较，计算修正系数，通过修正系数对全面调查数据进行修正的方法。

例如，某市在第六次全国人口普查时获得的人口数据为100万人。在人口普查结束后，为了检验普查数据的准确性，随机选择该市的一个县进行人口抽样调查。该县普查时得到的人口是50 000人，而抽样调查所得人口是50 010人。则利用修正系数法对普查人口修正如下：

计算修正系数：

$$\text{修正系数}=\frac{\text{抽样调查数据}}{\text{普查数据}}=\frac{50\,010\text{人}}{50\,000\text{人}}=1.0002$$

修正普查数据：

修正后全市人口数据 = 普查数据 × 修正系数 = 100万人 × 1.0002 = 100.02万人

第四节 抽样方案设计

为了科学、有序地开展抽样调查和推断，必须事先设计出符合调查对象特点

和调查目的要求的抽样调查方案。设计抽样调查方案要解决的基本问题主要有抽样调查程序、抽样方案设计的基本原则和抽样组织方式等。

一、抽样调查程序

一项完整的抽样调查工作，主要包括以下程序：

（1）立项。即确定调查的目的、任务，拟定调查项目，规定调查时间和期限。

（2）收集调查总体的有关资料，编制抽样框。例如，在旅游经济调查中编制总体单位名册，在旅游景区调查中划分地段与编制地段号码等。

（3）设计抽样方案。即在保证遵循随机原则，并注意费用尽可能节约的前提下，选择恰当的抽样方式，确定必要的抽样单位数（样本容量）。

（4）组织样本单位数据收集和处理。即抽取样本单位，登记样本单位数据，计算样本指标、抽样平均误差和极限误差。

（5）推断总体，提供调查结果及相关说明。

二、抽样方案设计的原则

抽样方案的设计包括如何从总体中抽取样本，说明调查要取得哪些项目的资料，用什么方法取得这些资料，要求资料的精确程度和确定必要的样本单位数目等。完整的抽样方案还应该包括一些必要的附件，例如调查人员的培训计划、调查的问卷或调查表的设计、调查项目的编码以及汇总表的格式等。搞好抽样方案设计必须掌握两个基本原则。

（一）保证实现随机性抽样

随机原则是概率抽样的基础，只有排除了人们有意识地抽选样本，保证每个样本都有一个已知的概率被抽中，才能运用概率论的原理对总体作出正确的判断。若不遵守随机原则或者虽然按随机原则抽选，但抽选后没有按照规定进行调查，破坏了随机原则，就容易产生偏差。

在抽样中有一种常见的破坏随机原则的现象，就是在按规定抽选样本后，有些单位看似与总体的平均水平相差很远，便故意把它们抛弃或更换。实际上抽样调查的代表性要以样本作为一个整体来代表，并不是要求每一单位均有代表性，这样做的结果就会人为地缩小样本方差，从而无法正确地计算抽样误差，给抽样推断带来不好的后果。又如，在抽样调查中，有些单位由于地理位置比较偏僻，在抽样时把这样的单位排除在外，也就不符合随机原则而带来偏误。因而，在抽样设计时一定要保证随机抽选，而且还应考虑到由于种种原因未能取得中选单位的资料而需替补的方法。若不按随机原则，临时更换也容易产生偏差。因此，随机原则是抽样调查的一个重要原则。

(二) 保证实现最大的抽样效果

任何一项抽样调查都是在一定费用的限制条件下进行的，抽样方案设计应该力求调查费用最省；也因为抽样调查的内容是千差万别的，有些要求精度较高，而有些调查并不一定要有很高的精度，因而在抽样方案设计时要视情况而定。抽样设计的原则应该是在一定的误差和可靠性的要求下选择费用最少的样本设计。

三、抽样组织方式

抽样推断的目的是根据样本的信息来判断总体的数量规律。这种推断是否可靠，关键在于样本的可靠性，也就是取决于样本的抽取是否科学。抽样的组织方式主要有：简单随机抽样、类型抽样、机械抽样、整群抽样、多阶段抽样等。

(一) 简单随机抽样

简单随机抽样又称为纯随机抽样，它是按照随机原则直接从全及总体 N 个单位中抽取 n 个单位作为样本进行调查的组织方式。这种抽样方式除了需要全及总体单位名单外，基本不需要其他信息。全部抽样推断理论都是建立在简单随机抽样基础上的，因此简单随机抽样是抽样推断理论的基础。

从本质上讲，简单随机抽样最符合随机抽样原则。但从抽样推断效果上考察，它的应用却受到客观条件的限制。一般来说，它只适用于均匀总体（即具有被研究特征的单位均匀地分布在全及总体的各个部分），且各单位之间被研究标志值的差异较小，总体单位数较少，且便于编号和抽取的情况。

简单随机抽样的不足是没有充分利用全及总体已知信息或辅助资料；在总体单位很多、编号困难甚至不可能时，无法组织抽样；有时抽到的单位很分散，致使调查工作十分困难。

在简单随机抽样下，抽取样本的具体方法主要有直接抽选法、抽签法和随机数码表法等。

1. *直接抽选法*

直接抽选法即直接从全及总体中随机抽取样本单位的方法。例如，从旅游景区游玩的游客中，随机抽取若干名进行调查等。

2. *抽签法*

抽签法即先给每个总体单位编上序号，将号码写在纸片上，掺和均匀后在遵循随机原则的前提下，采用一定的方法抽取号码，抽到哪一个单位就调查哪个单位，直到抽够预先规定的数量为止。这种方法简单易行，总体单位数目不多时也可以使用。

3. *随机数码表法*

随机数码表法是用 0 ~ 9 这 10 个数码随机排列组成的多位数码表，随机数码表上数字的出现及排列是随机形成的，0 ~ 9 共 10 个数字，大体上各占 1/10，而且由表上数字组成的多位数也有大体相同的出现机会。使用此表时，首先，将全及总体的全部单位加以编号，根据编号的位数确定选用随机数码表中的若干栏数字。比如总体单位数是50个，编号最多是两位数，就选用随机数码表中的两列数字；如果总体单位数是3000个，编号最多四位数，就选用随机数码表中的四列数字。其次，从表中的任意一数字开始向任何方向数，遇到与编号相同的号码，就是抽选出的样本单位，直到抽足必要的单位数目为止。若遇到超过编号范围的数字就跳过去。如果是不重复抽样，则碰上重复的数字时也跳过去另行抽选，直到抽够规定的数量为止。随机数码表法比抽签法更方便，不再将总体号码写在纸条上，但它同样要给总体单位编号，一般适用于总体单位不太多的情况。

表6-8是从随机数码表中摘取的一部分，举个简单例子说明抽选过程。

表6-8 随机数码表

03	47	43	73	86	36	96	47	36	61
97	74	24	67	62	42	81	14	57	20
16	76	62	27	66	56	50	26	71	07
12	56	85	99	26	96	96	68	27	31
55	59	56	35	64	38	54	82	46	22
16	22	77	94	39	49	54	43	54	82
84	42	17	53	31	57	24	55	06	88
63	01	63	78	59	16	95	55	67	19
33	21	12	34	29	78	64	56	07	82
57	60	86	32	44	09	47	27	96	54
18	18	07	92	45	44	17	16	58	09
26	62	38	97	75	84	16	07	44	99
23	42	40	64	74	82	97	77	77	81
52	36	28	19	95	50	92	26	11	97
37	85	94	35	12	83	39	50	08	30

假如要从30个总体单位中抽取5个单位，首先要将总体单位按1～30编号。编号最多是两位数，因此，从随机数码表上取两列作为计算单位。假定从上列随机数码表的第3列开始数，即从43开始，顺次向下数。第二个数字24在编号范围内，这算一个，下面的62、85、56、77超出了范围，全跳过不用。17在编号范围内，因此17号作为样本单位，依次还可取出12、07、28作为样本单位。

这种办法虽然要对总体编号，但免除了做签和掺匀的工作，因而比较简单。如果总体单位数很多，只要把数字栏数放宽就可以了。例如，从4000个单位中抽选50个单位，则从随机数码表中任取4列数字作为计算单位顺序数下去，只要碰到4000以内的数字号码就作为样本单位，超过4000的不要，重复的不要，直到取够50个单位为止。

前面所讨论的抽样误差计算方法，就是从简单随机抽样组织方式出发的，因此简单随机抽样的误差公式为

在重复抽样条件下：

$$\mu_{\bar{x}} = \sqrt{\frac{\sigma^2}{n}}$$

$$\mu_p = \sqrt{\frac{P(1-P)}{n}}$$

不重复抽样条件下：

$$\mu_{\bar{x}} = \sqrt{\frac{\sigma^2}{n}\left(1-\frac{n}{N}\right)}$$

$$\mu_p = \sqrt{\frac{P(1-P)}{n}\left(1-\frac{n}{N}\right)}$$

（二）类型抽样

类型抽样又称分层抽样，它是先对调查总体各单位按主要标志加以分层（组），然后再从各层（组）中按照随机原则抽取一定数量的单位组成样本，进行调查和推断的一种抽样组织方式。

类型抽样中又有类型比例抽样和类型非比例抽样两种。类型非比例抽样就是分类后确定各类应抽取的样本单位数时，不考虑各类单位数占总体单位数的比重。而类型比例抽样是在分类的基础上，按照各类单位数占总体单位数的比重确定应抽取的样本单位数。类型比例抽样可使样本变量值的分布结构与总体变量值的分布结构趋向一致，从而进一步提高样本的代表性，缩小抽样误差。一般来说，类型比例抽样的抽样平均误差比完全随机抽样小很多。

类型比例抽样实际上是统计分组和随机抽样的结合应用。划分类型时必须界限清楚，准确掌握各类的单位数及其在总体中的比重；同时，组数不宜太多。通过分类，把总体中变量值比较接近的单位归为一类，使各类变量值的分布比较均匀，而且保证各类变量值都有中选机会，这样抽样平均数的变异程度就比较小。

在总体各单位变量值差异较大的情况下，运用类型抽样对比简单随机抽样来说可以取得更理想的效果，因此类型抽样的特点是样本代表性强、抽样误差小。在一定情况下，必要样本单位数可以减少。

类型比例抽样的误差，取决于各组样本单位数的总和与各组组内的方差（即各组组内标准差的平方）的平均数。因此，当测定平均数指标时，计算抽样误差不是用方差σ^2，而是用各组组内方差的加权算术平均数$\overline{\sigma_i^2}$。根据同样的道

理，在测定成数指标时，计算抽样误差不是用全及总体 P 和 $(1-P)$ 的乘积，而是各组 P_i 和 $(1-P_i)$ 乘积的平均数，即 $\overline{P_i(1-P_i)}$。

类型抽样的抽样误差计算公式如下：

在重复抽样条件下：

$$\mu_{\bar{x}} = \sqrt{\frac{\overline{\sigma_i^2}}{n}}$$

$$\overline{\sigma_i^2} = \frac{\sum \sigma_i^2 N_i}{N} \text{或} \overline{\sigma_i^2} = \frac{\sum \sigma_i^2 n_i}{n}$$

$$\mu_p = \sqrt{\frac{\overline{P(1-P)}}{n}}$$

$$\overline{P(1-P)} = \frac{\sum P_i(1-P_i)N_i}{N} \text{或} \frac{\sum P_i(1-P_i)n_i}{n}$$

在不重复抽样条件下：

$$\mu_{\bar{x}} = \sqrt{\frac{\overline{\sigma_i^2}}{n}\left(\frac{N-n}{N-1}\right)}$$

但在实际中，因为 N 很大，而 n 很小，也可改用以下公式：

$$\mu_{\bar{x}} = \sqrt{\frac{\overline{\sigma_i^2}}{n}\left(1-\frac{n}{N}\right)}$$

$$\mu_p = \sqrt{\frac{\overline{P(1-P)}}{n}\left(1-\frac{n}{N}\right)}$$

在实际工作中，因为不知道全及总体各类型组内方差，所以各类型组标准差平方 σ_i^2 常用各类的样本标准差平方 s_i^2 代替，各类型的成数 P_i 用各类型样本成数 p_i 代替。

（三）机械抽样

机械抽样又称等距抽样或系统抽样。它是实现将全及总体各单位按某种标志排列，然后依固定顺序和间隔抽取调查单位，并把这些抽取的单位组成样本进行观察的一种抽样组织形式。

设总体有 N 个单位，现抽取一个容量为 n 的样本，其抽选方法是：现将 N 个总体单位按一定顺序进行排列，令 $k=N/n$，k 称为抽样间隔或抽样距离，这实际上把总体单位分成 n 段，每段有 k 个单位，然后在第 1 段中随机地抽取一个随机数，设为 i，以后每隔 k 个单位为一抽中单位，即第 $i+k$，$i+2k$，…，$i+(n-1)k$，即抽满 n 个单位为止。

（1）按排队所依据的标志不同，机械抽样分为无关标志排队法和有关标志排队法。

1）无关标志排队法：排队的标志与调查的内容无关。例如，调查某旅行社职工生活水平时，按职工姓氏笔画排队。

2）有关标志排队法：排队的标志与调查的内容有关。例如，调查某旅行社职工生活水平时，按职工工资水平的高低进行排队。

（2）按样本单位抽选的方法不同，机械抽样分为随机起点等距抽样、半距起点等距抽样和对称等距抽样

1）随机起点等距抽样。当抽取间隔 k 确定以后，在第一段随机抽选一个样本单位，设该样本单位的顺序号为 a，则第二个样本单位的顺序号为 $k+a$，第三个样本单位的顺序号为 $2k+a$，其余类推，第 n 个样本单位的顺序号为（$n-1$）$k+a$。

当总体按无关标志排队时，随机起点等距抽样是可以运用的。当总体按有关标志排队时，随机起点等距抽样会产生系统性误差。举例说明，设总体有 20 个单位，按标志值高低排队编号见表 6-9。

表 6-9　总体单位数按标志值大小排队

序号	标志值	序号	标志值	序号	标志值	序号	标志值
1	2	6	12	11	25	16	39
2	5	7	16	12	29	17	40
3	7	8	20	13	32	18	45
4	8	9	21	14	34	19	46
5	10	10	24	15	35	20	49

总体平均数 $\overline{X}=24.95$。如果抽取 4 个样本单位，则间隔 $k=N/n=20/4=5$。如果随机起点为第一段第 1 号单位，即 $a=1$，则抽出的样本单位序号依次为第 1、第 6、第 11、第 16 号，样本平均数 $\bar{x}=19.5$。如果随机起点为第一段第 2 号单位，即 $a=2$，则抽出的样本单位序号依次为第 2、第 7、第 12、第 17 号，样本平均数 $\bar{x}=22.5$。很显然，这两个样本平均数比总体平均数偏低。如果随机起点为第一段第 5 号单位，即 $a=5$，则抽出的样本单位序号依次为第 5、第 10、第 15、第 20 号，样本平均数 $\bar{x}=29.5$，它比总体平均数则偏高。

2）半距起点等距抽样。要求各样本单位都选在各组的中点。各样本单位的顺序号是：第一个样本单位是 $k/2$，第二个样本单位是 $k+k/2$，第三个样本单位是 $2k+k/2$……第 n 个样本单位是（$n-1$）$k+k/2$。

无论按有关标志排队还是按无关标志排队，都可以采用这种方法。当总体按有关标志排队时，采用这种方法能保证样本有充分的代表性，长期以来它在大规模旅游经济调查中被广泛应用，实际检验其效果也是令人满意的。

但半距起点等距抽样也存在一定的局限性。首先，随机性不明显，当总体排队确定，样本容量确定，则样本单位也随之确定了；其次，只能抽取一个样本，不能进行样本轮换，抽样的利用率太低。

3）对称等距抽样。要求在第一段随机抽取第一个样本单位，假设该单位的顺序号为 a，在第二段与第一个样本单位对称的位置抽取第二个样本单位，它的顺序号为 $2k-a$。在第三段与第二段样本单位对称的位置抽取第三个样本单位，它的顺序号为 $2k+a$。以后抽出的样本单位序号依次为：$(4k-a)$，$(4k+a)$，$(6k-a)$，$(6k+a)$，…。

对称等距抽样保留了半距起点等距抽样的优点，而又避免了它的局限性，使其优点更加明显。

机械抽样方式能使抽取的调查单位更均匀地分布在全及总体中，因而其抽样误差一般较简单随机抽样小。特别是当研究现象变异程度大，而在实际工作中又不可能抽取更多单位时，机械抽样比简单随机抽样更有效。机械抽样的误差大小与总体单位的顺序有关。

无关标志排队法等距抽样近似于简单随机抽样。因此一般认为可以按简单随机不重复抽样方法计算抽样误差，即

$$\mu_{\bar{x}}=\sqrt{\frac{\sigma^2}{n}\left(1-\frac{n}{N}\right)}$$

$$\mu_p=\sqrt{\frac{P(1-P)}{n}\left(1-\frac{n}{N}\right)}$$

有关标志排队法等距抽样实质上可以看作一种特殊的类型抽样，不同的是类型更细致、组数更多，而在每个组内只抽选一个样本单位。因此，一般认为可以根据类型抽样不重复抽样的误差公式来计算抽样平均误差，即

$$\mu_{\bar{x}}=\sqrt{\frac{\overline{\sigma_i^2}}{n}\left(\frac{N_i-n_i}{N_i-1}\right)}$$

由于在等距抽样时，每个组内只抽取一个单位，因此 $n_i=1$，从而

$$\frac{N_i-n_i}{N_i-1}=\frac{N_i-1}{N_i-1}=1$$

所以

$$\mu_{\bar{x}}=\sqrt{\frac{\overline{\sigma_i^2}}{n}}$$

同理，在成数情况下

$$\mu_p=\sqrt{\frac{\overline{P(1-P)}}{n}}$$

也就是说，等距抽样虽然是不重复的抽样，实质上使用的是重复抽样公式。

（四）整群抽样

整群抽样是先将全及总体划分为若干组群，然后从中随机抽取一些群，对中选群的所有单位进行全面调查的抽样组织形式。例如，在对某旅游商品检验中，以箱为单位抽出进行检验；在大量连续生产的产品质量检验中，每隔1个小时抽取10分钟的产品进行检验等，都属于整群抽样。

由于群与群之间存在差别，如果群内差异小（即方差小），群间差异大，则会出现抽样误差大的情况。此时，样本单位分布不均匀，代表性就低；反之，群内差异大而群间差异小，则样本代表性就会提高，抽样误差就会减小。因此，在划分群时，应使群内方差尽可能大，而使群间方差尽可能小。这一点与类型抽样时分类的原则恰好相反。

整群抽样的抽样误差受三个因素影响。一是抽出的群数多少，抽出的群数越多，显然抽样误差就越小。二是群间方差，又叫组间方差，群间方差越大则抽样误差也越大。需要说明的是，整群抽样大都采用不重复抽样，对抽中的每一群，都是对群内各单位进行全面调查，所以在每个群内不存在抽样误差。三是抽样方式，由于采用不重复抽样方式，因此计算抽样误差时要使用修正系数。如果 R 代表总体群数，r 代表样本群数，则修正系数为

$$\frac{R-r}{R-1}$$

平均数的群间方差 $\delta_{\bar{x}}^2$ 为

$$\delta_{\bar{x}}^2=\frac{\sum(\overline{X_i}-\overline{X})^2}{R}\text{或}\delta_{\bar{x}}^2=\frac{\sum(\overline{x_i}-\bar{x})^2}{r}$$

式中 $\overline{X_i}$——全及各群的平均数；

$\overline{X}$——全及平均数；

$\overline{x_i}$——抽样各群的平均数；

$\bar{x}$——抽样各群的总平均数。

成数的群间方差 δ_p^2 为

$$\delta_p^2=\frac{\sum(P_i-P)^2}{R}\text{或}\delta_{\bar{x}}^2=\frac{\sum(p_i-p)^2}{r}$$

式中 P_i——全及各群的成数；

P——全及成数；

p_i——抽样各群的成数；

p——抽样各群的总成数。

抽样误差为

$$\mu_{\bar{x}} = \sqrt{\frac{\delta_{\bar{x}}^2}{r}\left(\frac{R-r}{R-1}\right)}$$

在成数情况下：

$$\mu_p = \sqrt{\frac{\delta_{\bar{p}}^2}{r}\left(\frac{R-r}{R-1}\right)}$$

当式中 R 的数目较大时，两个公式中的 $(R-r)/(R-1)$ 可以用 $1-r/R$ 来代替。

（五）多阶段抽样

以上几种抽样组织方式均为单阶段抽样，即都是从总体中进行一次抽样就产生一个完整的样本。但在实际工作中，有时总体包括的单位很多，而且分布很广，要一次抽选出样本是很困难的。在这种情况下，就要采用多阶段抽样的方法。

多阶段抽样就是在抽选样本时并不是一次直接从总体中抽取，而是分几个阶段进行。它首先将全及总体划分为若干部分，并从中抽出一些部分，再将中选的那些部分再分别划分为若干部分并抽取一些部分，依次进行，直到最后确定中选样本单位为止。

多阶段抽样适合于全及总体很大的情况，并且多阶段抽样所划分的抽样阶段数不宜过多，一般以划分两个至三个阶段为宜，最多四个阶段。例如，一个全国性的旅行社企业开展公司经营情况多阶段抽样调查，可以分三个阶段组织抽样：①从全国各省分公司中抽取部分省分公司，作为第一阶段样本；②从中选的省分公司中抽取部分地（市）分公司，作为第二阶段样本；③从中选的地（市）分公司中抽取部分县（市）分公司，进行实地调查，作为最基层的样本。计算反映经营情况的样本指标，例如人均营业额、人均利税额等。然后逐级往上综合推算人均营业额、人均利税额及该企业全国营业额、利税额等指标。

在多阶段抽样中，前几个阶段的抽样，都类似整群抽样。每一阶段抽样都会存在抽样误差。为提高抽样指标的代表性，各阶段抽取群数的安排和抽样方式，都应注意样本单位的均匀分布。

首先，适当多抽第一阶段的群数，使样本单位在总体中得到均匀分布。但是，样本过于分散则需要更多的人力和经费。

其次，根据方差的大小，来考虑各阶段抽取群数的多少。对于群间方差大的阶段，应当适当多抽一些群；反之，则可以少抽一些群。

最后，各阶段抽样时，可以根据条件，将各种抽样组织方式灵活运用，而且尽可能利用现成资料。

以两阶段抽样为例，首先将总体划分为 R 组，而每组包含 M_i 个单位。第一步，从 R 组中随机抽取 r 组；第二步，再从中选的 r 组中分别随机抽取 m_i 个单位，构成一个样本，这种抽样就是两阶段抽样。

两阶段抽样和类型抽样、整群抽样同样都须先对总体加以分组，然后再抽取单位，但它们之间却有明显的差别。类型抽样是从全部的分组中每组各抽取单位，它和两阶段抽样的区别在于第一阶段取了全部的组，而两阶段抽样在第一阶段只是随机地抽取部分的组。整群抽样是从全部的分组中随机抽取部分的组，然后对中选的全部单位进行调查，它和两阶段抽样的区别在第二阶段抽取了中选组的全部单位，而两阶段抽样在第二阶段只是在中选组中随机地抽取部分单位。因此两阶段抽样在组织技术上是整群抽样和类型抽样的综合。

现从全及总体的 R 群中随机抽取 r 群，并从中选的 r 群中分别随机抽取 m 个单位。用x_{ij}表示第 i 样本群第 j 个样本单位的标志值，第 i 样本群的抽样平均数为$\overline{x_i}$，则

$$\overline{x_i} = \frac{\sum_{j=1}^{m} x_{ij}}{m}$$

抽样平均数 $\overline{x}$ 为

$$\overline{x} = \frac{\sum_{i=1}^{r}\sum_{j=1}^{m} x_{ij}}{rm} = \frac{\sum_{i=1}^{r}\overline{x_i}}{r}$$

如果估计量的样本平均数为 $\overline{x}$，则第一阶段抽样平均数的方差为

$$\frac{\delta^2}{r}\left(\frac{R-r}{R-1}\right)$$

式中　δ^2 ——第一阶段抽样群的群间方差。

第二阶段抽样平均数的方差为

$$\frac{\overline{\sigma^2}}{rm}\left(\frac{M-m}{M-1}\right)$$

式中　$\overline{\sigma^2}$ ——各抽样群群内方差的平均数，其计算公式为

$$\overline{\sigma^2} = \frac{\sum_{i=1}^{r}\sigma_i^2}{r}$$

以上两阶段抽样平均方差为

不重复抽样条件下：

$$\mu_{\bar{x}} = \sqrt{\frac{\delta^2}{r}\left(\frac{R-r}{R-1}\right) + \frac{\overline{\sigma^2}}{rm}\left(\frac{M-m}{M-1}\right)}$$

或重复抽样条件下：

$$\mu_{\bar{x}} = \sqrt{\frac{\delta^2}{r} + \frac{\overline{\sigma^2}}{rm}}$$

例 6-11 某地进行甜玉米产量调查，将总体面积相等的 N 个待收获地段划分为 30 个群，每群包括 5 个地段。现在用两阶段抽样方法从 30 群中抽取 20%，并从中选的群中再抽选 40% 的地段组成样本，进行实割实测。采集的样本资料如表 6-10 所示。现计算两阶段样本平均数的抽样方差，并以 95% 的概率估计该地甜玉米平均亩产量。

表 6-10 两阶段抽样资料表

群别	单产 x_i /kg	样本平均数 $\overline{x_i}$ /kg	离差 $x_i-\overline{x_i}$ /kg	离差平方 $(x_i-\overline{x_i})^2$ /kg^2
1	550	560	−10	100
	570		10	100
2	560	565	−5	25
	570		5	25
3	570	572	−2	4
	574		2	4
4	580	585	−5	25
	590		5	25
5	585	590	−5	25
	595		5	25
6	600	605	−5	25
	610		5	25
总 计	—	3477	0	408

解：（1）计算样本平均数：

$$\bar{x}=\frac{\sum_{i=1}^{r}\overline{x_i}}{r}=\frac{3477\text{kg}}{6}=579.5\text{kg}$$

（2）计算群内方差：

$$\sigma_i^2=\frac{\sum(x_i-\overline{x_i})^2}{m}$$

$$\sigma_1^2=\frac{100\text{kg}^2+100\text{kg}^2}{2}=100\text{kg}^2$$

$$\sigma_2^2=\frac{25\text{kg}^2+25\text{kg}^2}{2}=25\text{kg}^2$$

$$\sigma_3^2=\frac{4\text{kg}^2+4\text{kg}^2}{2}=4\text{kg}^2$$

$$\sigma_4^2=\frac{25\text{kg}^2+25\text{kg}^2}{2}=25\text{kg}^2$$

$$\sigma_5^2=\frac{25\text{kg}^2+25\text{kg}^2}{2}=25\text{kg}^2$$

$$\sigma_6^2 = \frac{25\text{kg}^2 + 25\text{kg}^2}{2} = 25\text{kg}^2$$

（3）计算组内方差平均数：

$$\overline{\sigma^2} = \frac{\sum_{i=1}^{r} \sigma_i^2}{r} = \frac{100\text{kg}^2 + 25\text{kg}^2 + 4\text{kg}^2 + 25\text{kg}^2 + 25\text{kg}^2 + 25\text{kg}^2}{6} = 34\text{kg}^2$$

（4）计算群间方差：

$$\delta^2 = \frac{\sum_{i=1}^{r} (\overline{x_i} - \overline{x})^2}{r}$$

$$= \frac{(560\text{kg} - 579.5\text{kg})^2 + (565\text{kg} - 579.5\text{kg})^2 + (572\text{kg} - 579.5\text{kg})^2 + (585\text{kg} - 579.5\text{kg})^2 + (590\text{kg} - 579.5\text{kg})^2 + (605\text{kg} - 579.5\text{kg})^2}{6}$$

$$= 239.58\text{kg}^2$$

（5）计算抽样平均误差：

$R = 30, r = 6, M = 5, m = 2$

在不重复抽样下抽样平均误差为

$$\mu_{\bar{x}} = \sqrt{\frac{\delta^2}{r}\left(\frac{R-r}{R-1}\right) + \frac{\overline{\sigma^2}}{rm}\left(\frac{M-m}{M-1}\right)}$$

$$= \sqrt{\frac{239.58}{6}\left(\frac{30-6}{30-1}\right) + \frac{34}{6 \times 2}\left(\frac{5-2}{5-1}\right)}\text{kg}$$

$$= \sqrt{33.0455 + 2.125}\text{kg}$$

$$= 5.93\text{kg}^2$$

（6）推断该地甜玉米平均亩产量

根据 $F(t) = 0.95$，可知 $t = 1.96$，$\Delta_x = t\mu_{\bar{x}} = 1.96 \times 5.93\text{kg} = 11.62\text{kg}$

因此，估计下限：

$$\overline{x} - \Delta_x = 579.5\text{kg} - 11.62\text{kg} = 567.88\text{kg}$$

估计上限：

$$\overline{x} + \Delta_x = 579.5\text{kg} + 11.62\text{kg} = 591.12\text{kg}$$

即该地甜玉米平均亩产在567.88～591.12kg之间，其可靠程度为95%。

练习题

一、单项选择题

1. 抽样调查的目的在于（　　）。

A. 了解总体的基本情况　　　　　B. 用样本指标推断总体指标

C. 对样本进行全面调查　　　　　D. 了解样本的基本情况

2. 抽样调查所特有的误差是（　　）。

A. 由于样本的随机性而产生的误差　B. 登记误差

C. 系统性误差　　　　　　　　　D. 以上三种都不是

3. 抽样调查和重点调查的主要区别是（　　）。

A. 选取调查单位的方式不同　　　B. 调查的目的不同

C. 调查的单位不同　　　　　　　D. 两种调查没有本质区别

4. 当可靠度大于 0.6827 时，抽样极限误差（　　）。

A. 大于抽样平均误差

B. 小于抽样平均误差

C. 等于抽样平均误差

D. 与抽样平均误差的大小关系依样本容量而定

5. 有一批珍珠项链共 1000 箱，每箱 200 条，现随机抽取 20 箱并检查这些箱中全部的珍珠项链，这种检查属于（　　）。

A. 纯随机抽样　B. 类型抽样　C. 整群抽样　D. 等距抽样

6. 当总体单位不是很多且各单位间差异较小时宜采用（　　）。

A. 类型抽样　B. 纯随机抽样　C. 整群抽样　D. 两阶段抽样

7. 在抽样推断中，抽样误差是（　　）。

A. 可以避免的　　　　　　　　B. 可避免可控制的

C. 不可避免且无法控制的　　　D. 不可避免但可控制的

8. 在其他条件不变的情况下，抽样单位数越多，则（　　）。

A. 系统误差越大　　　　　　　B. 系统误差越小

C. 抽样误差越大　　　　　　　D. 抽样误差越小

二、多项选择题

1. 抽样调查的特点有（　　）。

A. 按随机原则抽取样本单位　　B. 事先确定把握程度大小

C. 以样本指标推断总体指标　　D. 抽样误差可以计算和控制

E. 以上都对

2. 抽样调查适用于下列（　　）这些场合。

A. 不宜进行全面调查而又要了解全面情况

B. 产品质量检验

C. 调查项目多、时效性强

D. 只需了解一部分单位的情况

E. 适用于任何调查

3. 区间估计中总体指标所在范围（　　）。

A. 是一个可能的范围　　B. 是绝对可靠的范围

C. 不是绝对可靠的范围　　D. 是有一定把握程度的范围

E. 是毫无把握的范围

三、判断改错题

1. 抽样调查就是凭主观意识从总体中抽取部分单位进行调查。（　　）

2. 抽样调查中的随机误差是可以避免的。（　　）

3. 所有可能的样本平均数的平均数等于总体平均数。（　　）

4. 缩小抽样的极限误差不会改变推断的把握程度。（　　）

5. 重复抽样和不重复抽样是抽取样本的两种方法，各种抽样组织方法都可以使用这两种方法。（　　）

四、计算题

1. 某旅行社为了了解职工家庭的收入情况，从3000户职工家庭中按不重复抽样的方法抽取300户职工家庭进行调查，调查结果如表6-11所示。

（1）如果用这300户职工家庭的月收入资料推算该旅行社3000户家庭月收入情况，则抽样平均误差为多少？

（2）从抽样资料得知，月平均收入在8000元以上的户数的比重为20%，故月收入在8000元以上的成数抽样平均误差为多少？

表6-11　某旅行社职工家庭收入情况调查资料

每户月收入/元	调查户数/户
4000以下	40
4000～6000	80
6000～8000	120
8000～10 000	50
10 000以上	10
合计	300

2. 对一批旅游商品按不重复随机抽样方法抽选200件，其中废品8件，已知抽样单位数是成品总量的1/20，当概率为0.9545时，能否认为这批旅游商品的废品率不超过5%？

3. 某省为了调查辖区内星级饭店的年平均利润总额，随机抽取16家作为样本进行调查，计算出星级饭店的年平均利润总额为43 000万元，标准差为4120万元，试以95%的置信度推断该省辖区内星级饭店的年平均利润总额。

第七章

相关分析

第一节 相关分析的基本问题

一、相关关系的概念

当一个或几个相互联系的变量取一定的数值时，与之相对应的另一变量的值虽然不确定，但它仍然按照某种规律在一定范围内变化。变量之间的这种相互关系，称为具有不确定性的相关关系，又称为联想关系、类缘关系、非等级关系。理解相关关系要把握以下两个要点：

（1）相关关系是指变量之间确实存在某种数量上的相互依存关系。变量之间，一个（或多个）变量发生数量上的变化，另一个变量也会相应地发生数量上的变化。例如，加大旅游宣传投入，旅游人数和旅游收入一般也会随之而增加。

（2）变量之间相互依存的数量关系是不固定的、非函数的。相关关系不同于函数关系。函数关系是变量和变量之间固定的、可以用数学表达式表现的关系，如勾股定理$a^2+b^2=c^2$，直角三角形斜边的平方等于两个直角边平方之和，可以用明确的数学表达式确定直角三角形三个边长之间的关系。而相关关系中，变量和变量之间的关系是不固定的，无法用确切的数学表达式表现。当其他变量的标志值变化时，某一变量的标志值也会相应发生变化，但这些数值之间的变化呈现一定的波动性，总是围绕着它们的平均数并遵循一定的规律而变化。例如，每亩耕地的亩产量与耕作深度之间存在着一定的相互关系，在一定条件下，耕作深度增加，亩产量也会相应提高，但在亩产量增长与耕作深度增加之间，并不存在严格的依存关系，因为亩产量除了受耕作深度影响外，还受施肥量、土壤、日照、降雨量等其他因素的影响。但即使如此，它们之间仍然存在着一定的规律性，在一定范围内，耕作深度增加，亩产量也会相应增加。

在旅游活动中存在着许多相互联系、相互依赖、相互制约的事物或现象。一种事物或现象的变化往往依赖于其他一种（或多种）事物或现象的变化。这种现象之间的相互联系，可以通过相关关系以数量的形式进行表达。例如，入境旅游收入与入境旅游游客数量之间，一般入境旅游游客数量上升，入境旅游收入也会增加；游客可支配收入与旅游消费支出之间，游客可支配收入减少，其旅游消费支出也会相应减少。

但必须注意的是，相关关系不能通过个别现象体现出其关系的规律性，而必须通过大量现象得以体现。因此，在相关分析中，必须运用大量的统计样本来确定变量之间的相关关系。

二、相关关系的种类

旅游活动各变量之间的相关关系是很复杂的，它们各自以不同的相关程度、不同的相关方向、不同的涉及因素相互作用着，并表现出不同的类型和形态。

（一）按相关关系涉及的变量分类，可以分为单相关、复相关和偏相关

（1）单相关。单相关是指两个变量之间的相关关系，又称一元相关。例如，旅游产品广告费支出与旅游产品销售量之间的相关关系。

（2）复相关。复相关是指三个或三个以上变量之间的相关关系，又称多元相关。例如，旅游产品销售额与旅游产品价格、游客数量、游客可自由支配收入之间的相关关系。

（3）偏相关。在一个变量与两个或两个以上的变量相关的条件下，假定其他变量不变时，其中两个变量间的相关关系称为偏相关。例如，在假定旅游商品价格不变的条件下，该旅游商品的需求量与游客收入水平的相关关系即为偏相关。

（二）按相关关系的形式分类，可以分为线性相关和非线性相关

（1）线性相关。线性相关是指当一个变量变动时，另一变量随之发生大致均等的变动，从图形上看，其观察点的分布近似地表现为一条直线，因此又称为直线相关。例如，游客的人均消费水平与人均可自由支配收入水平通常呈线性关系。

（2）非线性相关。非线性相关是指当一个变量变动时，另一变量也随之发生变动，但这种变动是不均等的，从图形上看，其观察点的分布近似地表现为一条曲线，如抛物线、指数曲线等，因此也称为曲线相关。例如，旅游产品的价格在一定数量界限内降低，产品销量增加，但一旦超过一定限度，产品销量反而可能下降，这就是一种非线性关系。

（三）按相关关系的方向分类，可以分为正相关和负相关

（1）正相关。正相关即当一个变量的值增加或减少时，另一个变量的值也

随之增加或减少。例如，游客的消费水平随个人可自由支配收入的增加而增加。

（2）负相关。负相关即当一个变量的值增加或减少时，另一个变量的值反而减少或增加。例如，生产单位产品所耗工时随生产率的提高而减少。

（四）按相关关系的程度分类，可以分为完全相关、不完全相关和不相关

（1）完全相关。当一个变量的数量完全由另一个变量的数量变化确定时，二者之间即为完全相关。例如，在旅游产品价格不变的情况下，产品销售额与产品销售量之间的正比例函数关系即为完全相关，此时相关关系便是函数关系，因此也可以说函数关系是相关关系的一个特例。

（2）不相关。当变量之间彼此互不影响，其数量变化各自独立时，则变量之间为不相关。例如，股票价格的变化与旅游产品价格的变化一般情况下是不相关的。

（3）不完全相关。如果两个变量的关系介于完全相关和不相关之间，称为不完全相关。由于完全相关和不相关的数量关系是确定的或相互独立的，因此统计学中相关分析的主要研究对象是不完全相关。

以上相关关系种类，如图 7-1 所示。

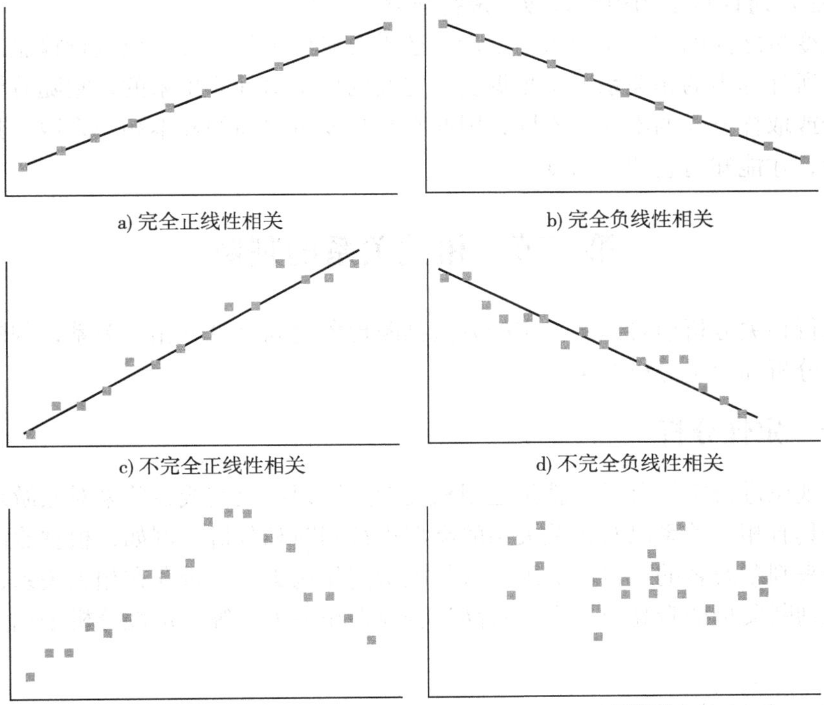
a) 完全正线性相关　b) 完全负线性相关
c) 不完全正线性相关　d) 不完全负线性相关
e) 曲线相关　f) 不相关

图 7-1　相关关系分类

三、相关分析的任务

相关分析的任务是从现象的复杂关系中消除非本质的偶然影响，从而揭示旅游经济各变量、旅游现象各变量之间相互关系的形式和密切程度以及依存关系变动的规律性。而旅游变量之间相互关系密切程度的测定，主要是通过对相关系数的计算与检验来完成的。

四、相关分析的主要内容

（一）确定现象之间有无相关关系，以及相关关系的表现形式

这是相关分析的基础。只有存在相互依存关系，才能用相关分析方法研究，否则会出现错误的认识结果。对不熟悉的现象，应当收集变量之间大量的对应资料，用绘制散点图、相关表等方法作初步判断。

（二）计算相关系数，确定相关关系的密切程度

要知道变量之间相关关系的密切程度，通常是计算相关系数。根据变量个数的不同，单相关、复相关和偏相关的相关系数的计算公式也各不相同。

（三）对计算出的相关系数，进行显著性检验

当变量之间的相关系数求出之后，还需要对所求的相关系数进行检验。这是因为，所计算出的相关系数是根据变量之间的样本值计算出来的，它随着样本数的多少或取样方式的不同而不同，因此它只是变量之间的样本相关系数，只有通过检验，才能知道它的可信度。

第二节　相关关系的判断

进行相关分析前要运用一定的方法判断现象之间有没有相关关系，判断方法有定性分析和定量分析两类。

一、定性分析

对现象进行定性分析，就是运用相关专业知识以及实践经验来对旅游现象之间是否具有相关关系以及相关关系的类型进行判断和分析。例如，根据旅游经济学理论来判断游客的可自由支配收入与旅游商品购买力是否存在相关关系，根据经验来判断父母的身高与子女的身高是否存在相关关系等。定性分析是相关分析的基础。

二、定量分析

定量分析是利用相关图或相关表，对经过定性分析确认具有相关关系的现象

之间相关的方向、形式和密切程度进行进一步判断。

（一）相关表

相关表是一种反映变量之间相关关系的统计表。将某一变量按其取值的大小排列，然后将与其相关的另一变量的对应值平等排列，便可得到简单的相关表。表 7-1 是 2004 ~ 2013 年某公司某旅游商品广告费与销售收入相关表。

表 7-1　2004 ~ 2013 年某公司某旅游商品广告费与销售收入相关表

年份	2004	2005	2006	2007	2008	2009	2010	2011	2012	2013
年广告费/万元	2	2	3	4	5	6	6	6	7	7
年销售收入/万元	50	51	52	53	53	54	55	56	56	57

表中资料表明，销售收入随着广告费的增加而增长，二者之间存在着较为明显的正相关关系。

根据对自变量是否分组，相关表可以分为简单相关表和分组相关表。表 7-1 即为简单相关表。分组相关表又分为单变量分组相关表和双变量分组相关表。

1. 单变量分组相关表

单变量分组相关表是选取一个变量作为分组标志，而另一个变量不分组，并对分组的变量计算各组的次数，不分组的变量则计算平均值。根据表 7-1 的统计资料可以编制表 7-2 所示的单变量分组相关表。

表 7-2　2004 ~ 2013 年某公司某旅游商品广告费与销售收入单变量分组相关表

年广告费/万元	年数累计	年销售收入/万元
2	2	50.5
3	1	52
4	1	53
5	1	53
6	3	55
7	2	56.5

表 7-2 将年广告费进行分组，并计算相同年广告费出现的次数。年销售收入不分组，但要计算各组年销售收入的平均数。可以看出，随着年广告费的增加，二者之间具有正相关关系。

这种单变量分组相关表是实际工作中使用较多的一种，它能使资料简化，并且反映出两个现象的相互依存关系。单变量分组相关表也可以作为以后计算的依据。和简单相关表不同的是，在计算相关系数等指标的时候，采用加权法，因为每个组代表的原始资料数目是不相同的。

2. 双变量分组相关表

双变量分组相关表是对两个变量都加以分组形成的相关表。以表 7-1 的资料可以编制表7-3所示的双变量分组相关表。双变量分组相关表也可以作为以后计算分析指标的依据。由于对两个变量都进行了分组，加权的算法要复杂一些。一般情况下很少使用双变量分组相关表进行计算。

表7-3　2004～2013年某公司某旅游商品广告费与销售收入双变量分组相关表

年广告费/万元	年销售收入/万元								合计
	50	51	52	53	54	55	56	57	
2	1	1							2
3			1						1
4				1					1
5				1					1
6					1	1	1		3
7							1	1	2
合计	1	1	1	2	1	1	2	1	10

如果与某要素相关的变量不止一个，可以分别绘制许多相关表，从许多相关表的对比中，大致可以看出与各个变量关系的大小，从中判断出哪个是主要因素，哪个是次要因素。

（二）相关图

从相关表中往往很难看出现象之间的相关形式，因此常将相关表上的数据描在平面直角坐标系中形成相关图。相关图也称相关散点图或散点图，是指将具有相关关系的两个变量值描绘在坐标图上，以横轴表示自变量 x，纵轴表示因变量 y，按两变量的对应值标出坐标点分布状况的统计图。相关图上的点称为相关点。相关图是粗略观察现象之间相关程度和相关形态的一种有效工具，同时为测定相关关系奠定了基础。

根据表7-1的统计资料，可绘制图7-2的相关散点图。

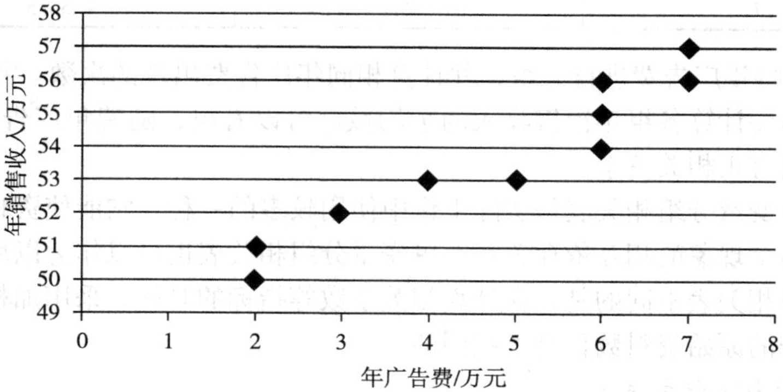

图7-2　年广告费与年销售收入依存关系散点图

图 7-2 的横轴表示年广告费 x，纵轴表示年销售收入 y，两变量值的坐标点显示两个变量的相关关系。从图中可以看出，x 与 y 之间的相关关系近似于一条直线，属于线性正相关。

在相关图中，若相关点呈现出一定的规律性，如大致为一条直线或一条曲线，就表明现象之间存在相关关系，且为直线相关或曲线相关。相关点越密集，表明相关关系越密切。若相关点分布没有规律，表明现象之间没有相关关系或存在低度相关关系。

第三节　两变量之间相关程度的测定

相关系数是指在直线相关的条件下，说明两个现象之间相关关系紧密程度的统计分析指标，常用 r 表示。相关系数 r 介于［-1，1］之间。r 的取值范围及其表达的相关程度是：

（1）$r>0$，表示正相关。

（2）$r<0$，表示负相关。

（3）$r=0$，表示不相关。

（4）$|r|=1$，表示完全相关。

（5）$|r|<0.3$，表示微弱相关。

（6）$0.3\leqslant|r|<0.5$，表示低度相关。

（7）$0.5\leqslant|r|<0.8$，表示显著相关。

（8）$|r|\geqslant0.8$，表示高度相关。

（9）$|r|$ 越接近 1，表示要素间的相关程度越高。

（10）$|r|$ 越接近 0，表示要素间的相关程度越低。

在相关分析中，由于不区分自变量和因变量，各变量的取值均是随机的，表达变量之间线性相关程度只需要计算一个相关系数。相关系数的计算通常采用积差法和简捷计算法。

一、积差法

对于两个变量 x 与 y，如果它们的样本值分别为 x_i 与 y_i（$i=1，2，\cdots，n$），则它们之间的相关系数 r 被定义为

$$r=\frac{\sigma_{xy}^2}{\sigma_x\sigma_y}$$

式中　σ_{xy}^2—— 自变量数列和因变量数列的协方差，即

$$\sigma_{xy}^2=\frac{1}{n}\sum_{i=1}^{n}(x_i-\bar{x})(y_i-\bar{y})$$

σ_x——自变量的标准差，即

$$\sigma_x = \sqrt{\frac{1}{n}\sum_{i=1}^{n}(x_i - \bar{x})^2}$$

σ_y——因变量的标准差，即

$$\sigma_y = \sqrt{\frac{1}{n}\sum_{i=1}^{n}(y_i - \bar{y})^2}$$

由此可知，相关系数是两个变量协方差与两个变量标准差乘积的比。因此相关系数也可以写成

$$r = \frac{\sigma_{xy}^2}{\sigma_x \sigma_y} = \frac{\sum_{i=1}^{n}(x_i - \bar{x})(y_i - \bar{y})}{\sqrt{\sum_{i=1}^{n}(x_i - \bar{x})^2}\sqrt{\sum_{i=1}^{n}(y_i - \bar{y})^2}}$$

显然，每一个变量与它自己本身的相关程度最大，变量 x 与变量 y 的相关程度和变量 y 与变量 x 的相关程度相等。

例 7-1　利用表 7-1 的资料计算相关系数（$\bar{x} = 4.8, \bar{y} = 53.7$）。

解：数据计算过程如表 7-4 所示。

表 7-4　积差法相关系数计算表

年份	年广告费 x/万元	年销售收入 y/万元	$x_i - \bar{x}$/万元	$y_i - \bar{y}$/万元	$(x_i - \bar{x})^2$	$(y_i - \bar{y})^2$	$(x_i - \bar{x})(y_i - \bar{y})$
2004	2	50	-2.8	-3.7	7.84	13.69	10.36
2005	2	51	-2.8	-2.7	7.84	7.29	7.56
2006	3	52	-1.8	-1.7	3.24	2.89	3.06
2007	4	53	-0.8	-0.7	0.64	0.49	0.56
2008	5	53	0.2	-0.7	0.04	0.49	-0.14
2009	6	54	1.2	0.3	1.44	0.09	0.36
2010	6	55	1.2	1.3	1.44	1.69	1.56
2011	6	56	1.2	2.3	1.44	5.29	2.76
2012	7	56	2.2	2.3	4.84	5.29	5.06
2013	7	57	2.2	3.3	4.84	10.89	7.26
合计	48	537	—	—	33.6	48.1	38.4

$$r = \frac{38.4}{\sqrt{33.6} \times \sqrt{48.1}} = 0.9552$$

相关系数 $r = 0.9552$，说明该旅游商品年广告费与年销售收入之间存在高度相关关系。

二、简捷计算法

积差法相关系数在计算过程中要使用两个数列的平均值，计算比较烦琐。相关系数的基本计算公式，还可以利用代数推算的方法来形成，这会简捷得多。其计算公式为

$$r=\frac{n\sum_{i=1}^{n}xy-\sum_{i=1}^{n}x\sum_{i=1}^{n}y}{\sqrt{n\sum_{i=1}^{n}x^2-\left(\sum_{i=1}^{n}x\right)^2}\sqrt{n\sum_{i=1}^{n}y^2-\left(\sum_{i=1}^{n}y\right)^2}}$$

例 7-2 利用表 7-1 的资料计算相关系数。

解： 数据计算过程如表 7-5 所示。

表 7-5 简捷计算法相关系数计算表

年份	年广告费 x/万元	年销售收入 y/万元	x^2	y^2	xy
2004	2	50	4	2500	100
2005	2	51	4	2601	102
2006	3	52	9	2704	156
2007	4	53	16	2809	212
2008	5	53	25	2809	265
2009	6	54	36	2916	324
2010	6	55	36	3025	330
2011	6	56	36	3136	336
2012	7	56	49	3136	392
2013	7	57	49	3249	399
合计	48	537	264	28 885	2616

$$r=\frac{10\times2616-48\times537}{\sqrt{10\times264-48^2}\times\sqrt{10\times28\,885-537^2}}=0.9552$$

这与积差公式计算结果相同，但计算工作量要小得多。

第四节 多变量间相关程度的测定

一、偏相关系数的计算

旅游系统是一个多要素的复杂系统，其中一个要素的变化必然影响到其他各要素的变化。在多要素所构成的旅游系统中，当研究某一个要素对另一个要素的

影响或相关程度时，把其他要素的影响视为常数（保持不变），即暂不考虑其他要素的影响，而单独研究两个要素之间的相互关系的密切程度，则称为偏相关。用以度量偏相关程度的统计量，称为偏相关系数。

偏相关系数可以利用单相关系数来计算。

若有三个变量x_1，x_2，x_3，则它们之间共有三个一级偏相关系数，分别是$r_{12\cdot3}$，$r_{13\cdot2}$，$r_{23\cdot1}$。下标点后面的数字，代表在计算一级偏相关系数时，保持不变的量，如$r_{12\cdot3}$代表在x_3保持不变的情况下，测度x_1和x_2之间相关程度的偏相关系数。这三个一级偏相关系数，可以由单相关系数计算而来，其计算公式分别如下：

$$r_{12\cdot3}=\frac{r_{12}-r_{13}r_{23}}{\sqrt{(1-r_{13}^2)(1-r_{23}^2)}}$$

$$r_{13\cdot2}=\frac{r_{13}-r_{12}r_{23}}{\sqrt{(1-r_{12}^2)(1-r_{23}^2)}}$$

$$r_{23\cdot1}=\frac{r_{23}-r_{12}r_{13}}{\sqrt{(1-r_{12}^2)(1-r_{13}^2)}}$$

若有4个变量，则存在6个二级偏相关系数，这6个二级偏相关系数可以由一级偏相关计算而来。如果所考虑的变量多于4个时，则可以依次考虑计算三级甚至更多级偏相关系数。

二、复相关系数的计算

严格来说，以上的分析都是揭示两个要素（变量）之间的相关关系，或者是在其他要素（变量）固定的情况下来研究两要素之间的相关关系的。但实际上，一个变量的变化往往受多种变量的综合作用和影响，例如，某省份旅游重心的转移往往受到目的地的吸引力、客源市场的推力和中间的阻隔力的共同作用。而单相关或偏相关分析的方法都不能反映各变量的综合影响。要解决这一问题，就必须采用复相关分析方法。计算几个变量与某一个变量之间的复相关程度，用复相关系数来测定。

复相关系数可以利用单相关系数和偏相关系数求得。

设y为因变量，x_1，x_2，…，x_k为自变量，则将y与x_1，x_2，…，x_k之间的复相关系数记为$R_{y\cdot12\cdots k}$，其计算公式为

当有两个自变量时：

$$R_{y\cdot12}=\sqrt{1-(1-r_{y1}^2)(1-r_{y2\cdot1}^2)}$$

当有三个自变量时：

$$R_{y\cdot123}=\sqrt{1-(1-r_{y1}^2)(1-r_{y2\cdot1}^2)(1-r_{y3\cdot12}^2)}$$

一般地，当有 k 个自变量时：

$$R_{y\cdot12\cdots k}=\sqrt{1-(1-r_{y1}^2)(1-r_{y2\cdot1}^2)\cdots[1-r_{yk\cdot12\cdots(k-1)}^2]}$$

值得注意的是，与偏相关系数和单相关系数不同的是，复相关系数介于［0，1］之间。

第五节　相关系数的显著性检验

在对两个变量 x 与变量 y 进行线性相关分析时，当某些现象间并无相关关系时，通过样本数据计算，有时也能得到一个比较大的 r 值，这时就会产生虚假的相关系数。为什么会出现这种情况呢？在实际的分析研究中，往往是利用一个区段或时段的样本数据，根据其对应值计算 r 值，因而带有一定的随机性，并受抽样误差的影响，同时样本容量越小，随机性越大。例如，当 x 与 y 只有 2 个样本数据时，相关系数 $|r|=1$，但这并不能表明两个变量之间总是完全相关，有时两个变量之间可能无任何关系。两个变量之间到底有没有真正的关系？在得出结论之前，有必要检验样本的 r 值是否可能来自一个不存在线性相关的总体（即 $\rho=0$，ρ 为总体的相关系数），即 r 的显著性检验。事实上，在相关分析时，由于两个变量 x 与 y 的观测值都是随机的，因此 r 的值实际上成为未知总体的相关系数 ρ 的一个样本估计值，即可以把它看作一系列类似抽样的样本值 r_1，r_2，r_3，…中的一个数值，这许多 r 值的次数分布，可作为检验 r 值显著性的依据。

通过检验 r 值在统计上是否显著，可以说明它能否作为两个变量间存在线性关系的依据：若 r 在统计上是显著的，就证明两个变量间存在线性关系；反之，则说明两个变量间不存在线性关系。

对于线性相关，为了评价相关系数的显著性，在小样本情况下（观测两变量之间的对应数据一般都不会超过 30 对），通常采用 t 分布来检验 r 的显著性。其方法和步骤如下：

第一步：提出假设。假设样本是从一个不相关的总体中抽出的，即

$$H_0:\rho=0$$
$$H_1:\rho\neq0$$

第二步：计算检验的统计量：

$$t=\frac{|r|\sqrt{n-2}}{\sqrt{1-r^2}}$$

第三步：进行决策。根据给定的显著性水平 α 和自由度 f，$f=n-2$。查 t 分布临界值表（见附录 A），查出 $t_{\alpha/2}$（$n-2$）的临界值。若 $t>t_{\alpha/2}$，则拒绝原假设 H_0，接受备择假设 H_1，即总体的两个变量之间存在显著的线性相关，检验通

过；若 $t < t_{\alpha/2}$，则结论相反。

例 7-3 某旅游景区获得了10组关于入境旅游人次和入境旅游收入的样本数据，如表7-6所示，试计算入境旅游人次与入境旅游收入之间的相关系数 r，并对 r 进行显著性检验（α 取0.05）。

表 7-6 相关系数计算表

样本	入境旅游人次 x/百人次	入境旅游收入 y/百万元	x^2	y^2	xy
1	110	5.2	12 100	27.04	572.00
2	120	6.0	14 400	36.00	720.00
3	130	6.3	16 900	39.69	819.00
4	126	5.7	15 876	32.49	718.20
5	122	4.8	14 884	23.04	585.60
6	121	4.2	14 641	17.64	508.20
7	103	3.0	10 609	9.00	309.00
8	98	2.9	9604	8.41	284.20
9	80	2.7	6400	7.29	216.00
10	97	3.2	9409	10.24	310.40
合计	1107	44.0	124 823	210.84	5042.60

解：根据表7-6的资料，计算相关系数：

$$r = \frac{n\sum_{i=1}^{n} xy - \sum_{i=1}^{n} x \sum_{i=1}^{n} y}{\sqrt{n\sum_{i=1}^{n} x^2 - \left(\sum_{i=1}^{n} x\right)^2}\sqrt{n\sum_{i=1}^{n} y^2 - \left(\sum_{i=1}^{n} y\right)^2}} = 0.867$$

$r=0.867$ 为高度相关。检验入境旅游人次和入境旅游收入之间的相关系数是否显著。

提出假设：

$$H_0: \rho = 0$$
$$H_1: \rho \neq 0$$

检验：

$$t = \frac{|r|\sqrt{n-2}}{\sqrt{1-r^2}} = \frac{0.867 \times \sqrt{10-2}}{\sqrt{1-0.867^2}} = 4.921$$

若取显著性水平 $\alpha=0.05$，自由度 $n-2=8$，查 t 分布临界值表（见附录A），则 $t_{\alpha/2}=2.306$。

由于 $t=4.921>t_{\alpha/2}=2.306$，所以拒绝原假设 H_0，接受备择假设 H_1，即样本相关系数 r 是显著的，说明入境旅游人次与入境旅游收入之间确实存在线性相关关系。

第六节　实例应用及软件处理

实例： 已知 2000 ~2013 年 14 年间我国国内旅游收入和国内游客人次资料如表 7-7 所示，试根据表中资料计算国内旅游收入和国内游客人次的相关系数。

表 7-7　2000 ~2013 年我国国内旅游收入和国内游客人次

年　份	国内旅游收入/亿元	国内游客人次/百万人次
2000	3175.5	744
2001	3522.4	784
2002	3878.4	878
2003	3442.3	870
2004	4710.7	1102
2005	5285.9	1212
2006	6229.7	1394
2007	7770.6	1610
2008	8749.3	1712
2009	10 183.7	1902
2010	12 579.8	2103
2011	19 305.4	2641
2012	22 706.2	2957
2013	26 276.1	3262

资料来源：《2014 年中国统计年鉴》。

方法一：利用函数计算相关系数

第一步：数据准备。在 Excel 表格中，在 A 列输入年份，在 B 列输入国内旅游收入，C 列输入国内旅游人次。

第二步：用 CORREL 函数计算相关系数。单击任一个空白单元格，在“统计”函数下拉框中选择 CORREL 函数，在 array1 文本框中输入“B2:B15”，在 array2 文本框中输入 C2:C15，单击“确定”按钮。得到相关系数 0.984，其结果如图 7-3 所示。

	A	B	C	D
1	年　份	国内旅游收入／亿元	国内游客人次／百万人次	
2	2000	3175.5	744	
3	2001	3522.4	784	
4	2002	3878.4	878	
5	2003	3442.3	870	
6	2004	4710.7	1102	
7	2005	5285.9	1212	
8	2006	6229.7	1394	相关系数
9	2007	7770.6	1610	0.984
10	2008	8749.3	1712	
11	2009	10183.7	1902	
12	2010	12579.8	2103	
13	2011	19305.4	2641	
14	2012	22706.2	2957	
15	2013	26276.1	3262	

图 7-3　相关系数计算结果图

方法二：用相关系数宏计算

单击“数据”菜单下的“数据分析”，在弹出的“数据分析”对话框中选择“相关系数”。在“相关系数”对话框中的“输入区域”输入“\$B\$2:\$C\$15”，并设置输出区域，单击“确定”。同样得到相关系数 0.984。

练 习 题

一、单项选择题

1. 相关关系是（　　）。

A. 现象间的数量关系

B. 现象间存在的关系数值不确定的数量依存关系

C. 现象间的不确定关系

D. 现象间严格的依存关系

2. 职工的出勤率与产品的合格率之间的相关系数若等于0.85，则可以断定两者是（　　）。

A. 显著相关　　B. 高度相关　　C. 正相关　　D. 负相关

3. 若价格上涨，商品的销售量相应减少，则价格与商品销售量之间的关系为（　　）。

A. 不相关　　B. 负相关　　C. 正相关　　D. 复相关

4. 若旅游人次和人均旅游消费发生变化，旅游收入受其影响也发生变化，则旅游人次、人均旅游消费与旅游收入之间的关系为（　　）。

A. 单相关　　B. 负相关　　C. 正相关　　D. 复相关

5. 判断现象间线性相关关系密切程度的主要方法是（　　）。

A. 对现象作定性分析　　B. 编相关表

C. 绘相关图　　D. 计算相关系数

6. 相关系数可以说明（　　）。

A. 现象之间的因果关系　　B. 现象之间的函数关系

C. 相关关系的方向和密切程度　　D. 相关关系的表现形式

7. 相关系数 r 的取值范围是（　　）。

A. $0 \leqslant r \leqslant 1$　　B. $-1 < r < 1$　　C. $-1 \leqslant r \leqslant 1$　　D. $-1 \leqslant r \leqslant 0$

8. 下列不属于相关关系的是（　　）。

A. 劳动生产率与工资的关系　　B. 投资额与国民收入的关系

C. 销售额与销售价格、销售量的关系　　D. 施肥量与单产量的关系

9. 当相关系数 $0 < r < 1$，表明 x 与 y（　　）。

A. 完全相关　　B. 没有相关关系

C. 存在一定相关关系　　D. 存在微弱相关关系

10. 产品产量与单位成本的相关系数是 -0.88，单位成本与利润率的相关系数是 -0.94，产量与利润之间的相关系数是0.81，因此（　　）。

A. 产量与利润的相关程度最高

B. 单位成本与利润率的相关程度最高

C. 产量与单位成本的相关程度最高

D. 看不出哪对变量间的相关程度最高

11. 相关关系中，用于判断两个变量之间相关关系类型的图形是（　　）。

A. 直方图　　B. 散点图

C. 次数分布多边形图　　D. 累计频率曲线图

12. 两个相关变量呈反方向变化，其相关系数 r（　　）。

A. 小于0　　B. 大于0　　C. 等于0　　D. 等于1

13. 如果两个变量之间的相关系数为 -1，说明这两个变量之间是（　　）。

A. 低度相关关系　　　　　　　　B. 完全相关关系

C. 高度相关关系　　　　　　　　D. 完全不相关

二、多项选择题

1. 下列属于正相关现象的是（　　）。

A. 家庭收入越多，其消费支出也越多

B. 某产品产量随工人劳动生产率的提高而增加

C. 商品销售量随广告费用投入的增加而增加

D. 生产单位产品所耗工时随劳动生产率的提高而减少

E. 职工薪酬随劳动生产率的降低而减少

2. 下列属于负相关的现象是（　　）。

A. 商品销售规模越大，销售费用率越低

B. 商品销售量随商品价格的降低而增加

C. 国民收入随社会投资额的增加而增长

D. 生产单位产品所耗工时随劳动生产率的提高而减少

E. 企业产出随企业资金投入的增加而增加

3. 若两个变量之间的相关系数为 -0.85，则这两个变量是（　　）。

A. 负相关关系　B. 正相关关系　C. 不相关

D. 完全相关　　　　　　　　　E. 不完全相关

4. 从变量相关关系的表现形式看，相关关系可以分为（　　）。

A. 完全相关　B. 线性相关　C. 非线性相关

D. 单相关　　　　　　　　　E. 不完全相关

5. 从变量相关的程度看，相关关系可以分为（　　）。

A. 完全相关　B. 线性相关　C. 不相关

D. 简单相关　　　　　　　　E. 不完全相关

6. 判定现象间有无相关关系的方法有（　　）。

A. 对现象作定性分析　　　　　B. 编制相关表

C. 绘制相关图　　　　　　　　D. 计算相关系数

E. 计算估计标准误

7. 下列运用相关系数 r 判断两个变量之间相关程度的描述中属于正确的是（　　）。

A. $r=-1$ 为完全负相关　　　　B. $r=0$ 为不相关

C. $|r|=1$ 为完全相关　　　　　D. $0<r\leq 1$ 为不完全正相关

E. $-1<r<0$ 为不完全负相关

三、判断改错题

1. 相关分析与回归分析所研究的变量之间是不对等的，必须确定其中的自

变量和因变量。 (　　)

2. 相关系数不仅能反映变量间线性相关程度，也能确定变量的因果关系。

3. 两变量呈负相关，则必定为非线性相关。 (　　)

4. 两个变量之间为线性相关关系时，不论假定哪个变量为自变量，哪个变量为因变量，相关系数的计算结果只能有一个。 (　　)

四、计算题

1. 在某地区随机抽取10家星级饭店，得到资料如表7-8所示。

表7-8　10家星级饭店的广告费支出与销售额资料

超　　市	广告费支出/万元	销售额/万元
1	2	20
2	3	25
3	4	48
4	6	65
5	10	93
6	14	135
7	20	189
8	25	236
9	31	299
10	38	365

根据上述资料：

（1）绘制广告费支出和销售额的相关图，判断两者之间的关系形态。

（2）计算广告费支出和销售额之间的相关系数，说明相关方向和程度。

2. 50名学生参加导游资格考试，现对考生的导游综合知识成绩和外语成绩进行计算，导游综合知识成绩的标准差为9.75分，外语成绩的标准差为7.9分，两种成绩的协方差为72分，由上述资料计算相关系数，并对导游综合知识成绩和外语成绩的相关方向和相关程度作出说明。

3. 为了了解某旅行社员工的工龄和其工作效率之间的相关性，该旅行社人力资源部进行了一项研究，其目的是想依据研究成果预估员工的工作效率，随机抽取样本如表7-9所示。

表 7-9　员工工龄与工作效率样本资料

员　工	工龄/年	工作效率
1	1	6
2	20	5
3	6	3
4	8	5
5	2	2
6	1	2
7	15	4
8	8	3

根据上表资料：

（1）将原始数据描绘散点图，并判断工龄和工作效率之间是否有相关性？

（2）计算相关系数，说明相关情况。

4. 某星级饭店要分析餐饮占营业收入总额的比重与营业收入总额之间的关系，选择部分地区进行调查，资料如表 7-10 所示。

表 7-10　餐饮占营业收入总额的比重与营业收入总额资料

年份	营业收入总额/亿元	餐饮占营业收入总额的比重
2004	4.1	0.27
2005	4.5	0.31
2006	5.6	0.35
2007	6.0	0.40
2008	6.4	0.52
2009	6.8	0.55
2010	7.5	0.58
2011	8.5	0.60
2012	9.8	0.65
2013	11.0	0.73

根据表中资料：

（1）作散布图。

（2）求相关系数。

5. 某省选取7个市（县）进行调查，得到接待游客的人均收入和人均消费水平的数据如表7-11所示。

表7-11 7市（县）接待游客的人均收入和人均消费水平资料

地区序号	人均收入/元	人均消费水平/元
1	22 460	7326
2	11 226	4490
3	34 547	11 546
4	4851	2396
5	5444	2208
6	2662	1608
7	4549	2035

根据表中资料：

（1）绘制散点图，并说明二者之间的关系形态。

（2）计算两个变量之间的线性关系，说明两个变量之间的关系强度。

第八章 回归分析

第一节 回归分析的基本问题

一、回归分析的概念

相关分析揭示了变量之间的相关程度，然而相关系数仅能说明相关关系的方向和紧密程度，而不能说明变量之间因果的数量关系。当给出自变量某一数值时，不能依靠相关系数来预测因变量的可能数值。回归分析就是研究具有相关关系的两个或两个以上变量之间具体的数量变化关系，确定一个与之相应的数学表达式，以便进行估计和预测的一种统计方法。

在回归分析中，根据所研究变量的地位、作用不同分为自变量和因变量。一般把作为估测根据的变量称为自变量，把待估测的变量称为因变量。反映自变量和因变量之间联系的数学表达式称为回归方程，某一类回归方程的总称为回归模型。

二、回归分析的特点

回归分析有两个显著特点：

（一）回归分析的自变量与因变量是非对等关系

在回归分析中，变量之间哪一个是因变量哪一个（些）是自变量要根据研究目的的具体情况确定。自变量、因变量不同，所得出的分析结果也不相同。而相关分析中，自变量与因变量是对等关系。

（二）回归分析中，因变量是随机变量，自变量是可控变量

在相关分析中，被研究的两个变量都是随机变量。但在回归分析中，应依据研究目的分别建立对于自变量的回归方程或对于因变量的回归方程。

三、回归分析的种类

（一）按研究变量的多少，分为一元回归和多元回归

（1）一元回归。一元回归是指只有一个因变量和一个自变量的回归分析，又称为简单回归。

（2）多元回归。多元回归是指只有一个因变量，但有两个或两个以上的自变量的回归分析。

（二）按回归模型的形式，分为线性回归和非线性回归

（1）线性回归。在线性回归中，描述自变量与因变量之间因果关系的函数表达式是线性的，如 $\hat{y} = a + bx$ 。

（2）非线性回归。在非线性回归中，描述自变量与因变量之间因果关系的函数表达式是非线性的，例如，$\hat{y} = de^{bx}$ 。

四、回归分析的内容

（一）建立回归方程

依据研究对象变量之间的关系建立回归方程。

（二）进行相关关系的检验

相关关系检验就是选择恰当的相关指标，判定所建立的回归方程中变量之间关系的密切程度。相关程度越高，就标明回归方程与实际值的偏差越小，拟合效果越好。如果回归方程变量间的相关关系不好，那所建立的回归方程就失去了意义。

（三）利用回归模型进行预测

将给定的自变量代入回归模型推算出因变量的值。由于回归方程推算值与实际值之间难免存在误差，预测值不可能就是由回归方程计算所得的确定值，它应该处于一个范围或区间。这个区间称为预测值的置信区间，它说明回归模型的适用范围或精确程度。实际值位于该区间的可靠度一般应在95%以上。

第二节　一元线性回归分析

一、一元线性回归模型

一元线性回归模型也称简单线性回归模型，是分析两个变量之间相互关系的数学方程式，其一般表达式为

$$\hat{y} = a + bx$$

式中　$\hat{y}$——因变量 y 的估计值；

x——自变量；

a,b——回归模型的待定参数，其中 b 又称为回归系数，它表示自变量每增加一个单位时因变量的平均增减量。

用 x_i 表示自变量 x 的实际值，用 y_i 表示自变量 y 的实际值（$i=1,2,3,\cdots,n$），因变量的实际值与估计值之差用 e_i 表示，称为估计误差或残差，即$e_i=y_i-\hat{y}_i$。e_i刻画了y_i与$\hat{y}_i$的偏离程度。参数 a 与 b 的最小二乘拟合原则要求e_i的平方和达到最小，即

$$Q=\sum e_i^2=\sum(y_i-\hat{y}_i)^2=\sum(y_i-a-bx_i)^2\rightarrow\min$$

根据取极值的必要条件，有

$$\begin{cases}\dfrac{\partial Q}{\partial a}=-2\sum(y_i-a-bx_i)=0\\[2ex]\dfrac{\partial Q}{\partial b}=-2\sum(y_i-a-bx_i)x_i=0\end{cases}$$

即

$$\begin{cases}\sum(y_i-a-bx_i)=0\\\sum(y_i-a-bx_i)x_i=0\end{cases}$$

整理后，得

$$\begin{cases}\sum y=na+b\sum x\\\sum xy=a\sum x+b\sum x^2\end{cases}$$

得出

$$\begin{cases}b=\dfrac{n\sum xy-\sum x\sum y}{n\sum x^2-(\sum x)^2}\\[2ex]a=\dfrac{\sum y-b\sum x}{n}=\bar{y}-b\bar{x}\end{cases}$$

上述的回归方程式在平面坐标系中表现为一条直线，即回归直线。当 $b>0$ 时，y 随 x 的增加而增加，两变量之间存在着正相关关系；当 $b<0$ 时，y 随 x 的增加而减少，两变量之间为负相关关系；当 $b=0$ 时，y 为一常量，不随 x 的变动而变动。

例 8-1 应用表 7-5 的资料建立一元线性回归模型。

解： 设年广告费为自变量 x，年销售收入为因变量 y，则有

$$y=a+bx$$

根据表 7-5 的数据，代入可得

$$b=\frac{n\sum xy-\sum x\sum y}{n\sum x^2-(\sum x)^2}=\frac{10\times 2616-48\times 537}{10\times 264-48^2}\approx 1.1429$$

$$a=\frac{\sum y-b\sum x}{n}=\frac{537-1.1429\times 48}{10}\approx 48.2143$$

一元线性回归方程为

$$y=48.2143+1.1429x$$

方程表明：年广告费每增加1万元，年销售收入将增加1.1429万元。

二、一元回归模型的检验

（一）相关系数显著性检验

见第七章第五节例7-3来检验，可知有95%的概率保证该旅游产品年广告费与年销售收入之间具有线性相关关系。由此可知所建立的回归方程 $y=48.2143+1.1429x$ 是有意义的。

（二）估计标准误差检验

估计标准误差也称为估计标准差或估计标准误，是残差平方和的算术平均数的平均根，用 S_y 表示，其计算公式为

$$S_y=\sqrt{\frac{\sum e_i^2}{n-m}}$$

式中 e_i——估计残差（实际值与估计值之差）；

n——样本容量；

m——回归模型中待定参数的个数。

$$\sum e_i^2=\sum(y_i-\hat{y}_i)^2=\sum(y_i-a-bx_i)^2$$

残差的平方和可以反映出实际值与回归直线的离散程度。而计算其平均数，可以消除求和项数对残差平方和的影响。因而，在此基础上计算出的估计标准误差更能反映出实际值与回归直线的平均离散程度。估计标准误差是一项误差分析指标，用于判断回归模型拟合的优劣程度。

估计标准误差计算较烦琐，可以将其简化整理成如下的简捷计算法：

$$S_y=\sqrt{\frac{\sum y_i^2-a\sum y_i-b\sum x_iy_i}{n-m}}$$

例8-2 运用表7-5中的数据计算估计标准误差。

解：由表7-5可知，$\sum y_i^2=28\,885$，$a=48.2143$，$b=1.1429$，$\sum y_i=537$，$\sum x_iy_i=2616$，$n=10$，$m=2$。代入简捷计算公式得

$$S_y=\sqrt{\frac{28\,885-48.2143\times537-1.1429\times2616}{10-2}}=0.7154$$

S_y 越大，实际值与回归直线的离散程度越大；反之，S_y 越小，实际值与回归直线的离散程度越小。一般要求 $S_y/\bar{y}<15\%$。

上式中 $S_y=0.7154$，$\bar{y}=53.7$，$S_y/\bar{y}=1.33\%$，由此可见，一元线性回归方程 $y=48.2143+1.1429x$ 的精度是很高的。

（三）线性回归方程的显著性检验

利用最小平方法得到的回归系数是否符合回归方程的基本假设，还需要对此进行检验。回归系数与0是否有显著性差异，表明总体回归系数 β 是否为0。如果 $\beta=0$，则总体回归线就是一条水平线，x 与 y 之间无线性关系，即违背了一元线性回归方程的基本假设；若 $\beta\neq0$，即 x 与 y 之间存在着线性关系，符合假设条件，所建立的一元线性回归方程可以认为符合变量间的变化规律。对回归系数的检验就是要验证变量 x 与 y 之间是否真正存在线性关系，一般采用 t 检验，步骤如下：

第一步：提出假设。假设观测的样本是从一个没有线性关系的总体中选出来的，即

$$H_0:\beta=0$$
$$H_1:\beta\neq0$$

第二步：计算检验统计量 t 值：

$$t=\frac{b-\beta}{s_b}$$

式中　s_b——回归系数的标准差，计算公式为

$$s_b=\frac{S_y}{\sqrt{\sum x^2-n\bar{x}^2}}$$

式中　S_y——估计标准误差。

第三步：根据给定的显著性水平 α 和自由度（$n-2$），查 t 分布表中相应的临界值 $t_{\alpha/2}$。

第四步：判断。如果 $|t|>t_{\alpha/2}$，则拒绝原假设 H_0，接受备用假设 H_1；如果 $|t|\leq t_{\alpha/2}$，则接受原假设 H_0，拒绝备用假设 H_1。

根据例8-1中的资料得

$$\bar{x}=4.8\text{ 万元}$$

则：

$$s_b=\frac{0.7154}{\sqrt{264-10\times4.8^2}}=\frac{0.7154}{\sqrt{33.6}}=0.1233$$

于是：

$$t = \frac{b-\beta}{s_b} = \frac{1.1429}{0.1233} = 9.269$$

若取 $\alpha = 0.05$，$n-2=8$，查 t 分布表得：$t_{\alpha/2} = 2.306$。

$|t| > t_{\alpha/2}$，表明回归系数为 0 的可能性小于 0.05，即 5%，因此拒绝原假设，接受备择假设。这说明回归系数是显著的，在相关系数检验的基础上进一步证明了广告费和销售收入之间存在线性关系，广告费是影响销售收入的显著因素。

（四）运用回归模型进行预测

一元线性回归模型通过上述检验，若其精度较好，拟合度优，即可用其进行预测。如例 8-1 中的一元线性回归方程 $y = 48.2143 + 1.1429x$，若预测当该旅游产品年广告费为 8 万元时的年销售收入，代入回归方程，则年销售收入预测值为

$$y = (48.2143 + 1.1429 \times 8) \text{万元} = 57.3575 \text{万元}$$

由于实际计算中不可避免要出现误差，因而预测值应该是在一定的范围之内的一个数值，而不是一个确定值。因此，除了测算一个数值点外，还应测算预测值可能产生的范围，即测算其置信区间。假定其他因素不变，$S_y = 0.7154$，置信度为95%（$F(t)=95\%$），查正态分布概率表，$F(t)=95\%$，$t=1.96$，则该旅游产品预测年估计销售收入为

$$\hat{y} = 57.3575 \pm 1.96 \times 0.7154$$

即该旅游产品年广告费为 8 万元时，其年销售额在［55.553，58.7597］之间。

第三节　多元线性回归分析

多元线性回归分析是指在线性相关条件下，研究两个或两个以上的自变量与因变量之间的数量变化关系。其基本原理与一元线性回归分析相同，只是涉及的变量多一些。本节只介绍二元线性回归分析。

一、二元线性回归模型

当一个因变量 y 与两个自变量 x_1，x_2 呈线性相关时，可以建立二元线性回归模型去分析它们之间的数量储存关系。二元线性回归模型为

$$\hat{y} = a + b_1 x_1 + b_2 x_2$$

式中　$\hat{y}$——因变量 y 的估计值；

x_1，x_2——自变量；

a——回归常数；

b_1, b_2——回归系数。

根据最小二乘原理，可以推导求解二元线性回归方程参数 a , b_1, b_2 的方程组，即

$$Q = \sum (y - \hat{y})^2 = \sum (y - a - b_1 x_1 - b_2 x_2)^2 \rightarrow \min$$

对上式分别以 a , b_1, b_2 为变量求偏导，并令其等于零，即

$$\begin{cases} \dfrac{\partial Q}{\partial a} = -2\sum (y - a - b_1 x_1 - b_2 x_2) = 0 \\ \dfrac{\partial Q}{\partial b_1} = -2\sum (y - a - b_1 x_1 - b_2 x_2)\, x_1 = 0 \\ \dfrac{\partial Q}{\partial b_2} = -2\sum (y - a - b_1 x_1 - b_2 x_2)\, x_2 = 0 \end{cases}$$

整理可得

$$\begin{cases} \sum y = na + b_1 \sum x_1 + b_2 \sum x_2 \\ \sum x_1 y = a \sum x_1 + b_1 \sum x_1^2 + b_2 \sum x_1 x_2 \\ \sum x_2 y = a \sum x_2 + b_2 \sum x_2^2 + b_1 \sum x_1 x_2 \end{cases}$$

例 8-3 某旅游商品的需求量主要受商品价格和游客可自由支配收入的影响，这十年该商品的需求量与商品价格及游客可自由支配收入的有关资料如表 8-1 所示，试建立二元线性回归方程。

表 8-1 某旅游商品需求量及价格、游客可自由支配收入

年　份	需求量（y_i）/kg	价格（x_1）/元	可自由支配收入（x_2）/千元
1	5	8	30
2	6	9	30
3	6.5	7	40
4	7	6	50
5	7.5	7	60
6	8	6	120
7	9	5	130
8	10	4	110
9	10	5	100
10	11	3	130
合计	80	60	800

解：根据二元线性回归方程参数计算公式，由表中资料计算可得表 8-2。

表 8-2 计算表

年份	需求量 (y_i) /kg	价格 (x_1) /元	可自由支配收入 (x_2) /千元	x_1y	x_2y	x_1x_2	x_1^2	x_2^2
1	5	8	30	40	150	240	64	900
2	6	9	30	54	180	270	81	900
3	6.5	7	40	45.5	260	280	49	1600
4	7	6	50	42	350	300	36	2500
5	7.5	7	60	52.5	450	420	49	3600
6	8	6	120	48	960	720	36	14 400
7	9	5	130	45	1170	650	25	16 900
8	10	4	110	40	1100	440	16	12 100
9	10	5	100	50	1000	500	25	10 000
10	11	3	130	33	1430	390	9	16 900
合计	80	60	800	450	7050	4210	390	79 800

$$\bar{y}=\frac{80}{10}\text{kg}=8\text{kg},\ \overline{x_1}=\frac{60}{10}\text{元}=6\text{元},\ \overline{x_2}=\frac{800}{10}\text{千元}=80\text{千元}$$

把上述数据代入回归参数计算方程可得

$$\begin{cases}80=10a+60b_1+800b_2\\450=60a+390b_1+4210b_2\\7050=800a+4210b_1+79\,800b_2\end{cases}$$

解此方程组，得

$$a=11.228,\ b_1=-0.725,\ b_2=0.014$$

所以二元线性回归方程为

$$\hat{y}=11.228-0.725x_1+0.014x_2$$

这一模型表明，当游客可自由支配收入不变时，商品价格每上涨 1 元，该商品的需求量将平均减少 0.725kg；当商品价格不变时，游客可自由支配收入每增加 1 千元，该商品的需求量将平均增加 0.014kg。

二、二元线性回归模型的检验

（一）复相关系数及其显著性检验

复相关系数是反映一个因变量与多个自变量之间的线性相关程度的指标，用 R 表示，其计算公式为

$$R=\sqrt{\frac{\sum(\hat{y}-\bar{y})^2}{\sum(y-\bar{y})^2}}=\sqrt{1-\frac{\sum(y-\hat{y})^2}{\sum(y-\bar{y})^2}}$$

该公式只能在因变量的估计值求得以后才能应用，其简捷计算公式为

$$R=\sqrt{1-\frac{\sum y^2-a\sum y-b_1\sum x_1y-b_2\sum x_2y}{\sum y^2-n(\bar{y})^2}}$$

例 8-4 依据表 8-2 的资料计算复相关系数。

$$R=\sqrt{1-\frac{674.5-11.228\times80+0.725\times450-0.014\times7050}{674.5-640}}\approx0.943$$

若显著性水平 $a=0.05$，自由度 $=10-3=7$，查“相关系数显著性检验表”（见附录 B）得，$R_{0.05(10-3)}=0.758$，由相关系数及其显著性水平检验数值可知，上述二元线性回归分析中，自变量与因变量的线性相关度是很高的，所建立的回归模型很好。

复相关系数的取值范围为 $0\leqslant R\leqslant1$。复相关系数为 1，表明因变量与自变量之间存在完全的线性相关关系；复相关系数为 0，则表明因变量与自变量之间不存在线性相关关系。一般情况下，复相关系数的取值在 0 到 1 之间，表明变量之间存在一定程度的线性相关关系。

（二）估计标准误差检验

二元线性回归分析中，估计标准误差为残差平方的算术平均数的平方根。其一般计算公式为

$$S_y=\sqrt{\frac{\sum(y-\hat{y})^2}{n-m-1}}$$

其简捷计算公式为

$$S_y=\sqrt{\frac{\sum y^2-a\sum y-b_1\sum x_1y-b_2\sum x_2y}{n-m-1}}$$

用例 8-3 的数据计算估计标准误差：

$$S_y=\sqrt{\frac{674.5-11.228\times80-(-0.725)\times450-0.014\times7050}{10-3-1}}=0.738$$

估计标准误差为 0.738，由于

$$\frac{S_y}{\bar{y}}=\frac{0.738}{8}=0.0923$$

说明建立的二元线性回归方程拟合度较好。

第四节　非线性回归分析

前面几节一直假定因变量和自变量之间的相关关系可以用线性方程来近似反映。但是，在现实生活中，非线性关系是大量存在的。在许多场合，非线性的回

归函数比线性回归函数更能够正确地反映客观现象之间的相互联系。非线性回归分析需要着重解决以下两个问题：

（1）如何确定非线性函数的具体形式。与线性回归分析的形式不同，非线性回归函数有多种多样的具体形式，需要根据所要研究问题的性质并结合实际的样本观测值作出恰当的选择。

（2）如何估计回归函数中的参数。非线性回归分析最常用的方法仍然是最小二乘估计法。但需要根据函数的不同类型，作恰当的处理。

一、非线性回归方程的线性变换

前面已介绍了线性回归模型的建立方法。对于变量间的非线性关系，若能找到某种途径将其转化为线性关系，就可以运用建立线性回归模型的方法，建立变量间的非线性回归模型。这里介绍几种常用的比较简单的非线性回归方程的线性变换。

（一）指数曲线方程的线性化

指数曲线回归方程为

$$y = ab^x$$

将指数曲线方程两边取对数得

$$\lg y = \lg a + x\lg b 。$$

若令$y' = \lg y$，$a' = \lg a$，$b' = \lg b$，则可得简单线性回归方程：

$$y' = a' + b'x$$

（二）双曲线方程的线性化

双曲线回归方程为

$$\frac{1}{y} = a + \frac{b}{x}。$$

若令 $y' = 1/y$，$x' = 1/x$，则可得简单线性回归方程：

$$y' = a + bx'$$

（三）对数曲线方程的线性化

对数曲线回归方程为

$$y = a + b\lg x$$

若令 $x' = \lg x$，则可得简单线性回归方程：

$$y = a + bx'$$

（四）多项式回归方程的线性化

多项式回归方程有多种形式，这里只列举几种以示其转换过程。

1. $y = a + b_1x + b_2x^2 + b_3x^3$

若令 $x_1 = x$，$x_2 = x^2$，$x_3 = x^3$，则可得线性回归方程：

$$y = a + b_1 x_1 + b_2 x_2 + b_3 x_3$$

2. $y = a + b_1 x_1 + b_2 x_1 x_2$

若令 $x_3 = x_1 x_2$，则可得线性回归方程：

$$y = a + b_1 x_1 + b_2 x_3$$

3. $y = a b_1^{x_1} b_2^{x_2}$

若令 $y' = \lg y$，$a' = \lg a$，$b'_1 = \lg b_1$，$b'_2 = \lg b_2$，则可得线性回归方程：

$$y' = a' + b'_1 x_1 + b'_2 x_2$$

二、指数曲线模型

非线性回归分析模型很多，这里仅以指数曲线回归分析为例，介绍非线性回归分析的基本方法。当自变量 x 等差地增加或减少时，因变量 y 随之等比地增加或减少，则 x 与 y 之间的关系为指数函数关系，可以拟合指数曲线模型 $y = ab^x$ 进行回归分析。其中 a、b 为待估参数。根据前述原理，该方程可以转换为 $\lg y = \lg a + x\lg b$，或 $y' = a' + b'x$。

再根据最小平方法原理，可得

$$\begin{cases} \sum y' = na' + b' \sum x \\ \sum xy' = a' \sum x + b' \sum x^2 \end{cases}$$

解得

$$\begin{cases} b' = \dfrac{n \sum xy' - \sum x \sum y'}{n \sum x^2 - (\sum x)^2} \\ a' = \dfrac{\sum y' - b \sum x}{n} \end{cases}$$

例 8-5 某商品经销公司所属各商店商品月销售额和销售费用率如表 8-3 所示，试分析销售额与费用率之间的数量关系，并建立回归方程。

表 8-3 某商品经销公司月销售额与销售费用率

商店编号	月销售额 x/万元	销售费用率 y（%）
1	10	15
2	11	14
3	12	12
4	14	10
5	17	11
6	21	10

（续）

商店编号	月销售额 x/万元	销售费用率 y（%）
7	24	9
8	28	7
9	31	8
10	34	6

解：分析变量 x 与 y 之间的数量关系。绘制月销售额与销售费用率的散点图，如图 8-1 所示。

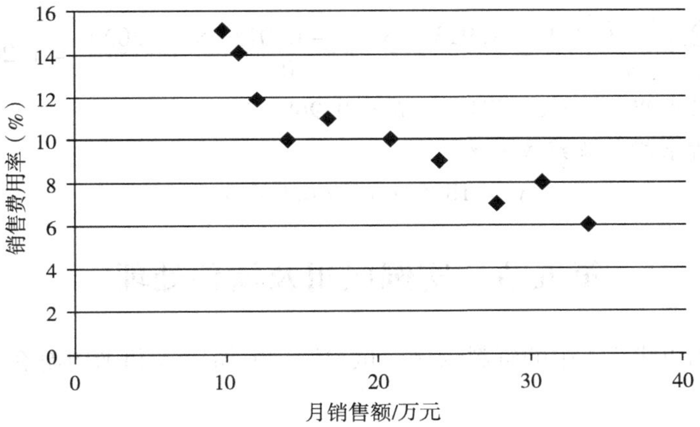

图 8-1 某商品经销公司月销售额与销售费用率散点图

从表中资料及散点图可以看出，销售费用率 y 随着月销售额 x 的扩大而减少，二者之间存在负的数量依存关系。且当 x 等差地增加或减少时，y 随之等比地减少或增加，这种关系属于指数函数关系，因此可配合指数曲线方程进行回归分析。指数曲线回归方程参数数据计算表如表 8-4 所示。

表 8-4 指数曲线回归方程参数数据计算表

商店编号	x	y	x^2	$y' = \lg y$	xy'
1	10	15	100	1.176 091	11.760 91
2	11	14	121	1.146 128	12.607 41
3	12	12	144	1.079 181	12.950 17
4	14	10	196	1	14
5	17	11	289	1.041 393	17.703 68
6	21	10	441	1	21
7	24	9	576	0.954 243	22.901 82

（续）

商店编号	x	y	x^2	$y' = \lg y$	xy'
8	28	7	784	0.845 098	23.662 75
9	31	8	961	0.903 09	27.995 79
10	34	6	1156	0.778 151	26.457 14
合计	202	102	4768	9.923 375	191.0397

根据上述资料建立指数曲线回归方程：

$$\begin{cases} b' = \dfrac{n\sum xy' - \sum x \sum y'}{n\sum x^2 - (\sum x)^2} = \dfrac{10 \times 191.0397 - 202 \times 9.923\ 375}{10 \times 4768 - 202^2} = -0.013\ 689 \\ a' = \dfrac{\sum y' - b\sum x}{n} = \dfrac{9.923\ 375 - (-0.013\ 689 \times 202)}{10} = 1.268\ 853 \end{cases}$$

查反对数表得：$a = 18.571\ 76$，$b = 0.968\ 97$。

因此，所求指数曲线方程为

$$y = 18.571\ 76 \times 0.968\ 97^x$$

第五节　实例应用及软件处理

实例：仍以表7-7中的资料为例，试对国内旅游收入和国内游客人次进行回归分析。

Excel进行回归分析同样分函数和回归分析宏两种形式，通常用以下九个函数建立回归模型和预测：

（1）INTERCEPT：返回线性回归模型的截距。

（2）SLOPE：返回线性回归模型的斜率。

（3）RSQ：返回线性回归模型的判定系数。

（4）FORECAST：返回一元线性回归模型的预测值。

（5）STEYX：计算估计的标准误。

（6）TREND：计算线性回归线的趋势值。

（7）GROWTH：返回指数曲线的趋势值。

（8）LINEST：返回线性回归模型的参数。

（9）LOGEST：返回指数曲线模型的参数。

用函数进行回归分析步骤较为烦琐，需要先判断趋势线类型，再用对应的函数计算相关参数。而用回归分析宏相对简单（数据准备同相关系数计算）。

第一步：启动回归分析。单击“数据”菜单下的“数据分析”，在弹出的“数据分析”对话框中选择“回归”。

第二步：参数设置。在“Y 值输入区域”中输入“ $B$2: $B$15”，在“X 值输入区域”中输入“ $C$2: $C$15”。指定输出区域，单击“确定”按钮，计算结果如图 8-2 所示。

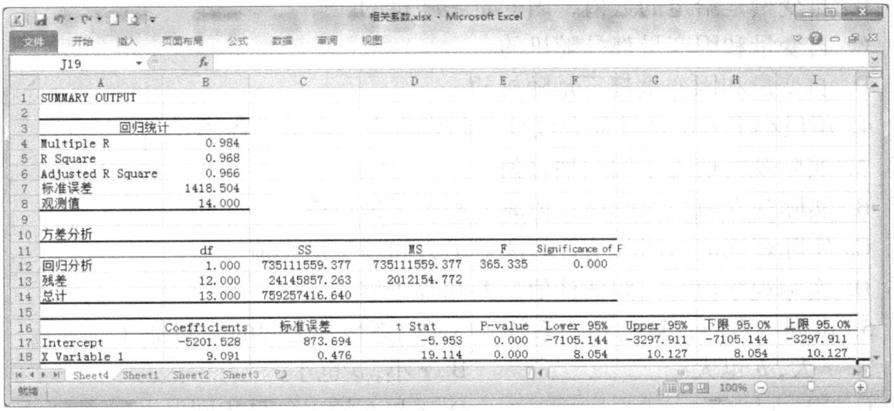

	A	B	C	D	E	F	G	H	I
1	SUMMARY OUTPUT								
2									
3	回归统计								
4	Multiple R	0.984							
5	R Square	0.968							
6	Adjusted R Square	0.966							
7	标准误差	1418.504							
8	观测值	14.000							
9									
10	方差分析								
11		df	SS	MS	F	Significance of F			
12	回归分析	1.000	735111559.377	735111559.377	365.335	0.000			
13	残差	12.000	24145857.263	2012154.772					
14	总计	13.000	759257416.640						
15									
16		Coefficients	标准误差	t Stat	P-value	Lower 95%	Upper 95%	下限 95.0%	上限 95.0%
17	Intercept	-5201.528	873.694	-5.953	0.000	-7105.144	-3297.911	-7105.144	-3297.911
18	X Variable 1	9.091	0.476	19.114	0.000	8.054	10.127	8.054	10.127

图 8-2 回归分析计算结果

在上面的输出结果中，第一部分为汇总统计，Multiple R 是复相关系数，R Square 是判定系数，Adjusted R Square 是调整的判定系数，标准误差是指估计的标准误，观测值是指样本容量。第二部分为方差分析，df 是自由度，SS 是平方和，MS 是均方，F 是指 F 统计量，Significance of F 是指 p 值。第三部分：Intercept是指截距，Coefficients 是指系数，t Stat 是指 t 统计量。

此外，还可以用第四章介绍的“趋势线法”计算国内旅游收入和国内游客人次的回归方程。

练 习 题

一、单项选择题

1. 相关分析和回归分析的一个重要区别是（　　）。

A. 前者研究变量间的密切程度，后者研究变量间的变动关系

B. 前者研究变量间的变动关系，后者研究变量间的密切程度

C. 两种都研究变量间的关系

D. 两者都研究变量间的密切程度

2. 一元线性回归方程 $y = a + bx$ 中，b 表示（　　）。

A. 自变量 x 每增加一个单位，因变量 y 增加的数量

B. 自变量 x 每增加一个单位，因变量 y 平均增加或减少的数量

C. 自变量 x 每减少一个单位，因变量 y 减少的数量

D. 自变量 x 每减少一个单位，因变量 y 增加的数量

3. 确定一元线性回归方程时，对相关的两个变量要求（　　）。

A. 因变量是给定的数值，自变量是随机的

B. 自变量是给定的数值，因变量是随机的

C. 自变量和因变量都是随机的

D. 自变量和因变量都不是随机的

4. 用最小平方法估计简单线性回归模型中的参数，需满足（　　）。

A. 实际观察值等于回归估计值

B. 实际观察值与回归估计值离差和等于最小值

C. 实际观察值与回归估计值离差平方和等于最小值

D. 实际观察值与回归估计值离差和等于零

5. 由同一资料计算的相关系数 r 与回归系数 b 之间的关系是（　　）。

A. r 大, b 也大　　B. r 小, b 也小

C. r 与 b 同值　　D. r 与 b 的正负号相同

6. 在用一个回归方程进行估计推算时，（　　）。

A. 只能用因变量推算自变量

B. 只能用自变量推算因变量

C. 既可用因变量推算自变量，也可用自变量推算因变量

D. 不需考虑因变量和自变量问题

7. 已知某工厂甲产品产量和生产成本有直接关系，在这条直线上，当产量为1000 时，其生产成本为 30 000 元，其中不随产量变化的成本为6000 元，则成本总额对产量的回归直线方程是（　　）。

A. $y = 6000 + 24x$　　B. $y = 6 + 0.24x$

C. $y = 24 + 6000x$　　D. $y = 24\ 000 + 6x$

8. 每吨商品的成本（元）和每名工人劳动生产率（t/人）之间的线性回归方程为 $y = 300 - 2.5x$，这说明劳动生产率提高 1t/人，成本（　　）。

A. 降低 297.5 元　　B. 提高 297.5 元

C. 提高 2.5 元　　D. 降低 2.5 元

9. 下列直线回归方程中，（　　）是错误的。

A. $y = 35 + 0.3x, r = 0.8$　　B. $y = -124 + 12.3x, r = 0.89$

C. $y = 65 - 6.3x, r = 0.58$　　D. $y = 1235 - 10.3x, r = -0.82$

10. 多元线性回归方程 $y_c = a + b_1 x_1 + b_2 x_2 + b_3 x_3$ 中，b_2 说明（　　）。

A. x_2 与 y_c 之间的相关程度

B. x_2 每变化一个单位，y_c 平均变化多少单位

C. 当 x_1 、x_3 不变时，x_2 每变化一个单位，y_c 平均变化多少单位

D. 在影响 y_c 的所有因素不变时，x_2 每变化一个单位，y_c 平均变化多少单位

11. 已知变量 x 与变量 y 之间存在着负相关，指出下列的错误回归方程是（　　）。

A. $y = 65 - 1.5x$　　　　B. $y = -10 - 7x$

C. $y = 165 + 6.3x$　　　　D. $y = 25 - 0.6x$

二、多项选择题

1. 回归分析的特点有（　　）。

A. 两个变量具有非对等的关系

B. 因变量是随机的，自变量是可控的

C. 两个变量具有对等关系

D. 因变量和自变量都是随机的

2. 家庭消费支出（元）依存家庭收入（百元）的回归方程为：$y = 10 + 0.7x$，这意味着（　　）。

A. 若家庭收入为 100 元，则家庭消费支出为 70 元

B. 若家庭收入每增加 100 元，则家庭消费支出增长 80 元

C. 若家庭收入不变，家庭消费支出为 80 元

D. 若家庭收入减少 50 元，家庭消费支出减少 35 元

E. 若家庭收入增加 100 元，家庭消费支出提高 70 元

三、判断改错题

1. 相关分析和回归分析是在定性分析的基础上进行的定量分析。（　　）

2. 回归系数 b 大于 0 或小于 0 时，相关系数 r 也大于 0 或小于 0。（　　）

3. 进行相关分析与回归分析应注意对相关系数和回归直线方程的有效性进行检验。（　　）

4. 若变量 x 和 y 之间具有线性相关关系，就可以建立简单线性回归模型进行回归分析。（　　）

5. 简单线性回归方程中的回归系数表示：当自变量 x 每变动一个单位时，因变量 y 的平均变动值。（　　）

6. 简单线性回归方程 $y = -10.35 + 0.4x$，说明自变量和因变量之间存在负相关关系。（　　）

7. 回归系数和相关系数的计算结果均能反映变量相关的方向。（　　）

四、计算题

1. 根据表 7-8 的资料：

（1）用最小平方法建立广告费支出和营业额的线性回归方程。

（2）在 0.05 的显著性水平下，检验回归系数。

2. 根据表 7-10 的资料：

（1）用最小平方法建立餐饮占营业收入总额的比重与营业收入总额间的简单线性回归方程。

（2）对线性回归方程进行显著性检验（假设显著性水平为0.05）。

3. 根据表7-11的资料：

（1）拟合直线回归方程，并解释回归系数的实际意义。

（2）检验回归方程线性关系的显著性。

4. 某市有14家星级饭店，其2013年的年均从业人员数和营业收入总额如表8-5所示。

表8-5　星级饭店年均从业人员数和营业收入总额

企业编号	年均从业人员数/千人	营业收入总额/千万元
1	2.8	6.7
2	2.8	6.9
3	3.0	7.2
4	2.9	7.3
5	3.4	8.4
6	3.9	8.8
7	4.0	9.1
8	4.8	9.8
9	4.9	10.6
10	5.2	10.7
11	5.4	11.1
12	5.5	11.8
13	6.2	12.1
14	7.0	12.4

根据表中资料：

（1）建立直线回归方程。

（2）对回归方程进行显著性检验（设显著性水平为0.05）。

（3）当某一星级饭店的年均从业人员数为8000千人时，试预测其营业收入总额。

5. 某地区2001～2013年旅游收入、三星级及以上酒店数和3A级及以上景区数有关资料如表8-6所示。

表 8-6　旅游收入、三星级及以上酒店数和 3A 级及以上景区数

年　份	旅游收入/亿元	三星级及以上酒店数 x_1 /家	3A 级及以上景区数 x_2 /个
2001	25	44	15
2002	23	42	15
2003	24	45	14
2004	23	45	16
2005	24	46	15
2006	25	44	17
2007	26	46	16
2008	26	46	15
2009	25	44	15
2010	27	46	16
2011	28	45	18
2012	30	48	20
2013	31	50	19

根据表中资料：

（1）建立多元线性回归方程。

（2）如果已知 2014 年三星级及以上酒店数为 52 家，3A 级及以上景区数为 21 个，预测该年旅游收入为多少？

6. 8 家五星级酒店 2014 年第一季度的本科以上从业人员占全体员工的比重和营业利润如表 8-7 所示。

表 8-7　本科以上从业人员占全体员工的比重和营业利润

企业编号	本科以上从业人员占全体员工的比重（%）	营业利润/百万元
1	2.1	4.1
2	2	4.5
3	3	8.1
4	3.2	10.5
5	4.5	25.4
6	4.3	25
7	5	35
8	3.9	23.4

根据表中资料，试计算：

（1）相关系数。

（2）直线回归方程。

（3）说明回归系数的经济含义。

第九章

旅游卫星账户

第一节　旅游卫星账户的基本问题

一、旅游卫星账户的形成与发展

旅游卫星账户（Tourism Satellite Account，TSA）是一个由联合国统计委员会批准的新的国际标准，是一个测量旅游业总体经济水平及其对国民经济贡献的统计工具，它通过旅游经济活动及旅游就业的可信数据及旅游业对该国国际收支平衡影响的数据，帮助各国依照一个共同的核算框架来测量旅游及相关的产品和服务，从而可以将旅游业与其他产业作一个可信的比较，并进一步对国家、地区之间的旅游经济进行比较。旅游卫星账户的最终确立，使得旅游计量得以进入宏观经济统计的主流。

1937 年，国际联盟委员会为了统计目的提出“国际旅游”定义。从 20 世纪 80 年代初期开始，人们对旅游业的重要性以及旅游和其他社会经济活动的相互依存开始有了较全面的认识。1983 年，世界旅游组织在新德里举行的大会上印发了一份报告，说明如何才能在《1968 年国民账户体系》框架内介绍旅游业。1991 年，在加拿大渥太华召开了国际旅行和旅游统计大会，世界旅游组织正式提出了一致的旅游概念、定义和分类体系，一套与其他国际统计相关的国内和国际旅游统计定义和统计活动的分类法。1992 年，在经济合作与发展组织内部开始了旅游经济账户的数据分析与收集工作。1994 年，联合国和世界旅游组织出版了《旅游统计建议》。同年，加拿大统计局编制的旅游卫星账户的第一批结果公布。2000 年，联合国统计委员会批准了由欧盟委员会统计处、经济合作与发展组织和世界旅游组织等共同参与编制的《旅游卫星账户：建议的方法框架》（以下简称《方法框架》）。截至 2008 年年底，已经有 84 个国家和地区完成和着手旅游卫星账户的编制工作。中国多次参与世界旅游组织会议之后，国家旅游局在中国部分省市进行了研究编制旅游卫星账户的试点工作。在此基础上，国家旅游局和国家统计局研究商定，于 2006 年正式开展了“中国国家级旅游卫星账户”研究编制工作。

二、旅游卫星账户的作用

旅游卫星账户是在国民经济核算体系之外，按照国民经济核算体系的概念和分类要求，将所有由于旅游活动而产生的消费和产出部分分离出来进行单独核算的虚拟账户。

一个完整的旅游卫星账户应该包括以下内容：① 旅游消费；② 旅游业对国内生产总值的贡献，以及与其他经济部门相比，旅游业在国民经济中所占的比例；③ 旅游业的税收总量；④ 在一国经济范围内，旅游业提供的就业情况；⑤ 旅游业固定资本形成总额；⑥ 旅游业对一国国际收支平衡的影响。

旅游卫星账户描述了旅游活动和旅游消费所产生的对服务和货物的需求和对它们的供给的总体关系，以便准确地测度由于旅游活动和旅游消费而引发的对经济的贡献。旅游卫星账户是对现有的国民经济核算体系为适应旅游分析需要而进行的数据分离和再整理，它也可视为更广阔的编制国家（地区）国民经济核算体系的一部分，两者在基本概念、核算方法上是一致的。它嵌入一个国家的国民经济核算体系中，具有自身逻辑严密的框架体系。

旅游卫星账户的编制对各国有着直接的益处：

（1）提高有关旅游业对全部经济活动的重要性方面的认识。

（2）获取可信的旅游经济活动及其影响的基础数据，从与其他产业的比较中反映旅游业对经济发展、财政收入以及社会发展的贡献。

（3）帮助政府更加重视旅游业及相关部门的政策协调，以便更有效地制定与旅游业及其就业相关的政策。

（4）帮助旅游业的参与者了解旅游业经济活动在整体经济活动中的重要性。

（5）可以在同一国际标准下进行旅游业的国际、国内比较。

总之，借助旅游卫星账户，政府可以更好地制定公共决策，企业可以更好地制定商业策略和确定投资意向，为居民旅行计划提供参考，并对这些决策和计划的效果和效率进行评估，促进旅游业及相关产业的协调发展。

第二节　地区旅游卫星账户的编制

一、地区旅游卫星账户编制的技术路线

按照工作流程和时间顺序的要求，可以把编制地区旅游卫星账户的技术路线

大致分为项目建议、项目可研方案、项目实施、项目鉴定四个阶段。

（一）项目建议

项目建议是对编制旅游卫星账户的总体设想，主要是根据国际标准，结合地区旅游发展需要，由地方旅游局和地方统计局提出编制地区旅游卫星账户项目建议，包括项目背景、项目条件和依据、项目内容以及项目总体安排。这一阶段的主要工作任务有三点：

一是进行基础研究。旅游卫星账户在国际上是一个新兴的研究和实践领域，《方法框架》仅仅是纲领性文件，但缺乏适合不同国家的操作方法，而地区旅游卫星账户如何编制更是空白，必须首先掌握《方法框架》的概念、表式、编制方法；编制地区旅游卫星账户实际上是进行旅游经济核算，既涉及国际经济核算的综合知识，又涉及旅游专业统计的相关内容。

二是收集国内外资料，有目的地进行国内外交流合作。在国外，旅游卫星账户编制比较早，经验丰富的国家有法国、加拿大、西班牙、澳大利亚等，这些国家的实践经验值得借鉴。近几年，世界旅游组织每年都就旅游卫星账户的某一专题组织交流研讨，吸引了很多编制旅游卫星账户的国家和地区的理论工作者和实践工作者参加。

三是提交编制地区旅游卫星账户项目建议书，就项目的必要性、可行性以及具体工作方案提出建议，供专家论证，领导决策。

（二）项目可研方案

项目可研方案的内容包括编制目的、编制原则、编制内容、编制基年、编制步骤、编制方法，提出编制机构和人员构成以及编制经费要求。还须将方案进一步征求有关部门和专家的意见，待该详细方案报上级统计部门和旅游部门审核后，由所在地区旅游部门和统计部门负责实施。

（三）项目实施

项目实施是编制地区旅游卫星账户的最重要阶段，其主要内容包括：

（1）确定编制年份和编制频率。首先需要确定地区旅游卫星账户的编制基年。主要从资料可得性考虑，编制年份一般为既往某一年，考虑到投入产出表每五年编制一次，最好是选择编制投入产出表的年份。

（2）根据投入产出表的行业分类标准，参照《国民经济行业分类》（GB/T 4754—2011），确定编制地区旅游卫星账户所采用的行业分类和产品分类。

（3）确定地区旅游卫星账户所涉及的概念体系、旅游特征产业、旅游相关产业和旅游特征产品、旅游相关产品目录。

（4）根据我国国情和所在地区情况，制定地区旅游卫星账户表式。

（5）对搜集来的国民经济核算资料、服务业统计资料、部门统计资料和各类年鉴、统计公报、旅游统计报表，结合地区旅游卫星账户编制实际要求，对现有数据满足情况进行评估，明确未来所需数据范围。

（6）对缺失数据开展补充调查。包括对本地区范围内的居民旅游消费进行抽样调查；对某些旅游特征产业进行全面调查或抽样调查；对汽车租赁、旅游实物社会转移、旅行社组织接待游客的劳务费等进行典型调查。

（7）对数据进行处理和汇总，对各类表式进行拼接。

（四）项目鉴定

项目鉴定的主要内容包括：地区旅游卫星账户是否符合规范的概念体系和表式框架要求；编制程序是否合理；数据收集是否科学，是否符合地区旅游经济核算要求；地区旅游卫星账户的主要成果是否得到准确反映。项目鉴定一般由上级统计部门和旅游部门组织，由旅游、统计、发改委及财政部门的专业人员以及专家、学者等组成，评审人数为单数。地区旅游卫星账户编制成果一般由报告和技术路线组成，经过专家评审，形成项目鉴定报告。地区旅游卫星账户编制成果，报同级政府认定，由旅游部门和统计部门联合向社会公布。

课题组人员构成是编制地区旅游卫星账户成功与否的决定因素。课题组成员对统计方法、核算方法、经济理论的掌握程度，以及对地区旅游经济运行情况的分析研究水平和统计数据的把握能力，关系到地区旅游卫星账户编制的质量和水平。课题研究设立领导小组，由旅游部门和统计部门领导担任，工作小组由统计局的相关处室、旅游局负责统计工作的人员以及经济学、统计学的相关领域的专家组成。编制地区旅游卫星账户的时间周期较长，一般为一年以上。

二、地区旅游卫星账户编制的难点

编制地区旅游卫星账户，首先要有良好的地区经济核算基础；其次要有旅游价值量和实物量的核算数据；最后要有旅游业直接、间接影响的评估分析。目前，现行旅游统计和核算中还存在以下问题：

（一）资料来源存在缺口

资料来源缺口主要体现在许多旅游服务企业没有纳入经常性的统计调查体系，特别是私营和个体旅游经营单位从事小餐饮、旅游商品、旅游信息服务、旅游规划咨询等，其数据来源缺乏；与旅游相关的管理部门的服务业统计仅限于本系统，满足不了旅游经济核算的要求。

（二）资料来源口径偏小

例如，从业人员劳动报酬统计往往不包括小型个体、私营旅游从业人员，因而会影响到旅游增加值中劳动者报酬计算的准确性。同时，旅游从业人员劳动报酬的统计也很难包括从业人员所获得的全部收入，例如饭店服务员的小费就无法统计。资料来源口径偏小，对于旅游企业和营利性事业单位来说，将影响到增加值的结构；对于行政单位和非营利性事业单位来说，不仅会影响增加值结构，还会影响旅游业增加值总量。

（三）对未能观测经济缺乏有效方法进行统计

未能观测经济包括非法生产、地下生产、非正规部门生产等生产活动。我国目前尚未就未能观测经济进行深入、系统的研究，但未能观测经济在我国旅游服务行业中切实存在，例如导游回扣、佣金等问题。

（四）旅游份额不易剥离

核算旅游产业及其相关产业与旅游活动相关的增加值，必须从第一产业、第二产业和服务业中剥离因为旅游活动而引起的产出部分的系数。但这种剥离操作起来困难重重，难以确定。

（五）跨地区跨行业统计核算困难

有些部门（例如铁路、银行、通信等），其业务范围不是按行政隶属关系划分的，其数据存在着省际交叉的现象。地区外的数据应该剔除，但地区外数据资料很难取得。例如，江苏省苏州火车站、无锡火车站等业务数据归上海铁路局核算，这种数据资料收集比较困难。

（六）旅游统计调查方法单一

虽然旅游统计是以基层报表为主，采用全面调查、抽样调查等多种方法相结合的统计体系，但在实际工作中还存在一定程度上的全面调查不全面、抽样调查不规范等问题，以行政隶属关系为主的层层上报、层层汇总仍然是主要的方法。面对旅游服务单位多、规模小、涉及面广的特点来说，这种层层上报的统计调查不能适应旅游统计核算要求。

第三节　地区旅游卫星账户框架

一、地区旅游卫星账户的核心概念

1. 游客

根据我国《旅游统计调查制度》，游客是指任何为休闲、娱乐、观光、度假、探亲访友、就医疗养、购物、参加会议或从事经济、文化、体育、宗教活动，离开常住国（常住地）到其他国家（或地方），连续停留时间不超过 12 个月，并且在其他国家（或地方）的主要目的不是通过所从事的活动获取报酬的人。游客不包括因工作或学习在两地有规律往返的人。游客按出游地分为入境游客和国内游客，按出游时间分为旅游者（过夜游客）和一日游游客。

2. 常住国

常住国是指一个人在近一年的大部分时间所居住的国家或在这个国家只居住了较短的时间，但在 12 个月内仍将返回的这个国家。

3. 常住地

常住地是指一个常住国的居民，在近一年的大部分时间里所居住的城镇，或在这个城镇只居住了较短的时间，但在12个月内仍将返回的这个城镇。

判断一个游客是国际游客还是国内游客不是根据这个游客的国籍而是根据他的常住国或常住地而定。

4. 入境游客

入境游客是指报告期内来中国（大陆）观光、度假、探亲访友、就医疗养、购物、参加会议或从事经济、文化、体育、宗教活动的外国人、港澳台同胞等游客。统计时，入境游客按每入境1次统计1人次。入境游客包括入境旅游者和入境一日游游客。

5. 入境旅游者

入境旅游者是指入境游客中在中国（大陆）的旅游住宿设施内至少停留一夜的外国人、港澳台同胞。但不包括下列人员：应邀来华访问的政府部长以上官员及其随行人员；外国驻华使领馆官员、外交人员以及随行的家庭服务人员和受赡养者；常住中国（大陆）一年以上的外国及港澳台专家、留学生、记者、商务机构人员等；乘坐国际航班过境不需要通过护照检查进入中国（大陆）口岸的中转旅客；边境地区往来的边民；回大陆定居的港澳台同胞；已在中国定居的外国人和原已出境又返回在中国定居的外国侨民；归国的中国出国人员。

6. 入境一日游游客

入境一日游游客是指入境游客中，未在中国（大陆）旅游住宿设施内过夜的外国人、港澳台同胞。入境一日游游客应包括乘坐游船、游艇、火车、汽车入境旅游，在车（船上）过夜的游客和机、车、船上的乘务人员，但不包括在中国（大陆）境外（内）居住而在中国（大陆）境内（外）工作，当天往返的港澳台同胞和周边国家的边民。

7. 国内游客

国内游客是指报告期内，地区外居民、本地区居民在本区域，本地区居民在国内其他区域从事观光游览、度假、探亲访友、就医疗养、购物、参加会议或从事经济、文化、体育、宗教活动的中国（大陆）居民，其出游目的不是通过所从事的活动获取报酬。统计时，国内游客按每出游1次统计1人次。

8. 国内旅游者

国内旅游者是指中国（大陆）居民离开惯常居住地在境内其他地方的旅游住宿设施内至少停留一夜，最长不超过12个月的国内游客。国内旅游者包括在中国（大陆）境内常住一年以上的外国人、港澳台同胞，但不包括到各地巡视工作的部以上领导、驻外地办事机构的临时工作人员、调遣的武装人员、到外地学习的学生、到基层锻炼的干部、到境内其他地区定居的人员和无固定居住地的无业游民。

9. 国内一日游游客

国内一日游游客是指国内居民离开惯常居住地10km以上，出游时间超过6h，不足24h，并未在境内其他地方的旅游住宿设施过夜的国内游客。

10. 游客消费

游客消费是指游客或游客的代表因旅行引起的或在其旅程和目的地期间所发生的总消费支出。按照游客发生消费的时间，可以分为旅行期间费用、旅行前消费、旅行后消费。按照1993年《国民账户体系》[⊖]中住户实际最终消费的定义和旅游业务费用所要求考虑的业务，游客消费可分类如图9-1所示。

- 游客消费
  - 游客实际最终消费
    - 游客最终消费支出
      - 游客现金最终消费支出
      - 游客实物最终消费支出
        - 游客易货贸易
        - 游客最终自用生产
        - 实物收入对应部分
    - 旅游实物社会转移
  - 旅游业务费用

图9-1　地区旅游卫星账户的游客消费结构

11. 游客现金最终消费支出

游客现金最终消费支出是指现有旅游统计调查制度中的游客花费，其范围为《入境游客在中国（大陆）花费情况调查表》和《国内旅游抽样调查问卷》中对入境游客或国内游客消费支出的调查项目。

12. 旅游实物最终消费支出

旅游实物最终消费支出是指游客易货贸易（如不同城市间的居民在旅游旺季交换住宅）、游客最终自用生产（如地区居民居住在用于休闲、旅游目的的第二住宅住房服务的生产和消费）、实物收入对应部分（如出差职工差旅费中的膳食补助，企业为员工免费或以较低价格所提供的度假、休闲、娱乐设施或服务等）三个项目。

13. 旅游实物社会转移

旅游实物社会转移是指政府免费或以经济意义不显著的价格为游客所提供的非市场产出，以及政府从市场生产者那里购买的、并免费或以经济意义不显著的价格提供给游客的货物和服务。

⊖ 虽然《国民账户体系》已有2008年版本，但我国目前绝大部分都是采用1993年的版本。

14. 旅游业务费用

旅游业务费用包括生产单位出差员工的消费和企业、政府为离开其惯常环境的来宾所作的支出。

15. 生产者价格

生产者价格是指生产者生产的单位货物或服务向购买者出售时获得的价值，包括开给购买者发票上的增值税或类似可抵扣税。该价格不包括货物离开生产单位后所发生的运输费用和商业费用。

16. 购买者价格

购买者价格是指购买者购买单位货物或服务所支付的价值，包括购买者按指定的时间和地点取得货物所发生的运输和商业费用。购买者价格等于生产者价格加上购买者支付的运输和商业费用，再加上购买者缴纳的不可扣除的增值税和其他税。

17. 基本价格

基本价格是指包含在单位产出中直接和间接累计支付的雇员报酬、固定资本消耗、营业盈余和其他生产税（间接税）的总合。基本价格涉及的两个重要计算公式为

$$基本价格+生产税-补贴=生产者价格$$

$$生产者价格+商业流通费+运费=购买者价格$$

18. 增加值

增加值是指常住单位生产过程中创造的新增价值和固定资产的转移价值。它可以按照生产法计算，也可以按收入法计算。按前者计算，它等于总产出减去中间投入；按后者计算，它等于劳动者报酬、生产税净额、固定资产折旧和营业盈余之和。我国是按生产者价格计算的。

19. 旅游业增加值

旅游业增加值是指旅游产业和经济体的其他产业为服务境内旅游消费而产生的增加值。也即旅游业增加值包括所有产业在向游客或为了游客或为了其利益的第三者提供货物和服务的过程中所产生的那部分增加值。

20. 旅游产业的增加值

旅游产业的增加值是指对所有旅游特征产业的增加值的合计，而不管其产出是否全部提供给游客。

21. 产业的旅游供给比例

产业的旅游供给比例是指产业的总供给中归属于游客消费的比例。

22. 旅游就业

旅游就业是指因满足旅游消费而产生的就业。

23. 固定资产折旧

固定资产折旧是指一定时期内为弥补固定资产损耗按照规定的固定资产折旧率提取的折旧，或按国民经济核算统一推定的折旧率虚拟计算的折旧。它反映了固定资产在当期生产中的转移价值。

24. 劳动者报酬

劳动者报酬是指劳动者因从事生产活动所获得的全部报酬。它包括劳动者获得的各种形式的工资、奖金和津贴，既有货币形式的，也有实物形式的，还包括劳动者所享有的公费医疗和医疗卫生费、上下班交通补贴、单位支付的社会保险费、住房公积金等。对于个体经济来说，其所有者所获得的劳动报酬和经营利润不易区分，这两部分统一作为劳动者报酬处理。

25. 生产税净额

生产税净额是指生产税减生产补贴后的差额。生产税是指政府对生产单位从事生产、销售和经营活动以及因从事生产活动使用某些生产要素（例如固定资产、土地、劳动力）所征收的各种税、附加费和规费。生产补贴与生产税相反，是指政府对生产单位的单方面转移支付，因此视为负生产税，包括政策性亏损补贴、价格补贴等。

26. 营业盈余

营业盈余是指常住单位创造的增加值扣除劳动者报酬、生产税净额和固定资产折旧后的余额。它相当于企业的营业利润加上生产补贴，但要扣除从利润中开支的工资和福利等。

27. 就业人口

就业人口是指在一定年龄以上，有劳动能力，从事一定社会劳动并取得劳动报酬或经营收入的人员。在城镇劳动力调查中对城镇16岁以上，具有劳动能力并符合以下条件之一的人员列为就业人员：① 为取得报酬或经营利润，在调查周内从事了1h以上（含1h）的劳动；② 由于学习、休假等原因在调查周内暂时处于未工作状态，但有工作单位或场所。

二、地区旅游卫星账户表式

地区旅游卫星账户应包括以下10张表：

（1）地区外游客在本区域内旅游消费（现金最终消费支出）。

（2）地区居民区域内旅游消费（现金最终消费支出）。

（3）地区居民区域外和出境旅游消费（现金最终消费支出）。

（4）地区旅游消费。

（5）地区旅游产业和其他产业的生产账户。

（6）地区总供给和地区旅游消费。

（7）地区旅游就业。

（8）地区旅游业固定资本形成总额。

（9）地区旅游业公共消费。

（10）地区旅游非货币指标。

在地区旅游卫星账户编制的第一阶段，通常编制（1）～（7）和（10），如表9-1至表9-8所示；随着地区旅游卫星账户研究工作的深入和基础统计工作的完善，可进一步编制（8）和（9）。

表9-1 地区外游客在本区域内旅游消费（现金最终消费支出）

（金额单位：万元）

产品	入境旅游消费		地区外居民在本区域内旅游消费		旅游消费合计 (1.5) = (1.1 + 1.2 + 1.3 + 1.4)
	一日游游客 (1.1)	旅游者 (1.2)	一日游游客 (1.3)	旅游者 (1.4)	
A. 旅游特定产品					
A.1 旅游特征产品					
1. 住宿服务	×		×		
1.1 旅馆和其他住宿服务	×		×		
1.2 自用或免费使用的第二住宅服务	×	×	×	×	×
2. 食物和饮料工业服务					
3. 客运服务					
3.1 铁路客运服务					
3.2 公路客运服务					
3.3 水上客运服务					
3.4 航空客运服务					
3.5 汽车租赁					
4. 旅行游览服务					
4.1 组织接待游客的劳务服务					
4.2 自然保护区、风景名胜区等游览区服务					
4.3 会议及展览服务					
5. 文化艺术服务					
5.1 表演艺术					
5.2 博物馆和其他文化服务					
6. 娱乐服务、运动与探险活动					

（续）

产　　品	入境旅游消费		地区外居民在本区域内旅游消费		旅游消费合计 (1.5) = (1.1 + 1.2 + 1.3 + 1.4)
	一日游游客 (1.1)	旅游者 (1.2)	一日游游客 (1.3)	旅游者 (1.4)	
7. 其他旅游服务					
7.1 金融服务					
7.2 保险服务					
7.3 邮政和信息传输服务					
7.4 居民服务					
A.2 旅游相关产品					
旅游购物品					
B. 非旅游特定产品					
总　　计					
旅行次数/万人次					
过夜天数/万人天					

注：表中“×”表示不适用。

表 9-2　地区居民区域内旅游消费（现金最终消费支出）

（金额单位：万元）

产　　品	地区居民在本区域内旅行期间消费		地区居民旅行前后消费						地区居民在本区域内的旅游消费		
			地区居民本区域旅游消费		地区居民区域外旅游消费		地区居民出境旅游消费		一日游 (2.9) = 2.1 + 2.3 + 2.5 + 2.7	旅游者 (2.10) = 2.2 + 2.4 + 2.6 + 2.8	总游客 (2.11) = 2.9 + 2.10
	一日游 (2.1)	旅游者 (2.2)	一日游 (2.3)	旅游者 (2.4)	一日游 (2.5)	旅游者 (2.6)	一日游 (2.7)	旅游者 (2.8)			
A. 旅游特定产品											
A.1 旅游特征产品											
1. 住宿服务	×		×		×		×		×		
1.1 旅馆和其他住宿服务	×		×		×		×		×		
1.2 自用或免费使用的第二住宅服务	×	×	×	×	×	×	×	×	×	×	×
2. 食物和饮料工业服务											
3. 客运服务											

（续）

产品	地区居民在本区域内旅行期间消费		地区居民旅行前后消费						地区居民在本区域内的旅游消费		
	一日游（2.1）	旅游者（2.2）	地区居民本区域旅游消费		地区居民区域外旅游消费		地区居民出境旅游消费		一日游（2.9）=2.1+2.3+2.5+2.7	旅游者（2.10）=2.2+2.4+2.6+2.8	总游客（2.11）=2.9+2.10
			一日游（2.3）	旅游者（2.4）	一日游（2.5）	旅游者（2.6）	一日游（2.7）	旅游者（2.8）			
3.1 铁路客运服务											
3.2 公路客运服务											
3.3 水上客运服务											
3.4 航空客运服务											
3.5 汽车租赁											
4. 旅行游览服务											
4.1 组织接待游客的劳务服务											
4.2 自然保护区、风景名胜区等游览区服务											
4.3 会议及展览服务											
5. 文化艺术服务											
5.1 表演艺术											
5.2 博物馆和其他文化服务											
6. 娱乐服务、运动与探险活动											
7. 其他旅游服务											
7.1 金融服务											
7.2 保险服务											
7.3 邮政和信息传输服务											
7.4 居民服务											
A.2 旅游相关产品											
旅游购物品											
B. 非旅游特定产品											
总　计											
旅行次数/万人次											
过夜天数/万人天											

注：表中“×”表示不适用。

表 9-3　地区居民区域外和出境旅游消费（现金最终消费支出）

（金额单位：万元）

产　品	居民区域外旅游消费		居民出境旅游消费		旅游消费合计 (3.5) = (3.1 + 3.2 + 3.3 + 3.4)
	一日游游客 (3.1)	旅游者 (3.2)	一日游游客 (3.3)	旅游者 (3.4)	
A. 旅游特定产品					
A. 1 旅游特征产品					
1. 住宿服务	×				
1. 1 旅馆和其他住宿服务	×				
1. 2 自用或免费使用的第二住宅服务	×	×	×		
2. 食物和饮料工业服务					
3. 客运服务					
3. 1 铁路客运服务					
3. 2 公路客运服务					
3. 3 水上客运服务					
3. 4 航空客运服务					
3. 5 汽车租赁					
4. 旅行游览服务					
4. 1 组织接待游客的劳务服务					
4. 2 自然保护区、风景名胜区等游览区服务					
4. 3 会议及展览服务					
5. 文化艺术服务					
5. 1 表演艺术					
5. 2 博物馆和其他文化服务					
6. 娱乐服务、运动与探险活动					
7. 其他旅游服务					
7. 1 金融服务					
7. 2 保险服务					
7. 3 邮政和信息传输服务					
7. 4 居民服务					
A. 2 旅游相关产品					
旅游购物品					
B. 非旅游特定产品					
总　计					
旅行次数/万人次					
过夜天数/万人天					

注：表中“×”表示不适用。

表 9-4 地区旅游消费

（金额单位：万元）

产品	地区旅游现金最终消费支出			旅游消费的其他部分（4.4）	地区旅游消费（4.5）=（4.1+4.2+4.3+4.4）
	地区外游客在本区域内旅游消费（4.1）	地区居民在区域内旅游消费（4.2）	地区旅游现金消费（4.3）		
A. 旅游特定产品					
A.1 旅游特征产品					
1. 住宿服务					
1.1 旅馆和其他住宿服务					
1.2 自用或免费使用的第二住宅服务	×	×	×		
2. 食物和饮料工业服务					
3. 客运服务					
3.1 铁路客运服务					
3.2 公路客运服务					
3.3 水上客运服务					
3.4 航空客运服务					
3.5 汽车租赁					
4. 旅行游览服务					
4.1 组织接待游客的劳务服务					
4.2 自然保护区、风景名胜区等游览区服务					
4.3 会议及展览服务					
5. 文化艺术服务					
5.1 表演艺术					
5.2 博物馆和其他文化服务					
6. 娱乐服务、运动与探险活动					
7. 其他旅游服务					
7.1 金融服务					
7.2 保险服务					
7.3 邮政和信息传输服务					
7.4 居民服务					
A.2 旅游相关产品					
旅游购物品					
B. 非旅游特定产品					
总　计					
旅行次数/万人次					
过夜天数/万人天					

注：表中“×”表示不适用。

表 9-5　地区旅游产业和其他产业的生产账户

（金额单位：万元）

产　品	旅游特征产业													旅游相关产业	非旅游特定产业	地区总产出（生产者价格）
	1. 旅游饭店和其他住宿设施	2. 自用或免费使用的第二住宅服务（虚拟）	3. 餐馆和类似设施	4. 铁路客运业及辅助活动	5. 道路客运业、城市公交及辅助活动	6. 水上客运业及辅助活动	7. 航空客运业及辅助活动	8. 汽车租赁业	9. 旅行社	10. 环境资源业	11. 文化艺术业	12. 娱乐业	旅游特征产业合计	批发零售业		
A. 旅游特定产品																
A. 1 旅游特征产品																
1. 住宿服务		×														
1. 1 旅馆和其他住宿服务		×														
1. 2 自用或免费使用的第二住宅服务	×		×	×	×	×	×	×	×	×	×	×		×		
2. 食物和饮料工业服务		×														
3. 客运服务		×														
3. 1 铁路客运服务		×														
3. 2 公路客运服务		×														
3. 3 水上客运服务		×														
3. 4 航空客运服务		×														
3. 5 汽车租赁		×														
4. 旅行游览服务		×														
4. 1 组织接待游客的劳务服务		×														
4. 2 自然保护区、风景名胜区等游览区服务		×														
4. 3 会议及展览服务		×														

（续）

产品	旅游特征产业													旅游相关产业	非旅游特定产业	地区总产出（生产者价格）
	1. 旅游饭店和其他住宿设施	2. 自用或免费使用的第二住宅服务（虚拟）	3. 餐馆和类似设施	4. 铁路客运业及辅助活动	5. 道路客运业、城市公交及辅助活动	6. 水上客运业及辅助活动	7. 航空客运业及辅助活动	8. 汽车租赁业	9. 旅行社	10. 环境资源业	11. 文化艺术业	12. 娱乐业	旅游特征产业合计	批发零售业		
5. 文化艺术服务		×														
5.1 表演艺术		×														
5.2 博物馆和其他文化服务		×														
6. 娱乐服务、运动与探险活动		×														
7. 其他旅游服务		×														
7.1 金融服务		×														
7.2 保险服务		×														
7.3 邮政和信息传输服务		×														
7.4 居民服务		×														
A.2 旅游相关产品		×														
旅游购物品		×														
B. 非旅游特定产品		×														
总产出（生产者价格）																
中间投入合计（购买者价格）																
增加值（生产者价格）																
固定资产折旧																
劳动者报酬																
产生税净额																
营业盈余																

注：表中“×”表示不适用。

表 9-6　地区总供给和

产　品	旅游特																				
	1. 旅游饭店和其他住宿设施			2. 自用或免费使用的第二住宅服务（虚拟）			3. 餐馆和类似设施			4. 铁路客运业及辅助活动			5. 道路客运业、城市公交及辅助活动			6. 水上客运业及辅助活动			7. 航空客运业及辅助活动		
	产出	旅游份额	小计	产出	旅游份额	小计	产出	旅游份额	小计	产出	旅游份额	小计	产出	旅游份额	小计	产出	旅游份额	小计	产出	旅游份额	小计
A. 旅游特定产品																					
A. 1 旅游特征产品																					
1. 住宿服务																					
1. 1 旅馆和其他住宿服务				×	×	×															
1. 2 自用或免费使用的第二住宅服务	×	×	×				×	×	×	×	×	×	×	×	×	×	×	×	×	×	×
2. 食物和饮料工业服务				×	×	×															
3. 客运服务				×	×	×															
3. 1 铁路客运服务				×	×	×															
3. 2 公路客运服务				×	×	×															
3. 3 水上客运服务				×	×	×															
3. 4 航空客运服务				×	×	×															
3. 5 汽车租赁				×	×	×															
4. 旅行游览服务				×	×	×															
4. 1 组织接待游客的劳务服务				×	×	×															
4. 2 自然保护区、风景名胜区等游览区服务				×	×	×															
4. 3 会议及展览服务				×	×	×															
5. 文化艺术服务				×	×	×															
5. 1 表演艺术				×	×	×															

地区旅游消费

（金额单位：万元）

征产业															旅游特征产业合计		旅游相关产业			非旅游特定产业			地区总产出（生产者价格）		地区外流入	地区总供给	地区旅游消费	产品的旅游消费比例
8. 汽车租赁业			9. 旅行社			10. 环境资源业			11. 文化艺术业			12. 娱乐业					批发零售业											
产出	旅游份额	小计	产出	旅游份额	小计	产出	旅游份额	小计	产出	旅游份额	小计	产出	旅游份额	小计	产出	旅游份额	产出	旅游份额	小计	产出	旅游份额	小计	总产出	旅游总产出				
×	×	×	×	×	×	×	×	×																				

产品	旅游特																				
	1. 旅游饭店和其他住宿设施			2. 自用或免费使用的第二住宅服务（虚拟）			3. 餐馆和类似设施			4. 铁路客运业及辅助活动			5. 道路客运业、城市公交及辅助活动			6. 水上客运业及辅助活动			7. 航空客运业及辅助活动		
	产出	旅游份额	小计	产出	旅游份额	小计	产出	旅游份额	小计	产出	旅游份额	小计	产出	旅游份额	小计	产出	旅游份额	小计	产出	旅游份额	小计
5.2 博物馆和其他文化服务				×	×	×															
6. 娱乐服务、运动与探险活动				×	×	×															
7. 其他旅游服务				×	×	×															
7.1 金融服务				×	×	×															
7.2 保险服务				×	×	×															
7.3 邮政和信息传输服务				×	×	×															
7.4 居民服务				×	×	×															
A.2 旅游相关产品				×	×	×															
旅游购物品				×	×	×															
B. 非旅游特定产品				×	×	×															
产业的旅游供给比例																					
总产出（生产者价格）																					
中间投入合计（购买者价格）																					
增加值（生产者价格）																					
固定资产折旧																					
劳动者报酬																					
生产税净额																					
营业盈余																					

注：表中“×”表示不适用。

（续）

征产业															旅游特征产业合计		旅游相关产业			非旅游特定产业			地区总产出（生产者价格）		地区外流入	地区总供给	地区旅游消费	产品的旅游消费比例
8. 汽车租赁业			9. 旅行社			10. 环境资源业			11. 文化艺术业			12. 娱乐业					批发零售业											
产出	旅游份额	小计	产出	旅游份额	小计	产出	旅游份额	小计	产出	旅游份额	小计	产出	旅游份额	小计	产出	旅游份额	产出	旅游份额	小计	产出	旅游份额	小计	总产出	旅游总产出				

表 9-7 地区旅游就业

（单位：人）

产业	总就业人数	旅游份额比例	旅游就业人数
A. 旅游特定产业			
A. 1 旅游特征产业			
1. 旅游饭店和其他住宿设施			
2. 自用或免费使用的第二住宅服务			
3. 餐馆和类似设施			
4. 铁路客运业及辅助活动			
5. 道路客运、城市公交及辅助活动			
6. 水上客运业及辅助活动			
7. 航空客运业及辅助活动			
8. 汽车租赁业			
9. 旅行社			
10. 环境资源业			
11. 文化艺术业			
12. 娱乐业			
旅游特征产业合计			
A. 2 旅游相关产业			
批发零售业			
B. 非旅游特定产业			
合　　计			

表 9-8 地区旅游非货币指标

A. 按照旅游种类和游客类别分列的旅行次数和过夜天数

<table>
<tr><td rowspan="3"></td><td colspan="5">地区外游客在本区域内旅游</td><td colspan="3" rowspan="2">地区居民在本区域内旅游</td><td colspan="5">居民地区外和出境旅游</td></tr>
<tr><td colspan="3">入境游客</td><td colspan="2">地区外国内游客</td><td colspan="2">居民地区外</td><td colspan="2">居民出境</td><td rowspan="2">游客合计</td></tr>
<tr><td>一日游游客</td><td>旅游者</td><td>游客合计</td><td>一日游游客</td><td>旅游者</td><td>一日游游客</td><td>旅游者</td><td>游客合计</td><td>一日游游客</td><td>旅游者</td><td>一日游游客</td><td>旅游者</td></tr>
<tr><td>旅行次数/万人次</td><td></td><td></td><td></td><td></td><td></td><td></td><td></td><td></td><td></td><td></td><td></td><td></td><td></td></tr>
<tr><td>过夜天数/万人天</td><td></td><td></td><td></td><td></td><td></td><td></td><td></td><td></td><td></td><td></td><td></td><td></td><td></td></tr>
</table>

（续）

B. 按住宿设施类型分列的企业数量和接待能力			
项目名称	星级饭店	其他社会住宿设施	第二居所及其他居所
企业数量/家			
客房数/间			
床位数/张			
客房出租率（%）			

C. 按产业活动单位分列的单位数量	
产　　业	数量/家
旅游特征产业	
1. 旅游饭店和其他住宿设施	
2. 自用或免费使用的第二住宅服务	×
3. 餐馆和类似设施	
4. 铁路客运业及辅助活动	
5. 道路客运、城市公交及辅助活动	
6. 水上客运业及辅助活动	
7. 航空客运业及辅助活动	
8. 汽车租赁业	
9. 旅行社	
10. 环境资源业	
11. 文化艺术业	
12. 娱乐业	
小　计	
旅游相关产业	
批发零售业	
合　　计	

注：表中“×”表示不适用。

第四节　地区旅游卫星账户数据采集

一、利用现有数据

（一）地区投入产出表

编制表9-5的基础数据来自于地区投入产出表。地区投入产出表如表9-9所示。通常被分成三个部分：第Ⅰ象限（左上）、第Ⅱ象限（右上）和第Ⅲ象限

（左下）。

表 9-9 地区投入产出产品 × 产品部门表

<table>
<tr><th colspan="2" rowspan="4">产出
投入</th><th colspan="4" rowspan="2">中间使用</th><th colspan="11">最终使用</th><th rowspan="4">进口</th><th rowspan="4">地区间流入</th><th rowspan="4">总产出</th></tr>
<tr><th colspan="5">最终消费</th><th colspan="3">资本形成总额</th><th rowspan="3">出口</th><th rowspan="3">地区间流出</th><th rowspan="3">最终使用合计</th></tr>
<tr><th rowspan="2">产品部门1</th><th rowspan="2">…</th><th rowspan="2">产品部门n</th><th rowspan="2">中间使用合计</th><th colspan="3">居民消费</th><th rowspan="2">政府消费</th><th rowspan="2">合计</th><th rowspan="2">固定资本形成总额</th><th rowspan="2">存货增加</th><th rowspan="2">合计</th></tr>
<tr><th>农村居民消费</th><th>城镇居民消费</th><th>小计</th></tr>
<tr><td rowspan="2">中间投入</td><td>产品部门1
⋮
产品部门 n</td><td colspan="4">第Ⅰ象限</td><td colspan="14">第Ⅱ象限</td></tr>
<tr><td>中间投入合计</td><td colspan="4"></td><td colspan="14"></td></tr>
<tr><td rowspan="2">增加值</td><td>劳动者报酬
生产税净额
固定资产折旧
营业盈余
增加值合计</td><td colspan="4">第Ⅲ象限</td><td colspan="14"></td></tr>
<tr><td>总投入</td><td colspan="4"></td><td colspan="14"></td></tr>
</table>

第Ⅰ象限是由名称相同、排列次序相同、数目一致的 n 个产品部门纵横交叉而成的，其主栏为中间投入，宾栏为中间使用，它充分揭示了地区经济各部门之间相互依存、相互制约的技术经济联系，反映了国民经济各部门之间相互依赖、相互提供劳动对象供生产和消耗的过程。沿行方向看，表明某产品部门生产的货物或服务提供给各产品部门使用的价值量；沿列方向看，反映某产品部门在生产过程中消耗各产品部门生产的货物或服务的价值量。

第Ⅱ象限是第Ⅰ象限在水平方向上的延伸，其主栏与第Ⅰ象限的主栏相同，也是 n 个产品部门；其宾栏由最终消费、资本形成总额、出口等最终使用项组成。它反映总产品部门生产的货物或服务用于各种最终使用的价值量及其构成。

第Ⅰ象限和第Ⅱ象限连在一起反映了国民经济各部门生产的货物和服务的使用去向。

第Ⅲ象限是第Ⅰ象限在垂直方向上的延伸，其主栏由劳动者报酬、生产税净额、固定资产折旧、营业盈余等增加值项组成；宾栏与第Ⅰ象限的宾栏相同。反映各产品部门增加值的构成情况。

第Ⅰ象限和第Ⅲ象限连在一起反映了地区国民经济各部门在生产经营活动中的投入情况，体现了各部门货物和服务的价值形成过程。

地区投入产出表可以提供表9-5旅游特征产业、旅游相关产业和非旅游特定产业的总产出、中间消耗、增加值及其构成的基础数据。

（二）旅游相关部门统计数据

旅游相关部门统计资料包括部门统计年鉴，如交通、建设、文化、体育等部门的统计年鉴与统计报表，服务业综合统计报表，地区各行业增加值的历史核算资料等，从而获取部门增加值、就业、经营状况等数据。

（三）旅游统计数据

目前我国旅游消费数据主要来自抽样调查，旅游供给方面的数据主要来自旅游企业基层统计报表制度。现行旅游统计调查制度中与编制地区旅游卫星账户相关的抽样调查项目和报表如表9-10和表9-11所示。

表9-10 旅游消费统计调查项目

序号	报表表号	报表名称	期别
1	旅统调1表	入境游客在中国（大陆）花费情况调查表（A）	年报
2	旅统调2表	入境游客在中国（大陆）花费情况调查表（B）	年报
3	旅统调6表	国内旅游抽样调查问卷（A）	年报
4	旅统调7表	国内旅游抽样调查问卷（B）	年报

表9-11 旅游供给统计调查项目

序号	报表表号	报表名称	期别
1	旅统基1表	旅游单位基本情况	年报
2	旅统基2表	旅行社外联和接待情况	季报
3	旅统基3表	旅行社经营出境旅游情况	季报
4	旅统基4表	旅行社财务状况	年报
5	旅统基5表	星级饭店住宿接待情况	月报
6	旅统基6表	星级饭店财务状况	年报
7	旅统基7表	非星级旅游住宿设施接待情况	月报
8	旅统基8表	旅游区（点）基本情况	年报
9	旅统基9表	其他旅游单位基本情况	年报
10	旅统调3表	旅行社外联（接待）入境游客收入调查	年报

旅统调表、旅统基表由国家旅游局制定，国家统计局批准。

二、补充调查

（一）补充调查的内容

（1）在确定旅游特征产品的内容基础上，对表9-1和表9-2中不符合地区旅游特征产品和旅游相关产品分类内容的消费数据拆分，如游览区服务、组织接待游客的劳务费用、其他旅游服务等，可以采用典型调查或专家评议法。

（2）表9-2和表9-3的地区居民区域外和出境旅游消费调查、居民旅行前和旅行后消费调查，可以采用抽样调查方法。

（3）表9-4的旅游实物社会转移（4.4栏）、自用或免费使用的第二住宅服务消费等调查，可以采用专家评议法、典型调查、抽样调查等方法。

（4）部分旅游特种产业的产出缺口调查，例如星级饭店、社会旅馆、限额以上正餐等，可以采用全面调查、抽样调查方法。

（二）补充调查方法的步骤

1. 全面调查的步骤

（1）建立统一的组织机构。

（2）设计全面调查方案，包括确定全面调查的总体和单位、项目、时间、经费、预算、培训人员等。

（3）在小范围内试调查，根据试调查反复修正调查方案。

（4）根据最终调查方案进行全面调查，汇总、分析资料并撰写调查报告。

2. 典型调查的步骤

（1）对调查总体进行简单分类或整体了解。

（2）确定调查问卷和调查表。

（3）选择有代表性的个体进行调查。

（4）收集问卷，分析结果。

3. 专家评议法的步骤

（1）筹划。确定研究的课题和研究的项目，设立分析人员，选择若干名熟悉该研究领域的专家。

（2）专家评议。分析人员把包含研究项目在内的数据及有关背景资料寄送给各位专家，各专家以匿名方式进行独自评议。

（3）统计反馈。专家意见汇总后，分析人员对专家意见进行统计分析，综合成新的数据表，再寄送给专家进行评议。

（4）描述结果。分析人员把经过专家几轮评议所形成的结果以文字或图表的形式表现出来。

4. 抽样调查的步骤

（1）确定编制地区旅游卫星账户需要抽样调查的具体内容和要求。

（2）确定总体。

（3）确定调查问卷或调查表。

（4）确定抽样的具体方法。常用的有简单随机抽样、机械抽样、类型抽样、整群抽样和多阶段抽样。

（5）确定抽样样本量。主要根据调查要求和经费情况，同时应进行试调查，确定被调查总体的方差等指标来推算抽样样本量。

（6）处理和汇总抽样调查的数据，得到总体参数的点估计。

第五节　地区旅游卫星账户数据核算

一、地区外游客在本区域内旅游消费数据核算

表 9-1 为地区外游客在本区域内旅游消费（现金最终消费支出），包括了入境旅游消费和地区外居民在本区域内旅游消费两部分。

（一）入境旅游消费的数据核算方法

（1）一日游游客和旅游者的总人数、总人天数来自地区旅游统计数据。

（2）人均日花费根据入境游客在中国（大陆）花费情况调查表（旅统调 1 表）、入境游客在中国（大陆）花费情况调查表（旅统调 2 表）和旅行社外联（接待）入境游客收入调查（旅统调 3 表）产生，所得数据经国家旅游局确认公布。

（3）地区入境游客外汇总收入 = $\sum$（区域内旅游住宿设施接待的入境旅游者总人天数 × 人均日花费 + 一日游人数 × 人均日花费），乘以美元汇率就可以折算为人民币。

（4）表 9-1 地区入境旅游消费分为一日游游客和旅游者两类。一日游游客的消费按国家旅游局确认的一日游人均花费构成可分解为交通、餐饮、景区游览、娱乐、购物、邮电通信及其他项目，分别对应地区旅游卫星账户相应旅游特定产品类别。旅游者的消费按国家旅游局确定的地区人均花费构成可分解为长途交通（飞机、火车、汽车、轮船）、市内交通、住宿、餐饮、景区游览、娱乐、购物、邮电通信及其他项目，分别对应地区旅游卫星账户相应产品类别。组织接待游客的劳务服务、景区游览拆分来自典型调查；娱乐和其他项目的数据拆分主要来自行业内专家、企业的评议和典型调查。

（二）地区外居民在本区域内旅游消费

地区外居民在本区域内旅游消费需要利用地区国内旅游抽样调查数据，数据核算方法如下：

（1）对编制年的地区国内旅游抽样调查的总样本量，按照游客类别继续样

本结构和人均旅游消费的拆分，如图 9-2 所示。

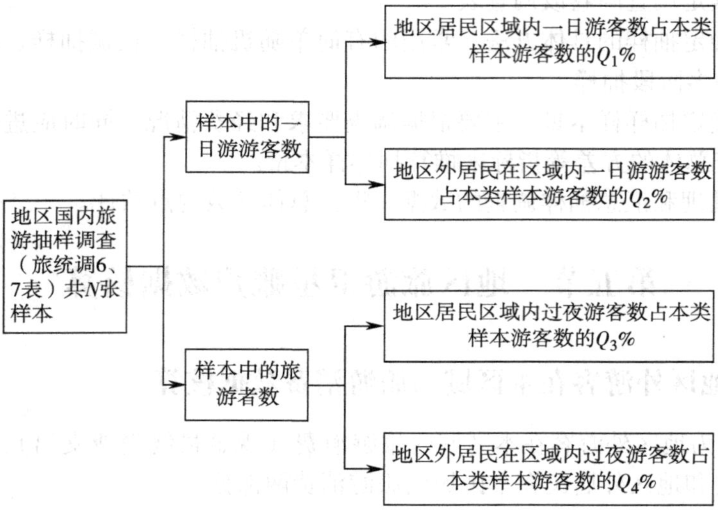

图 9-2　编制年地区国内旅游抽样调查的样本结构

在所有调查样本中分离出一日游样本和过夜游样本；在所有的一日游样本中，按游客人数分别计算出地区居民区域内一日游、地区外居民在本区域内一日游的比例；在所有的旅游者样本中，按游客人数分别计算地区居民在本区域内过夜游、地区外居民在本区域内过夜游的比例。在对上述样本分类的同时，分别计算各类游客的人均消费及其构成金额。

（2）根据编制年度内地区接待的国内一日游和过夜游人次数，运用上述样本的人数结构比例，分别计算出地区居民区域内一日游、地区外居民在本区域内一日游、地区居民区域内过夜游、地区外居民在本区域内过夜游的游客数量。

（3）将地区外居民在本区域内一日游和地区外居民在本区域内过夜游的游客数量分别乘以他们所涉及的各类旅游特征产品和旅游相关产品的人均消费金额，填到表 1 的 1.3 栏和 1.4 栏中。

（4）采用典型调查拆分组织接待游客的劳务服务和景区游览数据，采用专家评议和典型调查拆分娱乐和其他项目的数据。

（5）将入境旅游消费和地区外居民在本区域内旅游消费的相应内容进行加总，得到表 9-1 的 1.5 栏。

二、地区居民区域内旅游消费数据核算

表 9-2 为地区居民区域内旅游消费（现金最终消费支出），这张表的数据可以利用地区国内旅游抽样资料。数据核算步骤如下：

（1）利用图 9-2 所示的地区居民区域内一日游游客数和地区居民区域内过夜游客人数，分别乘以各类游客所涉及的各类旅游特征产品和旅游相关产品的人均消费金额，填到表 9-2 的 2.1 栏和 2.2 栏中。

（2）表 9-2 中 2.3 至 2.8 栏为地区居民旅行前后消费，按照地区居民本区域旅游、地区居民区域外旅游、地区居民出境旅游的旅行前后消费划分。本部分数据全部为新调查数据。根据委托专业调查机构实施的居民旅游消费调查的最终结果，分别计算出居民各类旅行活动的旅行前后花费并填写到表 9-2 相应产品类别中。其中，地区居民包括城镇居民和农村居民，旅行前后的旅游消费包括旅行前的旅游消费和旅行后的旅游消费。

（3）分类解决部分数据的拆分问题。采用典型调查解决组织接待游客的劳务服务和景区游览数据的拆分，采用专家评议和典型调查解决娱乐和其他项目的数据的拆分。

三、地区居民区域外和出境旅游消费数据核算

表 9-3 为地区居民区域外和出境旅游消费，3.1 栏和 3.2 栏为地区居民区域外一日游和过夜游的旅游消费，3.3 栏和 3.4 栏为地区居民一日游和过夜游出境旅游消费。

本部分数据全部为补充调查数据。以地区旅游卫星账户表 9-3 中的 3.1 栏和 3.2 栏居民区域外一日游和过夜游的旅游消费为例，地区居民区域外旅游消费构成的汇总方法见图 9-3。旅游特定产品消费金额为地区城镇（或农村）户数 × 户均旅游花费，经过分类汇总形成表 9-3。

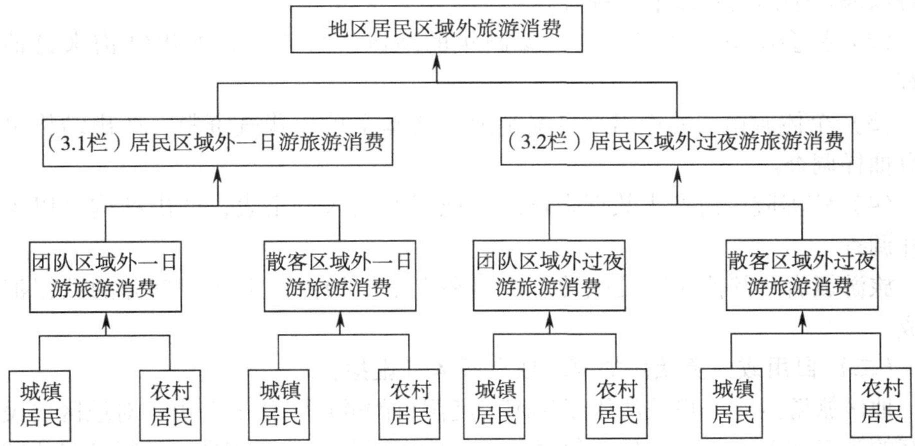

图 9-3　地区居民区域外旅游消费构成的汇总方法

地区居民区域外和出境旅游根据其组织形式，可以分为散客和团队。采用典型调查解决团队费用的拆分，采用专家评议法和典型调查解决组织接待游客的劳务服务、景区游览等数据的拆分。

四、地区旅游消费数据核算

表9-4大部分数据来自表9-1和表9-2。表9-4中4.1栏数据来自表9-1的1.5栏，4.2栏数据来自表9-2中的2.11栏。4.4栏核算地区游客实物最终消费和旅游实物社会转移部分，如地区政府部门所提供的个人非市场旅游服务，涉及自然保护区、风景名胜区、博物馆和其他文化服务等。4.4栏数据可以来自对地区相关政府部门用于与旅游活动相关的财政资金的典型调查。

五、地区旅游产业与其他产业生产账户数据核算

表9-5的上半部分反映地区旅游特征产业、旅游相关产业、非旅游特定产业的总产出以及产出结构数据，下半部分反映旅游特征产业、旅游相关产业的总产出、增加值及其构成（利用了地区投入产出表的相应数据）。

已知：增加值 = 总产出 − 中间投入

增加值 = 固定资产折旧 + 劳动者报酬 + 生产税净额 + 营业盈余

（一）旅游饭店和其他住宿设施

根据《国民经济行业分类》（GB/T 4754—2011）的行业分类标准，住宿业包括星级饭店、社会旅馆、个体旅馆和疗养院。数据计算过程如下：

（1）星级饭店。总产出来自编制年的星级饭店营业情况统计报表，产出结构可以来自全面调查或抽样调查。

（2）社会旅馆。总产出来自编制年的地区统计年鉴，产出结构来自抽样调查。

（3）个体旅馆。总产出来自编制地区的基本单位普查资料，产出结构可以来自抽样调查。

（4）疗养院。总产出数据来自编制地区的投入产出表，产出结构可以来自抽样调查。

旅游饭店和其他住宿设施的总产出和产出结构由以上四个部分的数据汇总形成。

（二）自用或免费使用的第二住宅服务（虚拟）

地区旅游卫星账户关注用于休闲、度假目的的第二住宅，由于对地区居民所拥有的第二住宅面积、数量、价值总量、使用情况等掌握较难，进行第二住宅自用或免费使用的住房服务的虚拟计算困难较大。可根据实际数据取得情况以及人力、财力状况，在适当的时候对地区居民第二住宅及其相关情况开展调查，详细

了解其拥有、购买、租赁第二住宅情况，从而推算第二住宅的面积与房租情况等相关数据。

（三）餐馆和类似设施

根据GB/T 4754—2011的行业分类标准，餐饮业包括限额以上正餐、限额以下正餐、快餐、饮料及冷饮服务和其他餐饮。该产业的数据汇总过程如下：

首先，地区餐饮业的总产出来自编制地区在编制年份的地区统计年鉴，包括限额以上正餐、限额以下正餐、快餐、饮料及冷饮服务和其他餐饮的总产出；其次对快餐、饮料及冷饮服务和其他餐饮的产出可视为单一产出结构，只生产餐饮产品；再次，限额以上正餐、限额以下正餐的产出结构来自地区专业调查机构的抽样调查结果。这样，就可以分门别类地计算出整个餐饮业的产出及结构情况。

（四）铁路客运业及辅助活动

该列数据直接来自编制年份的地区投入产出表，该产业可视为只生产旅客铁路运输服务，其产出是单一的。

（五）道路客运业、城市公交及其辅助活动

该行业包括道路客运业、城市公交及其辅助活动两个部分。城市公交数据来自编制年份的地区投入产出表。道路运输业拆分为客运和货运两部分，可以根据道路客运运输量，按公路客运、货运周转量进行折算，公路客货周转量的折算系数为10人/t。这样把编制年度的地区公路旅客周转量折算为货物周转量，以此将来自投入产出表的道路运输业拆分出道路客运业及其辅助活动的总产出、中间消耗及增加值。

（六）水上客运业及辅助活动

需要从水上运输业中拆分出旅客运输部分，可以按水运客运、货运周转量折算出客运量占总运输量的比例，以此拆分出该产业客运部分的总产出、中间消耗及增加值。

（七）航空客运业及辅助活动

该列数据直接来自编制年的地区投入产出表，该产业可视为只生产航空旅客运输服务，其产出是单一的。

（八）汽车租赁业

汽车租赁归属于投入产出表中的租赁业。由于该行业是新兴服务业，发展快、变动大，大部分为个体小企业，统计基础较薄弱，也无行业性统计数据。随着汽车租赁市场的日益成熟和服务体系的逐渐完善，用于旅游目的的汽车租赁将会上升。汽车租赁业的增加值情况可来自于抽样调查，根据抽样调查结果进行核算。

（九）旅行社

旅行社的总产出来自编制年度的投入产出表中的旅行社总产出，并参考编制年度的旅行社年检资料。旅行社的产出结构来自对区域内旅行社产出结构的调查。

（十）环境资源业

首先，核对产业目录，投入产出表中的环境资源与公共设施管理业包括自然保护、环境治理、市政公共设施管理、城市绿化管理、游览景区管理五部分。其中，自然保护和游览景区管理与旅游活动相关，将其界定为环境资源业，它被视为生产单一的自然保护区、风景名胜区等游览区服务。其次，从编制年度投入产出表的环境资源与公共设施管理业中拆分出环境资源业。根据地区经济普查资料和地区基本单位普查资料拆分出环境资源业的总产出、中间消耗及其构成部分。

（十一）文化艺术业

文化艺术业的数据处理方式与环境资源业相似。首先，核对产业目录，投入产出表中的文化艺术和广播电影电视业包括新闻出版，广播、电视、电影和音像业，文化艺术业三类。文化艺术业进一步分为文艺创作与表演、表演场所、图书馆、文物保护、博物馆、烈士陵园、纪念馆、群众文化活动、文化艺术经纪代理和其他九个小类。其次，利用已有的数据情况，先将文化艺术业从文化艺术和广播电影电视业里拆分处理，再将文艺创作与表演、表演场所、图书馆、文物保护、博物馆、烈士陵园、纪念馆从文化艺术业中拆分出来，核算它们的总产出、增加值及构成情况。

（十二）娱乐业

娱乐业包括个体娱乐业和非个体娱乐业。地区娱乐业的总产出可以利用投入产出表中的娱乐业总产出数据。个体娱乐业的总产出来自地区基本普查资料和地区基本单位普查资料，其产出结构较为单一，可认为其生产单一娱乐产品。非个体娱乐业的总产出等于娱乐业总产出减去个体娱乐业总产出，产出结构通过专业调查机构的抽样调查获得，进而计算出整个娱乐业的产出结构情况。

（十三）批发零售业

该列数据来自编制年度的地区投入产出表中的批发零售业总产出、中间消耗、增加值及其构成。

（十四）非旅游特定产业和地区总产出

非旅游特定产业列数据，等于地区总产出列数据减去相对应的旅游特征产业、旅游相关产业列数据之和。地区总产出来自地区投入产出表。

六、地区总供给和地区旅游消费数据核算

表9-6旅游业增加值计算运用了推算的方法。根据旅游特征产品、旅游相关产品的消费金额与相对应的总供给量确定产品的旅游消费比例。将各类产品的比例乘以宾栏所对应的某产业产出，将游客所消费某产业的产品总值相加，除以该

产业的总产出，可以得到该产业的旅游供给比例，将这一比例乘以该产业的增加值及其构成项（固定资产折旧、劳动者报酬、生产税净额、营业盈余）。将这些数据汇总，可以得到地区旅游业增加值，形成表 9-6 的核心数据。具体核算过程如下：

（1）计算各类旅游特征产品、旅游相关产品的旅游消费比例，如表 9-12 所示。

表 9-12　地区旅游特征产品、旅游相关产品的旅游消费比例

产　品	地区总产出 (1)/万元	地区旅游消费 (2)/万元	产品的旅游消费比例 (3)＝(2)/(1)	部分调整的比例
A. 旅游特定产品				
A.1 旅游特征产品				
1. 住宿服务				
1.1 旅馆和其他住宿服务				
1.2 自用或免费使用的第二住宅服务				
2. 食物和饮料工业服务				
3. 客运服务				
3.1 铁路客运服务				
3.2 公路客运服务				
3.3 水上客运服务				
3.4 航空客运服务				
3.5 汽车租赁				
4. 旅行游览服务				
4.1 组织接待游客的劳务服务				
4.2 自然保护区、风景名胜区等游览区服务				
4.3 会议及展览服务				
5. 文化艺术服务				
5.1 表演艺术				
5.2 博物馆和其他文化服务				
6. 娱乐服务、运动与探险活动				
7. 其他旅游服务				
7.1 金融服务				
7.2 保险服务				
7.3 邮政和信息传输服务				
7.4 居民服务				
A.2 旅游相关产品				
旅游购物品				

注：(1) 列数据来自表 9-5 最后一列，(2) 列数据来自表 9-4 最后一列。

一般而言，地区旅游消费应小于该产品的地区总产出，但铁路客运服务、水上客运服务、航空客运服务的产品的旅游消费比例可能大于100%。原因如下：城市间铁路客运服务、水上客运服务、航空客运服务往往是由跨地区的铁路公司、水运公司、航空公司提供的，游客的消费可能不是完全由地区内的供给方提供，导致对这些运输服务的消费大于供给。对运输服务的旅游消费比例可进行调整。

（2）使用上述产品的旅游消费比例，将其比例用于旅游特征产业、旅游相关产业的各类产出，计算其产出的旅游消费部分，将为游客所提出的产出进行加总，可以得到该产业为满足游客消费所提供的总产出，再除以该产业的总产出，即可以得到该产业的旅游供给比例，可整理成表9-13的形式。将这一比例应用于该产业增加值及其构成部分（固定资产折旧、劳动者报酬、生产税净额、营业盈余），最终得到了该产业的旅游业增加值等重要指标。

表9-13　旅游特征产业和旅游相关产业的旅游供给比例

产　　业	产业的旅游供给比例
旅游特征产业	
1. 旅游饭店和其他住宿设施	
2. 自用或免费使用的第二住宅服务（虚拟）	
3. 餐馆和类似设施	
4. 铁路客运业及辅助活动	
5. 道路客运业、城市公交及辅助活动	
6. 水上客运业及辅助活动	
7. 航空客运业及辅助活动	
8. 汽车租赁业	
9. 旅行社	
10. 环境资源业	
11. 文化艺术业	
12. 娱乐业	
旅游相关产业	
批发零售业	

对游客所消费的旅游购物品，先计算出其批发零售毛利，其余部分视为货物的生产价值。将旅游商品的批发零售毛利与批发零售业相对应，游客所购买旅游购物品分为几类，例如食品和土特产、丝绸服装、陶瓷瓷器和字画等工艺品，并分别将其对应到相应的产业部门，列入非旅游特定产业的旅游业增加值核算。

非旅游特定产业中与游客相关的产出活动包括了金融服务、保险服务、邮政服务、信息传输服务、居民服务等。这样，可以做相应的辅助表以计算其中由于旅游消费所带来的增加值，如表 9-14 所示。

表 9-14 非旅游特定产业的旅游业增加值计算过程（部分）

（单位：万元）

项 目	金融	保险	邮政	信息传输	居民服务	小计
总产出（1）						
产品的旅游消费比例（2）						
旅游产出（3）＝（1）×（2）						
中间消耗						
增加值						
固定资产						
劳动者报酬						
生产税净额						
营业盈余						

（3）将所有旅游特征产业、旅游相关产业和非旅游特定产业的旅游业增加值进行加总，可以得到地区旅游业增加值。旅游生产税净额、营业盈余等也按此方法进行汇总。

附　录

附录 A　t 分布临界值表

df \ α	0. 200	0. 100	0. 050	0. 020	0. 010	0. 001
1	3. 078	6. 314	12. 706	31. 821	63. 657	636. 619
2	1. 886	2. 920	4. 303	6. 965	9. 925	31. 599
3	1. 638	2. 353	3. 182	4. 541	5. 841	12. 924
4	1. 533	2. 132	2. 776	3. 747	4. 604	8. 610
5	1. 476	2. 015	2. 571	3. 365	4. 032	6. 869
6	1. 440	1. 943	2. 447	3. 143	3. 707	5. 959
7	1. 415	1. 895	2. 365	2. 998	3. 499	5. 408
8	1. 397	1. 860	2. 306	2. 896	3. 355	5. 041
9	1. 383	1. 833	2. 262	2. 821	3. 250	4. 781
10	1. 372	1. 812	2. 228	2. 764	3. 169	4. 587
11	1. 363	1. 796	2. 201	2. 718	3. 106	4. 437
12	1. 356	1. 782	2. 179	2. 681	3. 055	4. 318
13	1. 350	1. 771	2. 160	2. 650	3. 012	4. 221
14	1. 345	1. 761	2. 145	2. 624	2. 977	4. 140
15	1. 341	1. 753	2. 131	2. 602	2. 947	4. 073
16	1. 337	1. 746	2. 120	2. 583	2. 921	4. 015
17	1. 333	1. 740	2. 110	2. 567	2. 898	3. 965
18	1. 330	1. 734	2. 101	2. 552	2. 878	3. 922
19	1. 328	1. 729	2. 093	2. 539	2. 861	3. 883
20	1. 325	1. 725	2. 086	2. 528	2. 845	3. 850

（续）

df \ α	0.200	0.100	0.050	0.020	0.010	0.001
21	1.323	1.721	2.080	2.518	2.831	3.819
22	1.321	1.717	2.074	2.508	2.819	3.792
23	1.319	1.714	2.069	2.500	2.807	3.768
24	1.318	1.711	2.064	2.492	2.797	3.745
25	1.316	1.708	2.060	2.485	2.787	3.725
26	1.315	1.706	2.056	2.479	2.779	3.707
27	1.314	1.703	2.052	2.473	2.771	3.690
28	1.313	1.701	2.048	2.467	2.763	3.674
29	1.311	1.699	2.045	2.462	2.756	3.659
30	1.310	1.697	2.042	2.457	2.750	3.646
40	1.303	1.684	2.021	2.423	2.704	3.551
50	1.299	1.676	2.009	2.403	2.678	3.496
60	1.296	1.671	2.000	2.390	2.660	3.460
70	1.294	1.667	1.994	2.381	2.648	3.435
80	1.292	1.664	1.990	2.374	2.639	3.416
90	1.291	1.662	1.987	2.368	2.632	3.402
100	1.290	1.660	1.984	2.364	2.626	3.390
110	1.289	1.659	1.982	2.361	2.621	3.381
120	1.289	1.658	1.980	2.358	2.617	3.373
$+\infty$	1.282	1.645	1.960	2.326	2.576	3.291

附录 B　相关系数显著性检验表

自由度	自变量和因变量总数				自由度	自变量和因变量总数			
	2	3	4	5		2	3	4	5
	(α = 0.05)					(α = 0.01)			
1	0.997	0.999	0.999	0.999	1	1.000	1.000	1.000	1.000
2	0.950	0.975	0.983	0.987	2	0.990	0.995	0.997	0.998
3	0.878	0.930	0.950	0.961	3	0.959	0.976	0.983	0.987
4	0.811	0.881	0.912	0.930	4	0.917	0.949	0.963	0.970
5	0.754	0.836	0.874	0.898	5	0.874	0.917	0.937	0.949
6	0.707	0.795	0.839	0.867	6	0.834	0.886	0.911	0.927
7	0.666	0.758	0.807	0.838	7	0.798	0.855	0.885	0.904
8	0.632	0.726	0.777	0.811	8	0.765	0.827	0.860	0.882
9	0.602	0.697	0.750	0.766	9	0.735	0.800	0.835	0.861
10	0.576	0.671	0.726	0.763	10	0.708	0.776	0.814	0.840
11	0.553	0.649	0.703	0.741	11	0.684	0.753	0.793	0.821
12	0.532	0.627	0.683	0.722	12	0.661	0.732	0.773	0.802
13	0.514	0.608	0.664	0.703	13	0.641	0.712	0.755	0.785
14	0.497	0.590	0.646	0.686	14	0.632	0.694	0.737	0.768
15	0.482	0.574	0.630	0.670	15	0.606	0.677	0.721	0.752
16	0.468	0.559	0.615	0.655	16	0.590	0.662	0.706	0.738
17	0.456	0.545	0.601	0.641	17	0.575	0.647	0.691	0.724
18	0.444	0.575	0.587	0.628	18	0.561	0.633	0.678	0.710
19	0.433	0.520	0.575	0.615	19	0.549	0.620	0.665	0.698
20	0.423	0.509	0.563	0.604	20	0.537	0.608	0.652	0.685
25	0.381	0.462	0.514	0.553	25	0.487	0.555	0.600	0.633
30	0.349	0.426	0.476	0.514	30	0.449	0.514	0.558	0.591
35	0.325	0.397	0.445	0.482	35	0.418	0.481	0.523	0.556
40	0.304	0.373	0.419	0.445	40	0.393	0.454	0.494	0.526
50	0.273	0.336	0.379	0.412	50	0.354	0.410	0.449	0.479
60	0.250	0.308	0.348	0.380	60	0.325	0.377	0.414	0.442
70	0.232	0.286	0.324	0.354	70	0.302	0.351	0.386	0.413
80	0.217	0.269	0.304	0.332	80	0.283	0.333	0.362	0.389
100	0.195	0.241	0.274	0.300	100	0.254	0.297	0.327	0.351

附录 C　正态分布概率表

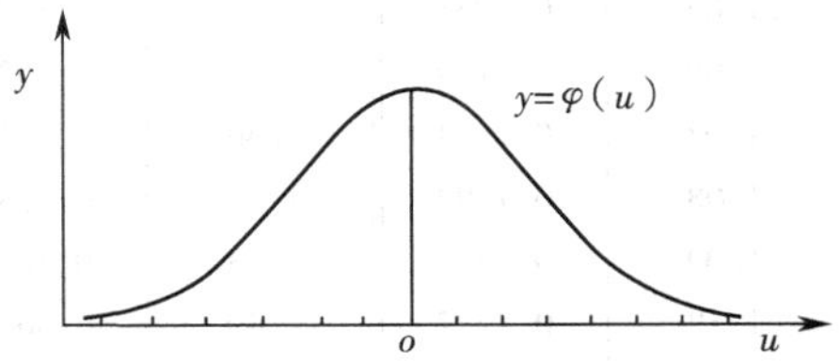

$$\varphi(u)=\frac{1}{\sqrt{2\pi}}e^{-\frac{1}{2}u^2}$$

t	F (t)	t	F (t)	t	F (t)	t	F (t)
0. 00	0. 0000	0. 26	0. 2051	0. 52	0. 3969	0. 78	0. 5646
0. 01	0. 0080	0. 27	0. 2128	0. 53	0. 4039	0. 79	0. 5705
0. 02	0. 0160	0. 28	0. 2205	0. 54	0. 4108	0. 80	0. 5763
0. 03	0. 0239	0. 29	0. 2282	0. 55	0. 4177	0. 81	0. 5821
0. 04	0. 0319	0. 30	0. 2358	0. 56	0. 4245	0. 82	0. 5878
0. 05	0. 0399	0. 31	0. 2434	0. 57	0. 4313	0. 83	0. 5935
0. 06	0. 0478	0. 32	0. 2510	0. 58	0. 4381	0. 84	0. 5991
0. 07	0. 0558	0. 33	0. 2586	0. 59	0. 4448	0. 85	0. 6047
0. 08	0. 0638	0. 34	0. 2661	0. 60	0. 4515	0. 86	0. 6102
0. 09	0. 0717	0. 35	0. 2737	0. 61	0. 4581	0. 87	0. 6157
0. 10	0. 0797	0. 36	0. 2812	0. 62	0. 4647	0. 88	0. 6211
0. 11	0. 0876	0. 37	0. 2886	0. 63	0. 4713	0. 89	0. 6265
0. 12	0. 0955	0. 38	0. 2961	0. 64	0. 4778	0. 90	0. 6319
0. 13	0. 1034	0. 39	0. 3035	0. 65	0. 4843	0. 91	0. 6372
0. 14	0. 1113	0. 40	0. 3108	0. 66	0. 4907	0. 92	0. 6424
0. 15	0. 1192	0. 41	0. 3182	0. 67	0. 4971	0. 93	0. 6476
0. 16	0. 1271	0. 42	0. 3255	0. 68	0. 5035	0. 94	0. 6528
0. 17	0. 1350	0. 43	0. 3328	0. 69	0. 5098	0. 95	0. 6579
0. 18	0. 1428	0. 44	0. 3401	0. 70	0. 5161	0. 96	0. 6629
0. 19	0. 1507	0. 45	0. 3473	0. 71	0. 5223	0. 97	0. 6680
0. 20	0. 1585	0. 46	0. 3545	0. 72	0. 5285	0. 98	0. 6729
0. 21	0. 1663	0. 47	0. 3616	0. 73	0. 5346	0. 99	0. 6778
0. 22	0. 1741	0. 48	0. 3688	0. 74	0. 5407	1. 00	0. 6827
0. 23	0. 1819	0. 49	0. 3759	0. 75	0. 5467	1. 01	0. 6875
0. 24	0. 1897	0. 50	0. 3829	0. 76	0. 5527	1. 02	0. 6923
0. 25	0. 1974	0. 51	0. 3899	0. 77	0. 5587	1. 03	0. 6970

（续）

t	F（t）	t	F（t）	t	F（t）	t	F（t）
1.04	0.7017	1.43	0.8473	1.82	0.9312	2.42	0.9845
1.05	0.7063	1.44	0.8501	1.83	0.9328	2.44	0.9853
1.06	0.7109	1.45	0.8529	1.84	0.9342	2.46	0.9861
1.07	0.7154	1.46	0.8557	1.85	0.9357	2.48	0.9869
1.08	0.7199	1.47	0.8584	1.86	0.9371	2.50	0.9876
1.09	0.7243	1.48	0.8611	1.87	0.9385	2.52	0.9883
1.10	0.7287	1.49	0.8638	1.88	0.9399	2.54	0.9889
1.11	0.7330	1.50	0.8664	1.89	0.9412	2.56	0.9895
1.12	0.7373	1.51	0.8690	1.90	0.9426	2.58	0.9901
1.13	0.7415	1.52	0.8715	1.91	0.9439	2.60	0.9907
1.14	0.7457	1.53	0.8740	1.92	0.9451	2.62	0.9912
1.15	0.7499	1.54	0.8764	1.93	0.9464	2.64	0.9917
1.16	0.7540	1.55	0.8789	1.94	0.9476	2.66	0.9922
1.17	0.7580	1.56	0.8812	1.95	0.9488	2.68	0.9926
1.18	0.7620	1.57	0.8836	1.96	0.9500	2.70	0.9931
1.19	0.7660	1.58	0.8859	1.97	0.9512	2.72	0.9935
1.20	0.7699	1.59	0.8882	1.98	0.9523	2.74	0.9939
1.21	0.7737	1.60	0.8904	1.99	0.9534	2.76	0.9942
1.22	0.7775	1.61	0.8926	2.00	0.9545	2.78	0.9946
1.23	0.7813	1.62	0.8948	2.02	0.9566	2.80	0.9949
1.24	0.7850	1.63	0.8969	2.04	0.9587	2.82	0.9952
1.25	0.7887	1.64	0.8990	2.06	0.9606	2.84	0.9955
1.26	0.7923	1.65	0.9011	2.08	0.9625	2.86	0.9958
1.27	0.7959	1.66	0.9031	2.10	0.9643	2.88	0.9960
1.28	0.7995	1.67	0.9051	2.12	0.9660	2.90	0.9962
1.29	0.8030	1.68	0.9070	2.14	0.9676	2.92	0.9965
1.30	0.8064	1.69	0.9099	2.16	0.9692	2.94	0.9967
1.31	0.8098	1.70	0.9109	2.18	0.9707	2.96	0.9969
1.32	0.8132	1.71	0.9127	2.20	0.9722	2.98	0.9971
1.33	0.8165	1.72	0.9146	2.22	0.9736	3.00	0.9973
1.34	0.8198	1.73	0.9164	2.24	0.9749	3.20	0.9986
1.35	0.8230	1.74	0.9181	2.26	0.9762	3.40	0.9993
1.36	0.8262	1.75	0.9199	2.28	0.9774	3.60	0.999 68
1.37	0.8293	1.76	0.9216	2.30	0.9786	3.80	0.999 86
1.38	0.8324	1.77	0.9233	2.32	0.9797	4.00	0.999 94
1.39	0.8355	1.78	0.9249	2.34	0.9807	4.50	0.999 993
1.40	0.8385	1.79	0.9265	2.36	0.9817	5.00	0.999 999
1.41	0.8415	1.80	0.9281	2.38	0.9827		
1.42	0.8444	1.81	0.9297	2.40	0.9836		

附录D 习题参考答案

第一章

一、单项选择题

1. D；2. D；3. B；4. D；5. A；6. D；7. A；8. A；9. C；10. D。

二、多项选择题

1. ABD；2. BD；3. ACD；4. AC；5. ACD。

三、判断改错题

1. ×。所谓总体的同质性，是指构成总体的各个单位至少在某一个方面具有共同性质。

2. √。

3. ×。标志是说明总体单位特征的，指标是说明总体数量特征的。

4. ×。数量标志只能用数值表示，而质量标志只能用文字表示。

四、计算题

1. 解：

$$计划完成相对数=\frac{1-10\%}{1-5\%}\times100\%=94.74\%$$

计算结果表明，该旅游商品单位成本降低计划超额完成，并且超额5.26%。

2. 解：

（1）甲产品产量计划数＝50t×105%＝52.5t

甲产品产量实际数＝50t×108%＝54t

（2）$计划完成相对数=\frac{54t}{52.5t}\times100\%=102.86\%$

计算结果表明，甲产品产量增长计划超额完成，并且超额2.86%。

3. 解：

（1）动态相对数

$$我国外国人入境游客人次动态相对数=\frac{2719.16万人次}{2711.20万人次}\times100\%=100.3\%$$

计算结果表明 2012 年与 2010 年相比，我国外国人入境游客人次增加了 0.3%。

（2）结构相对数

$$2011\text{ 年：男性游客比重}=\frac{1745.41\text{ 万人次}}{2711.20\text{ 万人次}}\times 100\%=64.4\%$$

$$\text{女性游客比重}=\frac{965.79\text{ 万人次}}{2711.20\text{ 万人次}}\times 100\%=35.6\%$$

$$2012\text{ 年：男性游客比重}=\frac{1737.76\text{ 万人次}}{2719.16\text{ 万人次}}\times 100\%=63.9\%$$

$$\text{女性游客比重}=\frac{981.40\text{ 万人次}}{2719.16\text{ 万人次}}\times 100\%=36.1\%$$

（3）比例相对数

$$2011\text{ 年：男性比女性}=\frac{1745.41\text{ 万人次}}{965.79\text{ 万人次}}=1.807\quad\text{或 }180.7:100$$

$$2012\text{ 年：男性比女性}=\frac{1737.76\text{ 万人次}}{981.40\text{ 万人次}}=1.771\quad\text{或 }177.1:100$$

（4）强度相对数

$$\text{人均花费}=\frac{\text{国际旅游外汇收入}}{\text{外国人入境游客人次}}$$

$$2011\text{ 年：人均花费}=\frac{484.64\times 10^8\text{ 美元}}{2711.20\times 10^4\text{ 人次}}=1787.55\text{ 美元/人次}$$

$$2012\text{ 年：人均花费}=\frac{500.28\times 10^8\text{ 美元}}{2719.16\times 10^4\text{ 人次}}=1839.83\text{ 美元/人次}$$

五、思考题

略

第二章

一、单项选择题

1. A；2. C；3. A；4. A；5. B；6. B；7. C；8. D；9. B；10. A；11. B；12. C；13. C；14. C；15. D；16. D。

二、多项选择题

1. ABE；2. ABD；3. ABCE；4. BDE。

三、判断改错题

1. ✓。
2. ×。向上累计次数表示小于该组变量值上限的次数一共有多少。
3. ✓。
4. ✓。
5. ×。统计表的宾词是说明总体各种统计指标的。
6. ×。分配数列是指按数量标志或品质标志分组所形成的变量分配数列。
7. ×。重点调查无法推断总体数量特征。
8. ✓。

四、计算题

1. 解： 结果如答表 2-1 所示。

答表 2-1 编制结果

计划完成百分数（%）	景区个数/个	频率（%）	向上累计频数/个	向上累计频率（%）
80～100	5	12. 5	5	12. 5
100～120	21	52. 5	26	65
120～140	11	27. 5	37	92. 5
140～160	3	7. 5	40	100
合 计	40	100	—	—

2. 解：

（1）主词用一个品质标志分组，宾词用一个品质标志和一个数量标志分三组的宾词简单设计表如答表 2-2 所示。

答表 2-2 简单设计表

毕业工作单位	学生/人	性别		年龄		
		男	女	19 岁及以下	20～22 岁	23 岁及以上
旅行社	11	4	7	1	7	3
餐饮业	10	4	6	2	4	4
规划设计类	9	4	5	0	6	3
合 计	30	12	18	3	17	10

（2）主词用一个品质标志分组，宾词用一个品质标志和一个数量标志分三组的宾词复合设计表如答表 2-3 所示。

答表 2-3　复合设计表

毕业工作单位	学生/人	年龄								
		19 岁及以下			20 ~ 22 岁			23 岁及以上		
		小计	男	女	小计	男	女	小计	男	女
旅行社	11	1	1	0	7	2	5	3	1	2
餐饮业	10	2	1	1	4	2	2	4	1	3
规划设计类	9	0	0	0	6	2	4	3	2	1
合　计	30	3	2	1	17	6	11	10	4	6

第三章

一、单项选择题

1. B；2. B；3. A；4. B；5. C；6. D；7. D；8. A；9. D；10. B；11. A；12. C。

二、多项选择题

1. CD；2. ABE；3. DE；4. CE；5. ABD。

三、判断改错题

1. ×。权数对算术平均数的影响作用取决于频率。

2. ×。算术平均数的大小，受总体各单位标志值大小和频率的影响。

3. ✓。

4. ×。对两个性质相同、平均水平相同的变量数列，比较其平均数的代表性可以采用标准差指标。

5. ×。中位数和众数都属于位置平均数。

6. ✓。

7. ✓。

8. ×。

四、计算题

1. 解：

一级面包师：$\bar{X} = \dfrac{\sum X}{n} = 60.5\text{kg}$

二级面包师：$\overline{X}=\frac{\sum X}{n}=56.3\text{kg}$

2. 解： 一级面包师全距为 85kg－38kg＝47kg，二级面包师全距为 68kg－38kg＝30kg；一级面包师平均差为 9.1kg，二级面包师平均差为 6.1kg；一级面包师标准差为 12.1kg，二级面包师标准差为 7.85kg。

不能用两组的标准差比较面包师平均体重的代表性大小，因为两组面包师平均体重不相等，应该用两组的标准差系数来比较。

3. 解： 算术平均数：

$$\overline{X}=\frac{\sum Xf}{\sum f}$$

$$=\frac{850\text{元}\times20\text{人}+1150\text{元}\times35\text{人}+1450\text{元}\times65\text{人}+1750\text{元}\times200\text{人}+2050\text{元}\times15\text{人}+2350\text{元}\times3\text{人}}{338\text{人}}$$

$$=1595.56\text{元}$$

众数：$M_o=X_L+\frac{\Delta_1}{\Delta_1+\Delta_2}d=1600\text{元}+\frac{200\text{人}-65\text{人}}{(200\text{人}-65\text{人})+(200\text{人}-15\text{人})}\times 300\text{元}=1726.56\text{元}$

中位数：$M_e=X_L+\frac{\frac{\sum f}{2}-S_{m-1}}{f_m}d=1600\text{元}+\frac{\frac{338\text{人}}{2}-120\text{人}}{200\text{人}}\times300\text{元}=1673.5\text{元}$

4. 解： 甲旅游景区：$\overline{X}=\frac{\sum m}{\sum \frac{m}{X}}=2.75\text{元/kg}$

乙旅游景区：$\overline{X}=\frac{\sum Xf}{\sum f}=2.65\text{元/kg}$

因此，甲旅游景区该旅游商品的平均价格高于乙旅游景区。

5. 解：

乙旅行社平均每个导游的季度接团数 $\overline{X}_{乙}=\frac{\sum Xf}{\sum f}=29.5\text{个}$

标准差 $\sigma_{乙}=\sqrt{\frac{\sum (X-\overline{X})^2 f}{\sum f}}=8.99\text{个}$

甲旅行社标准差系数 $V_{\sigma甲}=\frac{\sigma_{甲}}{\overline{X}_{甲}}\times100\%=26.67\%$

乙旅行社标准差系数 $V_{\sigma_乙} = \frac{\sigma_乙}{\overline{X}_乙} \times 100\% = 30.47\%$

所以甲旅行社的平均接团数更具有代表性。

第四章

一、单项选择题

1. D；2. D；3. C；4. A；5. C；6. B；7. B；8. C；9. B；10. C；11. B；12. B；13. B；14. D；15. D；16. A；17. D；18. A；19. D；20. C。

二、多项选择题

1. BC；2. ABD；3. ABDE；4. BDE；5. ABCE；6. AB；7. ABCDE。

三、判断改错题

1. √。

2. ×。定基发展速度等于相应各环比发展速度的连乘积，定基增长速度等于相应定基发展速度减 1。

3. ×。某旅行社员工人数 10 年内翻了两番，则表明该旅行社员工人数 10 年内增加了 3 倍。

4. ×。旅游时间数列又称旅游动态数列，其常用的分析方法有指标分析法、构成因素分析法。

5. √。

6. ×。某公司计划五年后某旅游商品销售额增长 30%，预计商品销售量增长 10%，那么五年后商品销售价格增长 18.18%。

7. ×。某企业某种旅游商品的产量从 1990 年的 50 台增加到 2009 年的 250 台，即 2009 年比 1990 年的产量增长了 4 倍。倘若该厂决定从 1990 年起对该产品缩减生产，从 50 台下降到 2009 年的 10 台，则 2009 年比 1990 年的产量减少了 80%。

8. √。

9. √。

10. ×。用水平法计算平均发展速度，其值的大小取决于最初水平和最末水平的大小。

11. √。

四、计算题

1. 解： 本旅游时间数列属于非连续变动的连续时点数列的序时平均数的计算，其计算如下：

$$\bar{a}=\frac{\sum af}{\sum f}=\frac{250\text{人}\times3+262\text{人}\times2+258\text{人}\times2+252\text{人}\times1+259\text{人}\times2}{3+2+2+1+2}$$

$$=256\text{人}$$

即该旅行社 10 月上旬的平均在岗人数为 256 人。

2. 解：

（1）该时间数列为间隔相等的间断时点数列。

（2）2014 年第一季度平均库存额：

首末折半法：

$$\bar{a}=\frac{\frac{a_1}{2}+a_2+a_3+\cdots+a_{n-1}+\frac{a_n}{2}}{n-1}$$

$$=\frac{\frac{500\text{万元}}{2}+480\text{万元}+450\text{万元}+\frac{520\text{万元}}{2}}{4-1}=480\text{万元}$$

上半年平均库存额：

同样用首末折半法：

$$\bar{a}_2=\frac{\frac{500\text{万元}}{2}+480\text{万元}+450\text{万元}+520\text{万元}+550\text{万元}+600\text{万元}+\frac{580\text{万元}}{2}}{7-1}$$

$$=523.3\text{万元}$$

3. 解： 将题中数据整理为答表 4-1。

答表 4-1　数据整理结果

（单位：人）

日　期	2008	2009	2010	2011	2012	2013	合计
年末职工人数（a）	1000	1020	1083	1120	1218	1425	—
年末导游人数（b）	50	50	52	60	78	82	—
年平均职工人数（c）	—	1010	1051.5	1101.5	1169	1321.5	5653.5
年平均导游人数（d）	—	50	51	56	69	80	306

2009～2013 年导游占全部职工人数的比重：

$$\frac{\sum d}{\sum c}=\frac{306\text{ 人}}{5653.5\text{ 人}}=5.4\%$$

或首末折半法：

$$\frac{\bar{b}}{\bar{a}}=\frac{\frac{b_1}{2}+b_2+b_3+\cdots+b_{n-1}+\frac{b_n}{2}}{\frac{a_1}{2}+a_2+a_3+\cdots+a_{n-1}+\frac{a_n}{2}}$$

$$=\frac{\frac{50\text{ 人}}{2}+50\text{ 人}+52\text{ 人}+60\text{ 人}+78\text{ 人}+\frac{82\text{ 人}}{2}}{\frac{1000\text{ 人}}{2}+1020\text{ 人}+1083\text{ 人}+1120\text{ 人}+1218\text{ 人}+\frac{1425\text{ 人}}{2}}$$

$$=\frac{306\text{ 人}}{5653.5\text{ 人}}=5.4\%$$

4. 解：（1）填表结果见答表4-2。

答表4-2　填表结果

年份		2009	2010	2011	2012	2013
国内旅游收入总值/万元		40.9	45.1	68.5	58	61.9
发展速度（%）	环比	—	110.3	151.9	84.7	106.7
	定基	—	110.3	167.5	141.8	151.3
增长速度（%）	环比	—	10.3	51.9	-15.3	6.7
	定基	—	10.3	67.8	41.8	51.3

（2）2009～2013年的国内旅游收入总值为时期数列，各年平均国内旅游收入总值计算如下：

$$\bar{a}=\frac{\sum a}{n}=\frac{40.9\text{ 万元}+45.1\text{ 万元}+68.5\text{ 万元}+58\text{ 万元}+61.9\text{ 万元}}{5}$$

$$=54.9\text{ 万元}$$

（3）平均发展速度：

$$\bar{x}=\sqrt[4]{\frac{61.9\text{ 万元}}{40.9\text{ 万元}}}=110.92\%$$

平均增长速度＝平均发展速度－100%＝10.92%。

5. 解：

（1）建立最小平方法计算表，如答表4-3所示。

答表 4-3　最小平方法计算表

年份	销售额 y/万元	t	t^2	ty	y_c
2003	80	-5	25	-400	73.29
2004	83	-4	16	-332	79.76
2005	87	-3	9	-261	86.23
2006	89	-2	4	-178	92.7
2007	95	-1	1	-95	99.17
2008	101	0	0	0	105.64
2009	107	1	1	107	112.11
2010	115	2	4	230	118.58
2011	125	3	9	375	125.05
2012	134	4	16	536	131.52
2013	146	5	25	730	137.99
合计	1162	0	110	712	

（2）建立趋势方程并计算各年趋势值。

根据表中资料：

$$\begin{cases} b = \dfrac{\sum ty}{\sum t^2} = \dfrac{712}{110} = 6.47 \\ a = \dfrac{\sum y}{n} = \dfrac{1162}{11} = 105.64 \end{cases}$$

则趋势直线方程：

$$y_c = 105.64 + 6.47t$$

将时间序号 t 的值代入该方程得各年的趋势值 y_c，计算结果见计算表最后一列。

2015 年（$t=7$）销售额为

$$y_c = 105.64 + 6.47 \times 7 = 150.93$$

6. 解：

（1）用按月平均法计算季节比率，如答表 4-4 所示。

答表4-4　按月平均法季节比率计算表

年份＼月份	1	2	3	4	5	6	7	8	9	10	11	12	合计
2010	10	17	41	64	111	225	203	89	42	23	16	12	853
2011	16	20	58	90	139	235	198	96	53	28	16	17	966
2012	15	23	66	91	148	253	240	127	78	50	25	19	1135
2013	16	23	69	96	155	265	250	132	81	52	26	20	1185
合计	57	83	234	341	553	978	891	444	254	153	83	68	4139
月平均数	14. 25	20. 75	58. 5	85. 25	138. 25	244. 5	222. 75	111	63. 5	38. 25	20. 75	17	86. 2
季节比率（%）	16. 53	24. 07	67. 87	98. 90	160. 38	283. 64	258. 41	128. 77	73. 67	44. 37	24. 07	19. 72	1200. 40

（2）用移动平均法剔除长期趋势后计算季节比率，如答表4-5所示。

答表4-5　用移动平均法剔除长期趋势

年　份	月份	销售量 y	12项移动平均数	两项移正平均 y_c	y/y_c
2010	1	10			
	2	17			
	3	41			
	4	64			
	5	111			
	6	225	71. 1		
	7	203	71. 6	71. 35	284. 51
	8	89	71. 8	71. 7	124. 13
	9	42	73. 3	72. 55	57. 89
	10	23	75. 4	74. 35	30. 93
	11	16	77. 8	76. 6	20. 89
	12	12	78. 6	78. 2	15. 35
2011	1	16	78. 2	78. 4	20. 41
	2	20	78. 8	78. 5	25. 48
	3	58	79. 7	79. 25	73. 19
	4	90	80. 1	79. 9	112. 64
	5	139	80. 1	80. 1	173. 53
	6	235	80. 5	80. 3	292. 65
	7	198	80. 4	80. 45	246. 12
	8	96	80. 7	80. 55	119. 18
	9	53	81. 3	81	65. 43
	10	28	81. 4	81. 35	34. 42
	11	16	82. 2	81. 8	19. 56
	12	17	83. 7	82. 95	20. 49

（续）

年 份	月份	销售量 y	12 项移动平均数	两项移正平均 y_c	y/y_c
2012	1	15		85.45	17.55
	2	23	87.2	88.5	25.99
	3	66	89.8	90.8	72.69
	4	91	91.8	92.75	98.11
	5	148	93.7	94.05	157.36
	6	253	94.4	94.5	267.72
	7	240	94.6	94.65	253.57
	8	127	94.7	94.7	134.11
	9	78	94.7	94.8	82.28
	10	50	94.9	95.1	52.58
	11	25	95.3	95.6	26.15
	12	19	95.9	96.4	19.71
2013	1	16	96.9	97.35	16.44
	2	23	97.8	98	23.47
	3	69	98.2	98.3	70.19
	4	96	98.4	98.5	97.46
	5	155	98.6	98.65	157.12
	6	265	98.7	98.75	268.35
	7	250	98.8		
	8	132			
	9	81			
	10	52			
	11	26			
	12	20			

除法剔除长期趋势后的季节比率计算表如答表 4-6 所示。

答表 4-6　除法剔除长期趋势后的季节比率计算表

年份＼月份	1	2	3	4	5	6	7	8	9	10	11	12	合计
2010	—	—	—	—	—	—	284.51	124.13	57.89	30.93	20.89	15.35	
2011	20.41	25.48	73.19	112.64	173.53	292.65	246.12	119.18	65.43	34.42	19.56	20.49	
2012	17.55	25.99	72.69	98.11	157.36	267.72	253.57	134.11	82.28	52.58	26.15	19.71	
2013	16.44	23.47	70.19	97.46	157.12	268.35	—	—	—	—	—	—	
合计	54.4	74.94	216.07	308.21	488.01	828.72	784.2	377.42	205.6	117.93	66.6	55.55	
月平均数	18.1	25.0	72.0	102.7	162.7	276.2	261.4	125.8	68.5	39.3	22.2	18.5	1192.4
校正系数	1.006 37	1.006 37	1.006 37	1.006 37	1.006 37	1.006 37	1.006 37	1.006 37	1.006 37	1.006 37	1.006 37	1.006 37	
季节比率（%）	18.22	25.16	72.46	103.35	163.74	277.96	263.07	126.60	68.94	39.55	22.34	18.62	1200.00

7. 解：

（1）该产品季销售量的季节比率依次为：50.88%，76.92%，120.44%，151.78%。

（2）2015年各季销售量预测值依次为：11.99千件，18.79千件，30.44千件，39.64千件。

第五章

一、单项选择题

1. A；2. B；3. D；4. C；5. C；6. C；7. D；8. C；9. C；10. D；11. C；12. D；13. D；14. B；15. A；16. C。

二、多项选择题

1. AB；2. BD；3. CD；4. CDE；5. AC；6. BD；7. AC；8. BCE。

三、判断改错题

1. ×。用来反映不能直接相加和对比的复杂现象总体数量对比关系的相对数称为总指数。

2. ×。算术平均数是用算术平均法计算和编制的总指数，适用于数量指标指数的编制。

3. ×。某厂产品单位成本本月比上月下降3%，生产费用上升3%，这是因为其产量增加了6.19%。

4. √。

5. √。

6. ×。某商场零售商品销售量增长了10%，销售额增长了15%，这是因为同期价格增长了4.55%。

7. √。

8. ×。在“销售额指数＝销售量指数×销售价格指数”的关系中，销售额指数是现象总体指数，还是动态指数；销售量指数和销售价格指数都是影响因素指数，也都是动态指数。

9. √。

四、计算题

1. 解：将题中资料进一步计算整理，得答表5-1。

答表 5-1　销售量和价格计算

商品名称	计量单位	销售量（q）		价格（p）/元		销售额/元		
		基期（q_0）	报告期（q_1）	基期（p_0）	报告期（p_1）	p_0q_0	p_1q_1	p_0q_1
甲	件	50	52	200	280	10 000	14 560	10 400
乙	米	30	25	100	110	3000	2750	2500
丙	个	40	50	400	450	16 000	22 500	20 000
合计	—	—	—	—	—	29 000	39 810	32 900

三种商品销售额指数：

$$\overline{K}=\frac{\sum p_1q_1}{\sum p_0q_0}=\frac{39\ 810\text{元}}{29\ 000\text{元}}=137.28\%$$

三种商品的销售价格综合指数：

$$\overline{K_p}=\frac{\sum p_1q_1}{\sum p_0q_1}=\frac{39\ 810\text{元}}{32\ 900\text{元}}=121\%$$

三种商品的销售量综合指数：

$$\overline{K_q}=\frac{\sum q_1p_0}{\sum q_0p_0}=\frac{32\ 900\text{元}}{29\ 000\text{元}}=113.45\%$$

销售量变动使得销售额增加了32 900元－29 000元＝3900元，即销售额增加13.45%；销售价格的变动使得销售额增加了39 810元－32 900元＝6910元，即销售额增加21%。

2. 解：将题中数据整理、计算，得答表5-2。

答表 5-2　计算表

商品名称	收购总额/万元		收购价格类指数（%）k_p	$\frac{p_1q_1}{k_p}$/万元
	2008年 p_0q_0	2013年 p_1q_1		
甲	140	138.6	105	132
乙	60	78.4	98	80
合计	200	217	—	212

价格总指数：

$$\overline{K_p}=\frac{\sum p_1q_1}{\sum \frac{1}{k_p}p_1q_1}=\frac{217\text{万元}}{212\text{万元}}=102.36\%$$

3. 解：将题中数据整理、计算，得答表5-3。

答表5-3 产值和产量计算

商品名称	实际产值/万元		产量个体指数（%）k_q	$k_q p_0 q_0$ /万元
	2008年 $p_0 q_0$	2013年 $p_1 q_1$		
甲	200	240	125	250
乙	450	485	110	495
丙	350	480	140	490
合计	1000	1205	—	1235

三种产品产量指数：

$$\overline{K_q} = \frac{\sum k_q p_0 q_0}{\sum p_0 q_0} = \frac{1235\text{万元}}{1000\text{万元}} = 123.5\%$$

4. 解：

（1）该企业2013年的单位成本指数为112%/108% =103.7%，单位成本增加了3.7%。

（2）今年用同样多的人民币只能购买去年商品的90%时，物价指数为100%/90% =111.1%。

同样多的人民币比去年可多购买10%的商品时，物价指数为：100%/110% =90.91%。

5. 解：

将题中数据整理、计算，得答表5-4。

答表5-4 面包师和工资计算表

按技术级别分组	基期		报告期		$x_0 f_0$	$x_1 f_1$	$x_0 f_1$
	面包师数 f_0 /人	平均工资 x_0 /元	面包师数 f_1 /人	平均工资 x_1 /元			
5级以上	45	6000	50	6800	270 000	340 000	300 000
3~4级	120	5000	180	5400	600 000	972 000	900 000
1~2级	40	3000	135	3700	120 000	499 500	405 000
合计	205	—	365	—	990 000	1 811 500	1 605 000

可变构成指数：

$$K_{\bar{x}} = \frac{\overline{x_1}}{\overline{x_0}} = \frac{\dfrac{\sum x_1 f_1}{\sum f_1}}{\dfrac{\sum x_0 f_0}{\sum f_0}} = 102.77\%$$

结构影响指数：

$$\frac{\dfrac{\sum x_0 f_1}{\sum f_1}}{\dfrac{\sum x_0 f_0}{\sum f_0}} = 91.05\%$$

固定构成指数：

$$\frac{\dfrac{\sum x_1 f_1}{\sum f_1}}{\dfrac{\sum x_0 f_1}{\sum f_1}} = 112.87\%$$

102.77% =112.87% ×91.05%

133.7 元 =565.7 元 + （ −432） 元

由于每组平均工资的变动使得面包师平均工资上涨 12.87%，即 566.1 元；由于面包师结构的变动，使得面包师平均工资下降 8.94%，即 431.9 元。

6. 解：将题中数据计算、整理，得答表 5-5。

答表 5-5　成本计算表

总厂所属分厂	基期		报告期		$x_0 f_0$ /元	$x_1 f_1$ /元	$x_0 f_1$ /元
	单位成本 x_0 /（元/件）	产量 f_0/ 件	单位成本 x_1 /（元/件）	产量 f_1/ 件			
甲分厂	10	300	9	1300	3000	11 700	13 000
乙分厂	12	700	12.2	700	8400	8540	8400
总　厂	—	1000	—	2000	11 400	20 240	21 400

总厂平均单位成本指数 = 结构影响指数 × 固定构成指数

$$\frac{\dfrac{\sum x_1 f_1}{\sum f_1}}{\dfrac{\sum x_0 f_0}{\sum f_0}}=\frac{\dfrac{\sum x_1 f_1}{\sum f_1}}{\dfrac{\sum x_0 f_1}{\sum f_1}}\frac{\dfrac{\sum x_0 f_1}{\sum f_1}}{\dfrac{\sum x_0 f_0}{\sum f_0}}$$

总厂平均单位成本指数：

$$\frac{\dfrac{\sum x_1 f_1}{\sum f_1}}{\dfrac{\sum x_0 f_0}{\sum f_0}}=\frac{\dfrac{20\ 240\text{ 元}}{2000\text{ 件}}}{\dfrac{11\ 400\text{ 元}}{1000\text{ 件}}}=\frac{10.12\text{ 元/件}}{11.4\text{ 元/件}}=88.77\%$$

结构影响指数：

$$\frac{\dfrac{\sum x_0 f_1}{\sum f_1}}{\dfrac{\sum x_0 f_0}{\sum f_0}}=\frac{\dfrac{21\ 400\text{ 元}}{2000\text{ 件}}}{\dfrac{11\ 400\text{ 元}}{1000\text{ 件}}}=\frac{10.7\text{ 元/件}}{11.4\text{ 元/件}}=93.86\%$$

固定构成指数：

$$\frac{\dfrac{\sum x_1 f_1}{\sum f_1}}{\dfrac{\sum x_0 f_1}{\sum f_1}}=\frac{\dfrac{20\ 240\text{ 元}}{2000\text{ 件}}}{\dfrac{21\ 400\text{ 元}}{2000\text{ 件}}}=\frac{10.12\text{ 元/件}}{10.7\text{ 元/件}}=94.58\%$$

即

$$88.77\%=93.86\%\times 94.58\%$$

从指数体系的绝对数方面分析：

$$10.12\text{ 元}-11.4\text{ 元}=(10.7\text{ 元}-11.4\text{ 元})+(10.12\text{ 元}-10.7\text{ 元})$$

$$-1.28\text{ 元}=(-0.7)\text{ 元}+(-0.58)\text{ 元}$$

以上分析说明，从相对数来看，总厂平均单位成本报告期比基期下降了11.23%，是两个分厂的产量结构变动引起总厂平均单位成本报告期比基期下降了6.14%和两个分厂的单位成本变动引起总厂单位成本报告期比基期下降了5.42%综合作用的结果。从平均数的绝对差额来看，总厂平均单位成本报告期比基期下降了1.28元，是由于两个分厂的产量结构变动引起了总厂平均单位成本报告期比基期下降了0.7元和由于两个分厂的单位成本变动引起总厂单位成本报告期比基期下降了0.58元综合作用的结果。

7. 解： 将题中数据进行整理、计算，得答表5-6。

答表5-6　产量和产值计算表

产品名称	产值/万元		产量个体指数（%）k_q	$k_q p_0 q_0$/万元
	基期 $p_0 q_0$	报告期 $p_1 q_1$		
甲	200	220	115	230
乙	245	270	110	269.5
丙	530	540	111	588.3
丁	320	370	116	371.2
合计	1295	1400		1459

（1）产量总指数：

$$\overline{K_q} = \frac{\sum k_q p_0 q_0}{\sum p_0 q_0} = \frac{1459\text{ 万元}}{1295\text{ 万元}} = 112.66\%$$

（2）产值总指数：

$$\overline{K} = \frac{\sum p_1 q_1}{\sum p_0 p_0} = \frac{1400\text{ 万元}}{1295\text{ 万元}} = 108.11\%$$

价格总指数：

$$\overline{K_p} = \frac{\text{产值总指数}}{\text{产量总指数}} = \frac{108.11\%}{112.66\%} = 95.96\%$$

又因为：

$$\sum p_1 q_1 - \sum p_0 p_0 = 1400\text{ 万元} - 1295\text{ 万元} = 105\text{ 万元}$$

$$\sum k_q p_0 q_0 - \sum p_0 q_0 = 1459\text{ 万元} - 1295\text{ 万元} = 164\text{ 万元}$$

因此，由平均价格下降引起产值减少为

$$105\text{ 万元} - 164\text{ 万元} = -59\text{ 万元}$$

以上分析表明，该企业产值变动情况为

$$108.11\% = 112.66\% \times 95.96\%$$

$$105\text{ 万元} = 164\text{ 万元} + (-59)\text{ 万元}$$

8. 解：

$129.63\% = 119.41\% \times 108.56\%$

$1\ 371\ 500$ 百元 $= 975\ 200$ 百元 $+ 396\ 300$ 百元

9. 解：

（1）就生产工人及劳动生产率两个因素进行分析：

$$\frac{\sum p_1 q_1}{\sum p_0 q_0} = \frac{\sum p_0 q_1}{\sum p_0 q_0} \frac{\sum p_1 q_1}{\sum p_0 q_1}$$

$$\frac{\sum p_1 q_1}{\sum p_0 q_0}=\frac{\sum k_q p_0 q_0}{\sum p_0 q_0}\frac{\sum p_1 q_1}{\sum k_q p_0 q_0}$$

即

$$\frac{6500\text{ 万元}}{4500\text{ 万元}}=\frac{4500\text{ 万元}\times\frac{714\text{ 人}}{640\text{ 人}}}{4500\text{ 万元}}\times\frac{6500\text{ 万元}}{4500\text{ 万元}\times\frac{714\text{ 人}}{640\text{ 人}}}$$

$$144.44\% = 111.56\% \times 129.47\%$$

$$2000\text{ 万元} = 520\text{ 万元} + 1480\text{ 万元}$$

（2）就职工人数 q、生产工人占职工人数比重 m 及劳动生产率 p 三个因素进行分析：

$$\frac{\sum q_1 m_1 p_1}{\sum q_0 m_0 p_0}=\frac{\sum q_1 m_0 p_0}{\sum q_0 m_0 p_0}\frac{\sum q_1 m_1 p_0}{\sum q_1 m_0 p_0}\frac{\sum q_1 m_1 p_1}{\sum q_1 m_1 p_0}$$

$$\frac{6500\text{ 万元}}{4500\text{ 万元}}=\frac{840\text{ 人}\times\frac{640\text{ 人}}{800\text{ 人}}\times\frac{4500\text{ 万元}}{640\text{ 人}}}{4500\text{ 万元}}\times\frac{840\text{ 人}\times\frac{714\text{ 人}}{840\text{ 人}}\times\frac{4500\text{ 万元}}{640\text{ 人}}}{840\text{ 人}\times\frac{640\text{ 人}}{800\text{ 人}}\times\frac{4500\text{ 万元}}{640\text{ 人}}}$$

$$\times\frac{6500\text{ 万元}}{840\text{ 人}\times\frac{714\text{ 人}}{840\text{ 人}}\times\frac{4500\text{ 万元}}{640\text{ 人}}}$$

$$144.44\% = 105\% \times 106.25\% \times 129.47\%$$

$$2000\text{ 万元} = 225\text{ 万元} + 295\text{ 万元} + 1480\text{ 万元}$$

10. 解

（1）市场销售量总指数：

$$\overline{K_q} = 1 + 3\% = 103\%$$

（2）市场销售价格总指数：

$$\overline{K_p}=\frac{\sum p_1 q_1}{\sum p_0 q_1}=\frac{\sum p_1 q_1}{\sum \frac{q_1}{q_0} p_0 q_0}=\frac{40\text{ 万元}}{35\text{ 万元}\times 1.03}=\frac{40\text{ 万元}}{36.05\text{ 万元}}=110.96\%$$

（3）销售量变动对销售额的影响：

$$\frac{\sum p_0 q_1}{\sum p_0 q_0}=\frac{35\text{ 万元}\times 1.03}{35\text{ 万元}}=\frac{36.05\text{ 万元}}{35\text{ 万元}}=103\%$$

$$\sum p_0 q_1-\sum p_0 q_0=36.05\text{ 万元}-35\text{ 万元}=1.05\text{ 万元}$$

第六章

一、单项选择题

1. B；2. A；3. A；4. A；5. C；6. B；7. D；8. D。

二、多项选择题

1. ABCDE；2. ABC；3. ACD。

三、判断改错题

1. ×。抽样调查是采用一定方法从总体中抽取部分单位进行调查。
2. ×。抽样调查中的随机误差是不可以避免的。
3. √。
4. ×。缩小抽样的极限误差会改变推断的把握程度。
5. ×。重复抽样和不重复抽样是抽取样本的两种方法，各种抽样组织方法都可以使用。

四、计算题

1. 解：（1）计算抽样平均误差。样本平均数及方差计算表见答表6-1。

答表6-1　样本平均数及方差计算表

每户月收入x/元	调查户数f/户	xf	$x-\bar{x}$/元	$(x-\bar{x})^2$	$(x-\bar{x})^2f$
4000以下	40	120 000	-3400	11 560 000	462 400 000
4000～6000	80	400 000	-1400	1 960 000	156 800 000
6000～8000	120	840 000	600	360 000	43 200 000
8000～10 000	50	450 000	2600	6 760 000	338 000 000
10 000以上	10	110 000	4600	21 160 000	211 600 000
合计	300	1 920 000	—	41 800 000	1 212 000 000

抽样平均数为

$$\bar{x}=\frac{\sum xf}{\sum f}=\frac{1\ 920\ 000}{300}\text{元}=6400\text{元}$$

样本方差为

$$\sigma^2=\frac{\sum(x-\bar{x})^2f}{\sum f}=\frac{1\ 212\ 000\ 000}{300}=4\ 040\ 000$$

抽样平均误差为

$$\mu_x = \sqrt{\frac{\sigma^2}{n}\left(\frac{N-n}{N-1}\right)} = \sqrt{\frac{4\ 040\ 000}{300}\left(\frac{3000-300}{3000-1}\right)} \approx 110.11\text{ 元}$$

（2）计算成数抽样平均误差。

因为 $p = 0.2$

所以 $\mu_p = \sqrt{\frac{p(1-p)}{n}\left(\frac{N-n}{N-1}\right)} \approx 2.19\%$

2. 解：已知 $n=200$，$N=200 \div \left(\frac{1}{20}\right)=4000$，$F(t)=0.9545$，$\Delta_p=0.05$，$p=\frac{8\text{ 件}}{200\text{ 件}}=0.04$。查表得 $t=2$。

故而：

$$\mu_p = \sqrt{\frac{p(1-p)}{n}\left(1-\frac{n}{N}\right)} \approx 1.35\%$$

$\Delta_p = t\mu_p = 2.7\%$

也就是说，废品率范围为：$p \pm \Delta_p = 4\% \pm 2.7\%$，即 1.3% ~6.7%。

当概率为 0.9545 时，废品率可能超过 5%。

3. 解：已知 $n=16$，$F(t)=0.95$，查表得 $t=1.96$。$\bar{x}=43\ 000$ 万元，$\sigma=4120$ 万元。

故而抽样平均误差：

$$\mu_x = \frac{\sigma}{\sqrt{n}} \approx 1030\text{ 万元}$$

$$\Delta_x = t\mu_x = 2019\text{ 万元}$$

所以该省辖区内星级饭店的年平均利润总额范围为：$\bar{x} \pm \Delta_x = 43\ 000$ 万元 ± 2019 万元，即 40 981 ~45 019 万元。

第七章

一、单项选择题

1. B； 2. B； 3. B； 4. D； 5. D； 6. C； 7. C； 8. C； 9. C； 10. B； 11. B； 12. A； 13. B。

二、多项选择题

1. ABCE；2. ABD；3. AE；4. BC；5. ACE；6. ABC；7. ABCE。

三、判断改错题

1. ×。回归分析所研究的变量之间是不对等的，必须确定其中的自变量和因变量。

2. ×。相关系数仅能反映变量间线性相关程度，不能确定变量的因果关系。

3. ×。两变量呈负相关，可能为非线性相关，也可能为线性相关。

4. ✓。

四、计算题

1. 解：

（1）相关图如答图 7-1 所示。

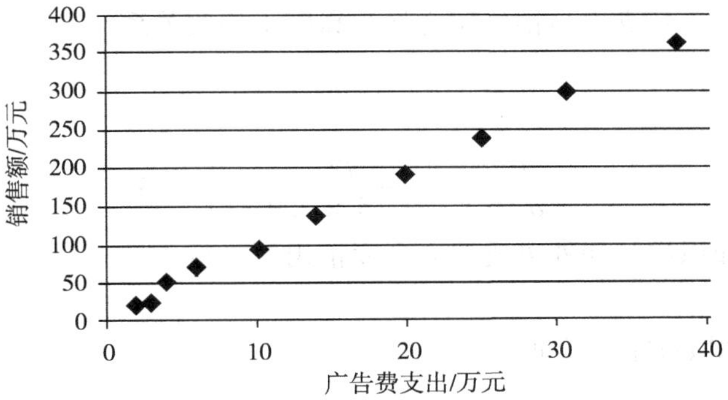

答图 7-1　相关图

由此可见，广告费支出与销售额之间为线性相关关系。

（2）相关系数计算表如答表 7-1 所示。

答表 7-1　相关系数计算表

超市	广告费支出 x/万元	销售额 y/万元	x^2	y^2	xy
1	2	20	4	400	40
2	3	25	9	625	75
3	4	48	16	2304	192
4	6	65	36	4225	390
5	10	93	100	8649	930
6	14	135	196	18 225	1890
7	20	189	400	35 721	3780

（续）

超市	广告费支出 x/万元	销售额 y/万元	x^2	y^2	xy
8	25	236	625	55 696	5900
9	31	299	961	89 401	9269
10	38	365	1444	133 225	13 870
合计	153	1475	3791	348 471	36 336

相关系数：

$$r = \frac{n\sum_{i=1}^{n} xy - \sum_{i=1}^{n} x \sum_{i=1}^{n} y}{\sqrt{n\sum_{i=1}^{n} x^2 - (\sum_{i=1}^{n} x)^2}\sqrt{n\sum_{i=1}^{n} y^2 - (\sum_{i=1}^{n} y)^2}} = 0.999$$

计算结果表明广告费支出与销售额之间为高度正相关关系。

2. 解：

相关系数：

$$r = \frac{\sigma_{xy}^2}{\sigma_x \sigma_y} = \frac{72}{9.75 \times 7.9} = 0.935$$

说明导游综合知识成绩和外语成绩为高度正相关关系。

3. 解：

（1）散点图如答图 7-2 所示。

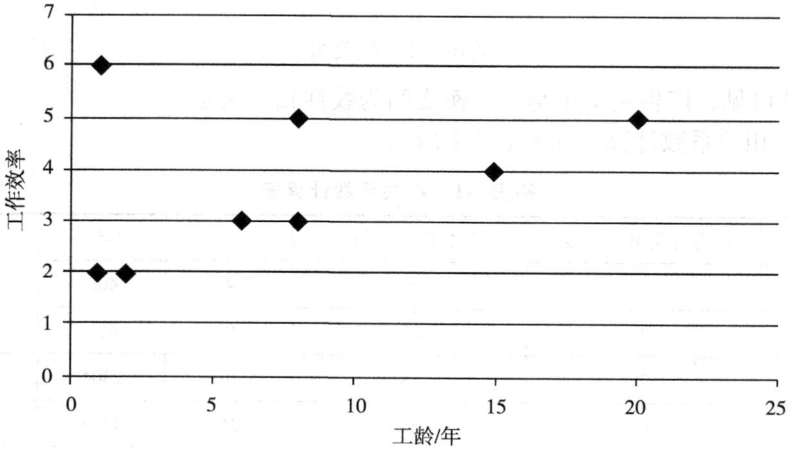

答图 7-2　散点图

从散点图上看，工龄和工作效率之间没有明显的相关关系。

（2）相关系数计算表如答表 7-2 所示。

答表 7-2　相关系数计算表

员工	工龄 x/年	工作效率 y	x^2	y^2	xy
1	1	6	1	36	6
2	20	5	400	25	100
3	6	3	36	9	18
4	8	5	64	25	40
5	2	2	4	4	4
6	1	2	1	4	2
7	15	4	225	16	60
8	8	3	64	9	24
合计	61	30	795	128	254

$$r = \frac{n\sum_{i=1}^{n}xy - \sum_{i=1}^{n}x\sum_{i=1}^{n}y}{\sqrt{n\sum_{i=1}^{n}x^2 - \left(\sum_{i=1}^{n}x\right)^2}\sqrt{n\sum_{i=1}^{n}y^2 - \left(\sum_{i=1}^{n}y\right)^2}} = 0.353$$

计算结果表明工龄和工作效率之间为低度相关关系。

4. 解：

（1）散点图如答图 7-3 所示。

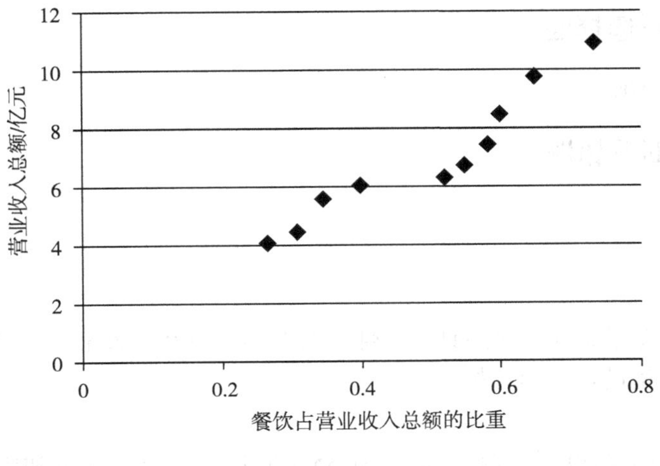

答图 7-3　第 4 题散点图

（2）相关系数：

$$r=\frac{n\sum_{i=1}^{n}xy-\sum_{i=1}^{n}x\sum_{i=1}^{n}y}{\sqrt{n\sum_{i=1}^{n}x^2-(\sum_{i=1}^{n}x)^2}\sqrt{n\sum_{i=1}^{n}y^2-(\sum_{i=1}^{n}y)^2}}=0.956$$

计算结果表明餐饮占营业收入总额的比重和营业收入总额之间存在高度相关关系。

5. 解

（1）散点图略。

从散点图可以看出，人均收入与人均消费水平之间为正线性相关关系。

（2）相关系数：

$$r=\frac{n\sum_{i=1}^{n}xy-\sum_{i=1}^{n}x\sum_{i=1}^{n}y}{\sqrt{n\sum_{i=1}^{n}x^2-(\sum_{i=1}^{n}x)^2}\sqrt{n\sum_{i=1}^{n}y^2-(\sum_{i=1}^{n}y)^2}}=0.998$$

计算结果表明人均收入与人均消费水平之间存在高度的正线性相关关系。

第八章

一、单项选择题

1. A；2. B；3. B；4. C；5. D；6. B；7. A；8. D；9. C；10. C；11. C。

二、多项选择题

1. AB；2. DE。

三、判断改错题

1. √。

2. √。

3. √。

4. ×。若变量 x 和 y 之间具有线性相关关系，且相关性显著，就可以建立简单线性回归模型进行回归分析。

5. √。

6. ×。简单线性回归方程 $y=-10.35+0.4x$，说明自变量和因变量之间存在正相关关系。

7. √。

四、计算题

1. 解：

（1）根据答表 7-1 的数据：

$$b = \frac{n\sum xy - \sum x \sum y}{n\sum x^2 - (\sum x)^2} = 9.49$$

$$a = \frac{\sum y - b\sum x}{n} = \bar{y} - b\bar{x} = 2.30$$

因此，广告费支出 x 和营业额 y 的线性回归方程为

$$y = 2.30 + 9.49x$$

（2）提出假设：

$$H_0 : \beta = 0$$
$$H_1 : \beta \neq 0$$

计算检验统计量 t：

$$t = \frac{b - \beta}{s_b} = 76.53$$

给定 $\alpha = 0.05$，$t_{\alpha/2} = t_{0.025} = 2.306$

因为 $t = 76.53 > t_{\alpha/2} = 2.306$，拒绝原假设，表明广告费支出是影响营业额的一个显著性因素。

2. 解：

（1）第 2 题计算表如答表 8-1 所示。

答表 8-1　第 2 题计算表

年份	营业收入总额 x/亿元	餐饮占营业收入总额的比重 y（%）	y^2	x^2	xy
2004	4.1	0.27	0.0729	16.81	1.107
2005	4.5	0.31	0.0961	20.25	1.395
2006	5.6	0.35	0.1225	31.36	1.96
2007	6.0	0.40	0.16	36	2.4
2008	6.4	0.52	0.2704	40.96	3.328
2009	6.8	0.55	0.3025	46.24	3.74
2010	7.5	0.58	0.3364	56.25	4.35
2011	8.5	0.60	0.36	72.25	5.1
2012	9.8	0.65	0.4225	96.04	6.37
2013	11.0	0.73	0.5329	121	8.03
合计	70.2	4.96	2.6762	537.16	37.78

$$b = \frac{n\sum xy - \sum x \sum y}{n\sum x^2 - (\sum x)^2} = 0.0668$$

$$a = \frac{\sum y - b\sum x}{n} = \bar{y} - b\bar{x} = 0.027$$

因此，餐饮占营业收入总额的比重与营业收入总额的线性回归方程为

$$y = 0.027 + 0.0668x$$

（2）提出假设：

$$H_0 : \beta = 0$$
$$H_1 : \beta \neq 0$$

计算检验统计量 t：

$$t = \frac{b - \beta}{s_b} = 9.227 (s_b = 0.00724)$$

给定 $\alpha = 0.05$，$t_{\alpha/2} = t_{0.025} = 2.306$

因为 $t = 9.227 > t_{\alpha/2} = 2.306$，拒绝原假设 H_0，表明餐饮占营业收入总额的比重与营业收入总额之间存在线性关系；餐饮占营业收入总额的比重是影响营业收入的显著因素。

3. 解：

（1）线性回归方程为

$$y = 734.48 + 0.3087x$$

回归系数为 0.3087，表示人均收入每增加 1 元，人均消费水平平均约增加 0.3087 元。

（2）提出假设：

$$H_0 : \beta = 0$$
$$H_1 : \beta \neq 0$$

计算检验统计量 t：

$$t = \frac{b - \beta}{s_b} = 36.76 (s_b = 0.008398)$$

给定 $\alpha = 0.05$，$t_{\alpha/2} = t_{0.025} = 2.571$。

因为 $t = 36.76 > t_{\alpha/2} = 2.571$，拒绝原假设 H_0，表明人均收入与人均消费水平之间存在线性关系；人均收入是影响人均消费水平的显著性因素。

4. 解：

（1）直线回归方程：$y = 3.1 + 1.45x$。

（2）提出假设：

$$H_0 : \beta = 0$$
$$H_1 : \beta \neq 0$$

计算检验统计量 t：

$$t=\frac{b-\beta}{s_b}=25.89(s_b=0.0056)$$

给定 $\alpha=0.05$，$t_{\alpha/2}=t_{0.025}=2.179$。

因为 $t=25.89>t_{\alpha/2}=2.179$，拒绝原假设 H_0，表明年均从业人员数与营业收入总额之间存在线性关系；年均从业人员数是影响营业收入总额水平的显著性因素。

（3）当某一星级酒店的年均从业人员数达到 8000 人，其营业收入总额 = 14.7 ±0.54 千万元。

5. 解：

（1）多元线性回归方程为

$$y=-12.8326+0.5803x_1+0.7624x_2$$

（2）如果已知 2014 年三星级及以上酒店数为 52 家，3A 级及以上景区数为 21 个，则该年旅游收入为 33.3534 亿元。

6. 解：

（1）相关系数：$r=0.97$。

（2）直线回归方程：$y=-18.64+10.18x$。

（3）回归系数 10.18 说明本科以上从业人员占全体员工的比重每增加 1%，营业利润平均增加 10.18 万元。

参考文献

［1］杜家龙，罗洪群，等．统计学［M］．北京：电子工业出版社，2011.
［2］李洁明，祁新娥．统计学原理［M］．上海：复旦大学出版社，2011.
［3］郭为．旅游统计学［M］．天津：南开大学出版社，2009.
［4］贾俊平，等．统计学［M］．北京：中国人民大学出版社，2012.
［5］本书编写组．地区旅游卫星账户编制指南［M］．南京：江苏人民出版社，2006.
［6］格里菲思．深入浅出统计学［M］．李芳，译．北京：电子工业出版社，2012.
［7］卢淑华，等．社会统计学［M］．北京：北京大学出版社，2009.
［8］陈仁恩，等．统计学基础习题集解［M］．厦门：厦门大学出版社，2005.
［9］袁卫，庞皓，曾五一．统计学［M］．北京：高等教育出版社，2000.
［10］朱胜．统计学原理［M］．北京：中国统计出版社，2002.
［11］董逢谷，朱容明．统计学案例集［M］．北京：中国统计出版社，2002.
［12］栗方忠．统计学原理［M］．大连：东北财经大学出版社，2001.
［13］李金昌，苏为华．统计学［M］．北京：机械工业出版社，2009.
［14］肖宪标．统计基础［M］．武汉：华中科技大学出版社，2002.
［15］孙静娟．统计学［M］．北京：清华大学出版社，2006.
［16］韩兆洲，王斌会，等．《统计学原理》学习指导及 Excel 数据统计分析［M］．广州：暨南大学出版社，2011.
［17］吴惠荣，等．统计学原理［M］．上海：上海交通大学出版社，2010.
［18］张建同，孙昌言，王世进．应用统计学［M］．北京：清华大学出版社，2010.
［19］张伟，等．统计学习题集［M］．北京：经济科学出版社，2008.
［20］李享，等．旅游统计学［M］．北京：中国旅游出版社，2012.
［21］郭为．旅游统计学：原理与方法［M］．天津：南开大学出版社，2013.
［22］李享，等．旅游统计与原理与实务［M］．北京：中国旅游出版社，2008.
［23］席唤民，等．新编旅游统计学［M］．北京：旅游教育出版社，2006.
［24］李金林，赵中秋．管理统计学［M］．北京：清华大学出版社，2006.